Mobilität und Teilhabe – Begleitdienste im öffentlichen Personennahverkehr

Jan Alexandersson · Daniel Bieber ·
Sascha Roder · Jana Rößler ·
Kathleen Schwarz
(Hrsg.)

Mobilität und Teilhabe – Begleitdienste im öffentlichen Personennahverkehr

Erfahrungen aus einem
sozio-technischen Forschungsprojekt

 Springer VS

Hrsg.
Jan Alexandersson
Deutsches Forschungszentrum für
Künstliche Intelligenz (DFKI)
Saarbrücken, Deutschland

Daniel Bieber
Landesbeauftragter für die Belange von
Menschen mit Behinderungen
Saarbrücken, Deutschland

Sascha Roder
Institut für Allgemeinmedizin der
Universitätsmedizin Göttingen
Göttingen, Deutschland

Jana Rößler
Institut für Sozialforschung und
Sozialwirtschaft (iso)
Saarbrücken, Deutschland

Kathleen Schwarz
Institut für Sozialforschung und
Sozialwirtschaft (iso)
Saarbrücken, Deutschland

ISBN 978-3-658-35780-1   ISBN 978-3-658-35781-8   (eBook)
https://doi.org/10.1007/978-3-658-35781-8

Die Deutsche Nationalbibliothek verzeichnet diese Publikation in der Deutschen Nationalbibliografie; detaillierte bibliografische Daten sind im Internet über http://dnb.d-nb.de abrufbar.

Planung/Lektorat: Katrin Emmerich
Springer VS ist ein Imprint der eingetragenen Gesellschaft Springer Fachmedien Wiesbaden GmbH und ist ein Teil von Springer Nature.
Die Anschrift der Gesellschaft ist: Abraham-Lincoln-Str. 46, 65189 Wiesbaden, Germany

Vorwort

Mit diesem Buch endet eine über fast zehn Jahre öffentlich geförderte, aus Forschung und Entwicklung zusammengesetzte Innovationsreise mit dem Ziel, den saarländischen öffentlichen Personennahverkehr, kurz ÖPNV, von dem bisher gekannten Transportsystem nur für Menschen, die in der Lage sind, es ohne Unterstützung nutzen zu können, zu einem inklusiven ÖPNV zu machen: statt ÖPNV für manche, ein ÖPNV für alle. Um diese Vision zu realisieren, hat seit 2011 ein interdisziplinäres Konglomerat eine Vielfalt von Stakeholdern zusammengebracht und überzeugen können mitanzupacken. Das Resultat basiert auf der Zusammenarbeit mehrerer Partner*innen, die diese Vision stetig weiterentwickelt und vorangebracht haben, angefangen bei enthusiastischen Mitarbeiter*innen der Forschungseinrichtungen, über Bildungspartner*innen und ÖPNV-Akteur*innen, bis hin zu Ministerien, Politik und Presse. Zwei weitere wesentliche Aspekte müssen genannt werden: öffentliche Fördergelder und Zeit. Um einen seit Langem vorhandenen integralen Bestandteil der Gesellschaft mit vielen Verantwortlichkeiten und Interessen zu verändern, ist ein Spagat an Aktivitäten notwendig, von der öffentlichen Wahrnehmung des ÖPNV bis hin zur Auseinandersetzung mit den Voraussetzungen für die Geschäftsmodelle einzelner Akteur*innen.

Die Vorstellung, ein System des ÖPNV bestünde aus großen Bussen, die auf definierten Routen mit der gleichen Taktung fahren, ist – auch nach unserer Auffassung – veraltet. In Europa wandelt sich der ÖPNV und vielfältige innovative Ansätze werden erprobt: kleine bis große Gefäße, mit oder ohne Fahrer, Tele-Busse, feste oder flexible Routen, Fahrpläne und Preise bis hin zu kostenlosem ÖPNV. Kostenlos, weil allein der bürokratische Überbau, Tickets zu administrieren, vor allem die kleineren Kommunen mehr kostet, als Tickets wieder einspielen können. Der saarländische ÖPNV gehört aus Sicht der Fahrgäste zu den eher traditionellen: Ticket lösen, einsteigen und an der richtigen Stelle wieder aussteigen.

Der*Die Fahrer*in kontrolliert das Ticket, bleibt in der Fahrerkabine und leistet oft Bedürftigen keine Hilfe.

Es ist die Aufgabe des Staats, die Bereitstellung von Dienstleistungen und Gütern, die als notwendig für die Bürger eingestuft werden – die Daseinsfürsorge – zu organisieren. Dazu gehören Bildung, Wasser/Abwasser, Müllabfuhr, Energie, Straßen etc. ÖPNV ist eine solche Aufgabe der Daseinsvorsorge, die ihre Gestalt im Wesentlichen durch politische Entscheidungen findet. Im Pkw-dichtesten Bundesland Deutschlands – das Saarland landet hierbei im europäischen Vergleich hinter Luxemburg und Italien auf Platz drei – hat etwa jeder zehnte Einwohner amtlich bescheinigt einen Grad der Behinderung größer, Tendenz steigend. Für ein Gesamtbild an Statistiken wird der interessierte Leser sowohl auf einzelne Kapitel dieses Buchs als auch auf das Mobia-Buch verwiesen. Obwohl der ÖPNV eine deutlich höhere Kapazität und einen geringeren Flächenverbrauch als der motorisierte Individualverkehr mit sich bringt, ist es eine enorme Herausforderung, den ÖPNV attraktiv, inklusiv und bedarfsgerecht zu gestalten. Attraktivität setzt sich aus verschiedenen Aspekten zusammen: Ist der ÖPNV verlässlich? Sind die Transportmittel sauber? Et cetera. Wer einmal auf das Auto umgestiegen ist, kommt selten zurück, was wiederum weniger Einkünfte für die Betreiber des ÖPNV bedeutet. Der Vorwurf „ÖPNV ist defizitär!" wird dadurch noch lauter. Bei meinen Präsentationen des im Weiteren vorgestellten Konzepts werden in Deutschland in der Tat, neben der Versicherungsfrage, typischerweise zwei Fragen gestellt: „Wie viel kostet das?" und „Wer soll das Ganze bezahlen?" Die Antwort auf die Frage der Kosten ist eine komplexere. Was kostet es die Gesellschaft insgesamt, auf den Individualverkehr allein zu setzen? Die Antwort lautet: zu viel, damit jeder ihn sich leisten kann! Folgerichtig muss gefragt werden, wie der ÖPNV gestaltet werden muss, um für alle funktionieren zu können.

Barrierefreiheit ist nach der UN-Behindertenkonvention ein Grundrecht. Bezogen auf den ÖPNV muss es jedem Menschen, ob eingeschränkt oder nicht, ermöglicht werden, den ÖPNV zu nutzen, wenn er das will. Behinderung ist dabei nicht notwendigerweise nur die physische Einschränkung eines Menschen, sondern kann auch aus psychischen Erkrankungen bestehen oder eine Kombination aus beidem sein. Erstaunlicherweise muss immer wieder verdeutlicht werden, dass auch behinderte Menschen autonom bleiben möchten oder wieder autonom werden wollen. Im Saarland besteht der ÖPNV aus Zug, Straßenbahn und Bus. Die Fahrgäste müssen sich an die Gegebenheiten anpassen – wer Zug fährt, weiß, dass die Kombination Zug und Bahnhof meistens nicht kompatibel ist. Der Einstieg vom Bahnsteig in den Zug ist bei manchen Zügen nur mit einem etwa 30 cm großen Schritt zu schaffen, sogenannte moderne ICE-Züge sind nur mit mehreren Treppenschritten zu erklimmen. Das Gleiche kann bei Bussen beobachtet werden. Zwar wird zunehmend auf Neigetechnik oder ausfahr- und ausklappbare Ein- und Ausstiegsrampen gesetzt, dies aber erfordert wiederum, dass Bus und Haltestelle aufeinander abgestimmt sind. Ein oft ausgeblendeter Teil einer Reise mit dem ÖPNV ist der Weg zwischen Haustür und Haltestelle. Die Zuständigkeit hierfür befindet sich meistens im privaten Bereich. Reisen mit dem ÖPNV ist eine Tür-zu-Tür-Angelegenheit! Es reicht nicht aus, nur die Bestandteile des ÖPNV selbst zu betrachten, sondern der gesamte Weg ist von Interesse. Ein anschauliches Beispiel stellen die Hochhäuser des in den Sechzigerjahren errichteten Saarbrücker Stadtteils Eschberg dar. Sie wurden kosteneffektiv errichtet und der Aufzug befindet sich auf halber Treppe. Heute, viele Jahrzehnte später, kommen die inzwischen viel älter gewordenen Einwohner*innen nur beschwerlich oder gar nicht aus dem eigenen Haus. Hier wird nicht nur die Daseinsberechtigung eines Tür-zu-Tür-basierten Begleitdiensts deutlich, sondern auch, dass der Bedarf an Mobilitätsunterstützung in Anbetracht der demografischen Entwicklung steigt.

Um all diesen Anforderungen Herr werden zu können, wurde das in diesem Buch vorgestellte Konzept eines Systems – bestehend aus zwei Teilen – entworfen: ein kostenloser Begleitservice, in dem Mobilitätslots*innen Fahrgäste von Tür zu Tür unterstützend begleiten, und eine technische Komponente, bestehend aus einem Koordinierungssystem, das die Lots*innen nach Bedarf an den richtigen Ort zur richtigen Zeit leitet. Dafür setzt das System auf mehrere Zugänge, damit jede*r seine*ihre Reise nach seinen*ihren Bedürfnissen bestellen kann: Zentral ist ein Callcenter, das eine telefonische Buchung erlaubt; es gibt jedoch auch eine Website und eine Fahrgäste-App, über die die Reisen administriert werden können. Die Lots*innen sind ebenfalls mit einer App ausgestattet, über die die Kommunikation mit dem Koordinierungssystem abläuft. In den Städten können Lots*innen daher mit zwanzig Minuten Vorlaufzeit ihre Dienstleistung ausführen, im ländlichen Bereich brauchen sie dazu einen Vorlauf von bis zu zwei Stunden – unter der Voraussetzung, dass der ÖPNV überhaupt in der Lage ist, die Kund*innen dort abzuholen, wo sie sich befinden oder hinzubringen, wo sie hinwollen. mobisaar funktioniert durch das Zusammenspiel aller Komponenten: das Callcenter und die Koordinationssoftware, die Lots*innen und deren Ausbildung, die Apps. Die durch Presseberichte und Evaluation verdeutlichten Erfolge von mobisaar haben dazu geführt, dass das saarländische Ministerium für Wirtschaft, Arbeit, Energie und Verkehr nach dem Ende der öffentlichen Förderung durch das BMBF die Finanzierung des mobisaar-Systems übernommen hat! Hierdurch wird weiterhin die kontinuierliche Ausbildung neuer Lots*innen durch Arbeitsförderungsmaßnahmen bezahlt.

Es ist Dienstagvormittag und die Rentnerin Lily schaut fern, als ihre beste Freundin, Kerstin, anruft und fragt, ob sie Lust hätte, heute Nachmittag zu einem

Kaffeeklatsch in ihr Lieblingscafé zu kommen. Lily überlegt kurz – das Wetter ist gut, sie fühlt sich gut –, sagt zu und entscheidet sich, mit dem Bus zu fahren. Sie öffnet die mobisaar-App auf ihrem Handy und bestellt eine Fahrt mit Ankunft um 15 Uhr. Kurz darauf kommt die Bestätigung: der*die Lots*in wird sie an der Tür um 14:20 Uhr abholen. Sie wartet mit der Rückfahrt – man weiß ja nie, wie lange sie da sitzen werden … –, denn schließlich kann sie 20 Minuten vor der Rückreise eine*n Lots*in bestellen.

Ein zentraler Bestandteil des mobisaar-Systems sind die Mobilitätslots*innen. Gut ausgebildete und engagierte Lots*innen sind eine fundamentale Voraussetzung für einen funktionierenden Begleitservice. Lots*innen müssen sich im Kontakt mit dem*der Kund*in am Prinzip einer natürlichen und einfachen „Begegnung auf Augenhöhe" orientieren, damit sowohl eine direkte als auch indirekte Unterstützung funktioniert. Die Projekte haben eine Reihe an Ausbildungsmodulen für Auswahl und Ausbildung von Menschen in Arbeitslosigkeitssituationen zu vollumfänglichen Lots*innen entwickelt und dabei die Heterogenität, sowohl von Lots*innen als auch der Fahrgäste berücksichtigt. Lots*innen müssen ein breites Spektrum an Wissen akquirieren und bekommen die Chance, verschiedene Krankheitsbilder, Kommunikation und Konfliktbewältigung, Erste Hilfe, Wissen über den ÖPNV etc. zu erlernen.

Den saarländischen ÖPNV zu verändern, ist eine durchaus herausfordernde Aufgabe, denn viele, oft für sich agierende Akteur*innen mit unterschiedlichen Interessen müssen überzeugt und eingebunden werden. Der ÖPNV betrifft einen Großteil der Gesellschaft und eine von außen betrachtet winzige Änderung bedarf manchmal sehr umfangreicher Vereinbarungen. Diese bei der Konzeption von Mobia/mobisaar nicht sichtbaren oder vorhersehbaren Zusammenhänge sind der Grund, weshalb die Einführung einer scheinbar kleinen Änderung viel Zeit und Mitarbeit mehrerer Stakeholder bedarf. Außerdem sind alternative Transportmittel, wie Taxi oder Sonderbusse für Rollstuhlfahrer*innen, anderswo organisiert, sodass ein*e Kund*in u. U. mehrere Ansprechpartner*innen kontaktieren muss. Es geht auch anders: Beispielsweise ist der schwedische ÖPNV gesetzlich mit dem Fokus auf Fahrgäste aufgebaut und organisiert. Kommunen verantworten und finanzieren, neben Haltestellen, den ÖPNV. Kommunen sind in Regionen organisiert, in denen wiederum ÖPNV-Unternehmen die Organisation und Umsetzung übernehmen. Es wird zwischen „normalem" und „besonderem" ÖPNV unterschieden. Kann der*die Bürger*in nicht mehr den normalen ÖPNV benutzen, muss seine*ihre Bedürftigkeit festgestellt werden, aber er*sie hat immer noch den*die gleiche*n Ansprechpartner*in und fährt immer noch ÖPNV etwa zum gleichen Preis. Jedoch ändern sich die eingesetzten Gefäße, und mal werden Behindertenbusse, mal Taxis je nach Bedarf und Situation eingesetzt. Lots*innenservice, wie in diesem Buch vorgestellt, gibt es nur für die Bahn.

Im vorliegenden Buch wurden Erfahrungen und Informationen zusammengetragen, die den interessierten Leser*innen einen Einblick in die umfangreichen Rollen und Aspekte der Gesellschaft und der Akteur*innen gewährt, ohne deren Unterstützung und Führung eine vogelperspektivisch und wissenschaftlich-methodisch angemessene Arbeitsweise nicht möglich gewesen wäre. Das Ziel dieses Buchs ist es, so viel Information zur Verfügung zu stellen, dass die Leser*innen die wesentlichen und notwendigen Schritte zur Realisierung eines solchen Dienstleistungs- und Technologiesystems nachvollziehen können. Im Vorgängerprojekt Mobia (2011–2014) wurde das hier vorgestellte System für den Stadtkern von Saarbrücken entworfen und erprobt. Aufbauend darauf bestand das Ziel des mobisaar-Projekts darin, dieses System auf das ganze Saarland auszuweiten. Der*Die interessierte Leser*in wird auch auf das Mobia-Buch (Bieber & Schwarz, 2016) verwiesen.

Zum Schluss ein paar persönliche Bemerkungen: Diese Reise hat, nach archäologischer Forschung in meiner Mailbox, am Dienstag, 23. November 2010, 19:03 Uhr, ihren Anfang genommen. Dies ist das Datum des ersten E-Mail-Austauschs zwischen mir und Prof. Dr. Daniel Bieber – Letzterer in seiner damaligen Rolle als Geschäftsführer des iso-institut e. V. und ich als Leiter des Kompetenzzentrums für *Ambient Assisted Living* (AAL) am DFKI. Es ging um eine „Mobilitätsausschreibung" des Bundesministeriums für Bildung und Forschung (BMBF). Das Thema lautete, nach der Vorstellung meines neugewordenen Kollegen, „die Kombination von Dienstleistung und Technologie", ein in AAL-Kreisen relativ unbekanntes Konzept. Bis dahin waren AAL-Projekte meistens technologie-getrieben und betrachteten somit die dazugehörigen Dienstleistungen meistens gar nicht. Oft wurden die Endbenutzer*innen der Technologie nicht einmal mit in den Forschungsprozess integriert. Diese und andere fundamentale Voraussetzungen nicht zu beachten, hat dazu geführt, dass reihenweise „AAL-Projekte" wunderbare Lösungen produzierten, die mit dem entscheidenden Nachteil versehen waren, keinen realen Bedürfnissen zu entsprechen, und somit in Schubladen oder Bücherregalen vermodern. Und sollte sich die Technologie als wunderbar herausstellen, so war sie oft zu teuer, um eine realistische Chance zu haben, auf dem Markt etabliert werden zu können.

Das Mobia-Projekt sollte ganz anders sein: benutzerzentriert, methodologisch iterativ, interdisziplinär und ehrgeizig: Wir wollten den ÖPNV verbessern! Ich würde heute behaupten, dass das Gelingen solcher Veränderung die größten Erfolgschancen durch Gesetzesvorgaben oder Ehrgeiz hat. Wir hatten beides: Die

UN hatten gerade angefangen, die „Übereinkommen über die Rechte von Menschen mit Behinderungen" zu entwickeln. Es sollte bis zum 13. Dezember 2016 dauern, bis alles fertig war, und noch anderthalb Jahre, bis das Gesetz am 3. Mai 2018 ratifiziert wurde. Es hat auch lange gedauert, bis es das Saarland erreichen durfte: Der Weg verlief zunächst einmal über die EU und Deutschland. Inzwischen hat sowohl Deutschland als auch das Saarland in seinen Gesetzen die Aufforderung implementiert, ÖPNV bis zum 1. Januar 2022 barrierefrei zu machen. Das wird nicht funktionieren. Es ist fraglich, inwiefern es je funktionieren wird. Dazu fehlt zunächst ein gemeinsames Verständnis für das, was Barrierefreiheit überhaupt ist – was für mich barrierefrei ist, ist mit Barrieren versehen für jemand anderen. Die 3-cm-Norm ist ein anschauliches Beispiel dafür, wie schwierig es ist: Beim Bau eines Badezimmers und einer Haltestelle ist es standardkonform, den Übergang ins Badezimmer oder auf die Haltestelle mit einer bis zu 3 cm hohen Kante zu versehen. Wer rollstuhlfahrend versucht, eine 3 cm hohen Kante zu überwinden, hat oft erstmalig die körperliche Erfahrung gesammelt, dass Standards Barrieren schaffen, statt sie zu entfernen. Ein anderes anschauliches Beispiel stellt die geradezu katastrophale Heterogenität an den deutschen Bahnhöfen dar. Bei dem Versuch, Sehbehinderte oder Menschen mit kognitiven oder psychischen Behinderungen zu integrieren, werden andere Barrieren erst identifiziert. Diese und andere Erfahrungen verdeutlichen, dass rein technische Lösungen mit wenig Erfolgsaussichten einhergehen. Statt „barrierefrei" wurde deswegen die passendere Ausdrucksweise „möglichst barrierearm" verwendet. Das Lots*innen-Konzept wurde manchmal als Not- oder „Billiglösung" kritisiert, anstatt den ÖPNV grundsätzlich barrierefrei zu gestalten. Das ÖPNV-Reisen spielt sich in Bereichen ab, die in absehbarer Zeit nicht barrierefrei bleiben werden. Konsequenterweise bedarf ein ÖPNV für alle einer helfenden Hand: die Mobilitätslots*innen.

Die Projekte waren somit interdisziplinär: Fahrgäste, Soziologie, künstliche Intelligenz, Berufsausbildung, ÖPNV und Softwareentwicklung. Kernidee des Projekts war, Dienstleistung in Form von Mobilitätslots*innen mithilfe von Technologie zu verbessern. Eine außergewöhnliche Idee bestand darin, die Lots*innen aus einem Pool von Arbeitslosen zu akquirieren und als Dienstleister*innen auszubilden: Jobtraining mit sinngebenden Aufgaben zu verknüpfen, hatte für manche einen besonderen Reiz und rückblickend waren wir sehr erfreut, als es im Mobia-Projekt den ersten Lots*innen gelungen war, Fuß im ersten Arbeitsmarkt zu fassen.

Lieber Daniel, ich danke Dir herzlichst für die Mobia-Reise, die beruflich zu meinen absolut besten gehört!

Diese Reise wäre ohne die Unterstützung des BMBF, des Projektträgers VDI/VDE GmbH, der saarländischen Landesregierung, Kommunen und der Projektpartner*innen der Projekte Mobia und mobisaar nicht möglich gewesen. In den Organisationen befinden sich Menschen, die zusammen mit Enthusiast*innen tatkräftig mit angepackt haben und sich immer noch engagieren. Diesen Personen ein ganz herzliches Dankeschön – ohne Sie stünden wir nicht, wo wir heute sind: ein ÖPNV für fast alle!

Saarbrücken   Jan Alexandersson
29.04.2021

Mobilität für alle – Begleitdienste im ÖPNV als unverzichtbares Element sozialer Teilhabe

Von Daniel Bieber – Beauftragter für die Belange von Menschen mit Behinderungen beim Landtag des Saarlands
Mein Vater war, nachdem er im Alter von 46 Jahren im Jahr 1976 einen Schlaganfall erlitten hatte, von da an halbseitig gelähmt. Nach einiger Zeit war er geistig wieder fit, konnte wieder Englisch sprechen und sich selbstständig aufmachen, seine vier Geschwister zu besuchen, die in den fünfziger Jahren in die USA ausgewandert waren. Er litt aber unter einem Gesichtsfeldausfall, was dazu führte, dass er außer Haus besser nicht alleine unterwegs war. Außerhalb der eigenen Wohnung war er auf Begleitung angewiesen. Meine Mutter war berufstätig und so kam es, dass werktags ein großer Bus vorm Haus hielt, um meinen Vater abzuholen und in eine Tagesförderstätte zu bringen. Zusammen mit verschiedenen anderen Rollstuhlfahrer*innen. Jeden Tag auf dem Hin- und auf dem Rückweg: Rollifahrer*innen. Nun ist ja jede*r Rollstuhlnutzer*in eine komplett eigenständige Persönlichkeit und die Unterschiede zwischen Rollstuhlnutzer*innen sind mit Sicherheit größer als die zwischen, nehmen wir ein willkürliches Beispiel: Jurist*innen, Informatiker*innen, Volkswirt*innen oder Mechatroniker*innen. Dennoch: Ich erinnere mich gut, dass ich schon Ende der siebziger Jahre ein extrem ungutes Gefühl hatte, dass man Menschen mit Behinderungen in eine Sonderform der Mobilität zwingt, dass man sie aktiv ausschließt und vom öffentlichen Verkehr fernhält. Mir war, mehr gefühlt als wirklich durchdacht, klar, dass das eine Rationalisierung der Mobilität auf dem Rücken von Menschen mit Behinderungen ist. Damit der öffentliche Verkehr für die Mehrheit sich nicht ändern muss, nehmen wir einer Gruppe von Menschen das Recht auf Teilhabe am öffentlichen Personenverkehr und zwingen sie in eine Speziallogistik für Menschen mit Behinderungen. Eine Verweigerung von Teilhabe im Kleinen, aber wenn mein Vater mich in München und später in Berlin besuchen

wollte, musste im Vorfeld ein beträchtlicher Aufwand betrieben werden – und während des An- und des Abreisetags war man die ganze Zeit über unsicher, ob auch wirklich alles klappen wird. Handys gab es ja erst ab Ende der Neunziger und Smartphones erst ab 2007. Und auch heute noch kann man ab und an in der Zeitung lesen, dass jemand trotz Voranmeldung bei Station und Service der Deutschen Bahn an einem Bahnhof stehen gelassen wurde – man liest derlei aber nur, wenn es sich ausnahmsweise einmal um ein prominentes Opfer der Ignoranz gegenüber Menschen mit Behinderungen gehandelt hat. Mobilität ist für alle da – das ist damals wie heute teilweise immer noch ein frommer Wunsch im Kleinen, also im regionalen Umfeld genauso wie im Großen, also bei der Bahn oder im Flugzeug.

Ich habe als Leiter des Instituts für Sozialforschung und Sozialwirtschaft in Saarbrücken gegen Ende der sogenannten Nullerjahre mehrere Projekte geleitet, in denen gefragt wurde, wie man mittels neuer Technologien soziale bzw. personenbezogene Dienstleistungen besser gestalten könne. Dabei ging es um Fragen wie die, was man aufseiten der realen, physischen Diensterbringung angehen müsse, wenn man absehbare Engpässe auf dem Arbeitsmarkt durch intelligente Technologien angehen möchte. Und umgekehrt, wie man die Entwickler*innen neuer Technologien dazu bringe, nicht einfach nur vor sich hinzuentwickeln, sondern von Anbeginn an die Anwender*innenkontexte in den Mittelpunkt der Aufmerksamkeit zu rücken. Wie rationalisiert man personenbezogene Dienstleistungen, ja, wie industrialisiert man sie, ohne dass die Menschen, denen man hilft und die man unterstützt, unter massiven Qualitätseinbußen zu leiden hätten.[1] Der Gestaltungsfall waren hier seltene schwere Erkrankungen, wobei es um die Entwicklung sozio-technischer Dienstleistungssysteme rund um Patient*innen ging, die an Amyotropher Lateralsklerose (ALS) litten. Auch hier war eines der zentralen Ergebnisse, dass die soziale Gesamtsituation der Erkrankten, also nicht nur sie selbst, sondern das gesamte Setting, in den Blick genommen werden muss, wenn man diesen Kranken eine angemessene und gute Versorgung ermöglichen will. Die Kombination aus neuen Technologien und alten Dienstleistungen, wie ärztliche und pflegerische Versorgung, führte in der Summe zu komplexen Gestaltungsanforderungen, die sinnvollerweise nach dem Grundsatz eines Primats der Dienstleistung, nicht der Technik, bearbeitet werden sollten.

Im Jahr 2010 kam dann das Gerücht auf, das Forschungsministerium plane, sich im Zusammenhang mit der Bewältigung des demografischen Wandels der

---

[1] „Personenbezogene Dienstleistungen am Beispiel seltener Krankheiten", abgeschlossen im Juli 2013 (Bieber, D., & Geiger, M. (Hrsg.). (2014). Personenbezogene Dienstleistungen im Kontext komplexer Wertschöpfung: Anwendungsfeld „seltene Krankheiten". Springer VS.).

Mobilität Älterer anzunehmen. Was lag also näher, als sich mit den am Institut gewonnenen Erfahrungen auf diese Bekanntmachung vorzubereiten und sich dort dann auch mit einer Antragsskizze zu bewerben. Klar war aber auch, dass man bei dem vorherrschenden Verständnis von Innovation nicht mit einem Projektvorschlag anzutreten brauchte, der einseitig soziale Innovationen voranbringt: Technik musste schon dabei sein. Denn leider versteht man in Deutschland unter Innovation oft vor allem das technisch Neue und nicht das Neue am Markt, in der Arbeitsorganisation oder in den sozialen Beziehungen. Und, auch das ist bei BMBF-Ausschreibungen immer zu beachten: Es ist gut, wenn ein Unternehmen „vorne steht", also das Vorhaben koordiniert und nicht ein sozialwissenschaftliches Forschungsinstitut. Es ging dann im Prozess der Akquisition des Projekts – wie immer – darum, eine schlagkräftige Idee zu entwickeln und ein Konsortium zusammenzustellen, mit dem glaubhaft der Eindruck vermittelt werden konnte, das Projekt im Erfolgsfalle auch sinnvoll durchführen zu können.

Die Idee lag auf der Hand: Ausgehend von konkreten gesellschaftlichen Bedarfen und ausgehend vom Status quo und den vorhandenen Ansätzen einer Mobilität für Ältere sollte es ausnahmsweise einmal nicht um Assistenztechnologien im Auto gehen oder um neue Apps, die einen schnell von A nach B bringen. Sondern um eine Begleitung im ÖPNV für alle diejenigen, die aus welchen Gründen auch immer zum einen gar kein Auto und zum anderen vielleicht auch nicht immer jemanden zur Verfügung haben, der*die sie begleiten kann. Und, das war dann eher mein Anspruch, die ganze Idee sollte so aufgebaut sein, dass ihr Erfolg nicht mit dem Ablauf des Projekts beendet wäre, „nur" weil keine Fördermittel aus dem Forschungsministerium mehr fließen. Es kam also darauf an, bereits bei der Entwicklung der Idee darauf zu achten, dass die angestrebte Innovation auch dauerhaft zu vertretbarem Aufwand weiter funktionieren würde. Das ging nur, wenn man – etwas ungewöhnlich für ein BMBF-Projekt – auch auf weitere Finanzierungsquellen zurückgreifen konnte. Die Idee war, die Begleiter*innen aus dem Bereich des sozialen Arbeitsmarkts zu nehmen, denn so konnten sie von der Bundesagentur für Arbeit bezahlt werden – und die Zielsetzung konnte um die Perspektive einer Integrationsperspektive für Menschen erweitert werden, die teilweise schon sehr lange arbeitslos waren.

Nun musste noch ein schlagkräftiges Konsortium gefunden werden. Ein Mitarbeiter des Instituts wurde auf die Spitze der Stadtverwaltung angesetzt, um dort dafür zu werben, dass die Landeshauptstadt ihr Verkehrsunternehmen davon überzeugt, in dieses Projekt einzusteigen und zugleich auch noch die Konsortialführung zu übernehmen. Man kann sich vorstellen, mit welcher Begeisterung die Unternehmensleitung auf dieses von der Stadtspitze an sie herangetragene

Anliegen reagiert hat. Aber immerhin war man bereit, in das Projekt einzusteigen, wenn das Institut bei der Antragsstellung „hilft" und dann im Erfolgsfalle
einen großen Teil der Koordinierungsarbeiten übernimmt. Immerhin kann man
festhalten, dass es im Laufe des Projekts selbst zu einer wirklich wunderbaren
Kooperation mit der Saarbahn kam. Zur umfassenden Hilfestellung beim Antrag-
schreiben war das Institut selbstverständlich bereit. Aber wer sollte glaubwürdig
für die Gutachter den Technikpart übernehmen?

Wie es nun im Einzelnen zum ersten Kontakt kam, kann ich gar nicht mehr
erinnern. Aber wenn man aus der Szene kam, die sich mit Technologien des
Ambient Assisted Living (AAL – später eingedeutscht als Alltagsunterstützende
Assistenzlösungen) beschäftigte und in Saarbrücken suchte, musste man relativ
schnell bei Jan Alexandersson und beim DFKI landen – und so kam es. An einem
Nachmittag kamen er und ich zusammen, um zu überlegen, was man in Bezug
auf die Ausschreibung des BMBF tun könne.

Am Ende, vor nunmehr zehn Jahren, kam in 2011 die Zusage, dass wir noch
im Laufe des Jahres mit dem Projekt würden anfangen können. Und so starteten wir gemeinsam mit der Saarbahn, dem DFKI, einer Softwarefirma, einem
sozialen Träger namens ZBB und dem iso-Institut das Projekt MOBIA, das
unverschämterweise den Titel der Ausschreibung in ein Akronym verwandelt
hatte.[2]

Das Projekt hatte eine gute Zeit. Der leider viel zu früh verstorbene Manfred
Backes von der Saarbahn und ich koordinierten das Projekt auf eine sehr harmo-
nische und unkomplizierte Art. Sehr schnell waren wir uns einig, wenn es darum
ging, ob und ggf. wie man das Vorhaben vernünftig voranbringt. Die Zusammenarbeit war von einem sehr großen Respekt auf allen Seiten getragen und das
Projekt, über das ausreichend Informationen vorliegen,[3] wurde ein voller Erfolg.
Wir gewannen einen Preis bei „Deutschland, Land der Ideen" und wir gewannen
den Deutschen Alterspreis der Robert-Bosch-Stiftung – und niemand murrte, als
das Preisgeld von immerhin 60 000 € allein bei der Saarbahn als Konsortialfüh-
rer verblieb. Weil jedem klar war, dass es auch perspektivisch gut ist, wenn die
Saarbahn mit diesem Geld den MOBIA-Service weiter in eigener Regie anbietet.

Tatsächlich ging es dann weiter, wenn auch unter fördertechnisch ganz anderen
Vorzeichen. Das Forschungsministerium hatte einen Wettbewerb ausgeschrieben.
Fünf Regionen in Deutschland sollten für fünf Jahre insgesamt 25 Mio. Euro, also

---

[2] Mobil bis ins hohe Alter – Barrierefreie Mobilität durch technisch unterstützte Assistenzsysteme und Dienstleistungen im saarländischen ÖPNV. Das Projekt lief vom 01.11.2011 bis
zum 31.10.2014 (https://www.iso-institut.de/project/mobil-bis-ins-hohe-alter-mobia/).

[3] Bieber, D., & Schwarz, K. (Hrsg.). (2016). Mobilität für Ältere: Dienstleistungen für den
ÖPNV im demografischen Wandel. iso-Institut.

5 Mio. Euro Fördergeld für jedes Konsortium erhalten, wenn es ihnen gelänge, Gutachter davon zu überzeugen, dass sie ein gutes und tragfähiges Konzept zur Bewältigung eines Problems oder eines Problembündels hätten, das sich mit Aussicht auf Erfolg auch umsetzen ließe, um die Wirkungen des demografischen Wandels zu bekämpfen.

Was lag näher, als die in und für Saarbrücken entwickelte Lösung eines technologisch unterfütterten Begleitdiensts auf das gesamte Saarland auszudehnen? Um damit zeigen zu können, dass, anders als in allen anderen bekannten Begleitdiensten, auch der ländliche Raum für einen Begleitdienst im ÖPNV erschlossen werden kann. Und um zu zeigen, dass es gelingen könnte, dafür die sozialen, ökonomischen und technischen Lösungen, die schon in MOBIA funktioniert hatten, hochzuskalieren auf ein ganzes, kleines, aber feines Bundesland. Das iso-Institut hat mit Unterstützung einiger Partner das Wettbewerbskonzept verfasst und es in der ersten Runde bei mehr als 180 Ideenskizzen in die zweite Runde geschafft, um dann in dieser zusammen mit vier anderen übrig zu bleiben.

Nun läuft das Vorhaben aus und es ist Zeit, Bilanz zu ziehen. Meine Rolle hat sich in der Zwischenzeit geändert. Ich bin nicht mehr der Leiter eines Forschungsinstituts, das im Jahr 2019 noch sein fünfzigjähriges Bestehen feiern konnte. Und ich bin auch nicht mehr der offene oder der heimliche Spiritus Rector im Projekt mobisaar. Vielmehr bin ich seit März 2020 der saarländische Beauftragte für die Belange von Menschen mit Behinderungen, gewählt durch den saarländischen Landtag und allen Saarländer*innen verpflichtet. Und gerade in dieser neuen Rolle erinnere ich mich, wie ich im Landesbehindertenbeirat im Jahre 2014 das Konzept für mobisaar das erste Mal habe vorstellen dürfen. Bei dieser Sitzung wurde nachdrücklich von Betroffenenorganisationen darauf insistiert, dass mobisaar leicht in die Gefahr geraten könne, als „Placebo" für Barrierefreiheit missbraucht zu werden – ein naheliegender Gedanke, den wir schon auf der ersten Seite der Zusammenfassung unseres Wettbewerbskonzepts nachdrücklich auszuräumen versucht haben. Aber natürlich ist die Gefahr groß, dass die Verkehrspolitik sich der Verpflichtung durch UN-Behindertenrechtskonvention und Personenbeförderungsgesetz, den öffentlichen Personennahverkehr barrierefrei zu machen, durch eine kostengünstige Lösung zu entziehen versuchen könnte („Du kannst – wegen unserer Barrieren – nicht reiten, lass Dich begleiten!"). Die Gefahr ist also real und immer, wenn wir im Projekt mit energischen Aktionen etwa des Bundesverbands Selbsthilfe Körperbehinderter (BSK) konfrontiert wurden, haben wir es als Unterstützung unseres Anliegens verstanden. Etwa als bei unserer Kick-off-Veranstaltung ein sehr großes Plakat entrollt wurde, auf dem zu lesen stand: „Mobilität ist ein Menschenrecht!". Genau deshalb haben wir das Projekt gemacht. Und auch immer wieder betont, dass sich das Problem mangelnder Barrierefreiheit nicht durch Begleitung im ÖPNV erledigen lässt.

Zu einer Bilanz gehört aus meiner Sicht, sich bei allen, besonders auch den kritischen Begleiter*innen des Vorhabens zu bedanken. Eine Gruppe der Externen habe ich schon genannt. Es gab auch andere, denen wir zu Dank verpflichtet sind. Da sind zum einen die Gutachter*innen zu nennen, die uns als einziges Gewinnerprojekt bei den InnovaKomm-Projekten[4] mit einer Idee befördert haben, die nur ein einziges Thema, nämlich das der öffentlichen Mobilität, adressiert hat. Da sind die Kolleg*innen im Fachreferat 524 des BMBF zu nennen, die unser Vorhaben so spannend fanden, dass in 2016 die Bundesforschungsministerin nach Saarbrücken kam, um sich selbst ein Bild vor Ort zu machen. Da sind die Kolleginnen beim Projektträger VDI/VDE-IT, die das Projekt administrativ begleitet und einen nicht unwesentlichen Beitrag dazu geleistet haben, dass wir gemeinsam auch schwierigere Phasen haben durchstehen können. Es war eine große Freude und ein großes Glück, im Laufe der Projektarbeit den Austausch mit den anderen Begleitservices vorantreiben zu können. Niemand, der*die dabei war, wird den Frontalangriff auf paternalistische Hilfekonzepte vergessen, den Heike Rau und Michael Herrmann gemeinsam im Februar 2018 bei der vom iso-Institut und SaarVV organisierten zweiten Tagung des Netzwerks der Begleitdienste geführt haben.[5] Schließlich gab es im saarländischen Verkehrsministerium von Anfang an eine sehr große und umfassende Bereitschaft, gemeinsam den Weg in die Richtung eines ÖPNV für alle zu gehen und das Projekt auch nach Abschluss der Förderung durch das Forschungsministerium weiter zu unterstützen – nun ohne alle Forschungspartner*innen, direkt in der gesellschaftlichen Praxis.

Ich muss, auch in neuer Rolle, aber meiner Dankbarkeit auch in Bezug auf einige Kolleg*innen im Projekt Ausdruck verleihen, ohne die mobisaar nicht so erfolgreich gewesen wäre. Da ist zuallererst der „Alte Schwede" Jan Alexandersson zu nennen, der zu Beginn unserer Kooperation noch gar nicht so alt war, aber von dem ich habe lernen dürfen, dass man in Schweden nicht sagt: „Passt wie die Faust auf's Auge", sondern „Passt wie Hand in Handschuh". Ich

---

[4] So hieß der Wettbewerb in der Kurzform. Ausgeschrieben hieß er „Innovative Kommunen und Regionen im demografischen Wandel". Den Bekanntmachungstext der Ausschreibung findet man noch immer unter: https://www.interaktive-technologien.de/foerderung/bekanntmachungen/innovationen-fuer-kommunen-und-regionen-im-demografischen-wandel-innovakomm (zuletzt gesehen am 29.04.2021).

[5] Bieber, D., Schwarz, K., & Schumacher, M. (2018). Dokumentation: Zweite bundesweite Fachtagung der Begleitservices im Öffentlichen Personennahverkehr. Wie ältere und mobilitätseingeschränkte Menschen durch Begleitung mobiler werden. iso-Institut. https://www.mobisaar.de/media/download-5b30b39b99cba (zuletzt gesehen am 29.04.2021).

bin sehr glücklich, dass es überwiegend doch gut gelungen ist, diese brillante Kooperationsphilosophie in dem großen mobisaar-Konsortium wirklich zu leben. Für einige Partner gab es aufgrund der Projektkonstruktion nur ein begrenztes Zeitkontingent für ihre Mitarbeit in mobisaar. Die Kolleg*innen mussten sich auch noch um andere Dinge kümmern. Dennoch waren sie immer sehr engagiert dabei. Ganz allgemein muss man sagen: Mit einer Orientierung am Normalarbeitstag hätten wir mobisaar nicht so erfolgreich machen können. Messen und Feste finden auch an Wochenenden statt und es war immer sehr schnell geklärt, wer da „Standdienst schiebt."

Schließlich sind hier einige unserer Lots*innen zu nennen, die mich manchmal wirklich sprachlos gemacht haben. Ich werde vieles vergessen, aber ganz sicher nicht, wie wir bei einer Veranstaltung eigens für die Lots*innen gefragt haben, wer von ihnen bereit wäre, auch Menschen mit geistiger Behinderung zu begleiten. Das müsse man ja wissen, dachten wir, weil das eine besondere Situation und zusätzliche Qualifikationen nötig seien – und die müsse man sich ja erst einmal „draufschaffen" wollen. Eine Lotsin aus Neunkirchen verstand die Frage nicht: „Natürlich sind wir bereit, auch diese Leute zu begleiten. Die brauchen uns doch!". Wenn ich eines bedaure, dann dass es uns nicht gut genug gelungen ist, den zweiten Schwerpunkt unserer Inklusionsbemühungen umzusetzen: Die Integration unserer Lots*innen in den ersten Arbeitsmarkt. Zwar steht außer Frage, dass die Mobilitätsbegleiter*innen viel Anerkennung für ihre Arbeit erfahren haben und dass dies ihre Vermittlungschancen auf dem ersten Arbeitsmarkt sicher erhöht hat. Aber wenn dieser Markt dann durch ein Virus durcheinandergewirbelt wird, ist es eben nicht so leicht, sich in einem schwächer werdenden Arbeitsplatzangebot zu platzieren, auch wenn man wieder deutlich an Selbstvertrauen gewonnen hat.

Auch die Kund*innen von mobisaar waren teilweise unglaublich. Nie war es ein Problem, Menschen zu finden, die bereit waren, als lebendiges Testimonial bei einer Veranstaltung aufzutreten oder in einem Video mitzumachen. Vor allem aber gab es hin und wieder Spenden an die Lots*innen, „damit ihr mal ein schönes Sommerfest machen könnt." Es wurde im Verlauf des Projekts immer klarer: Sicher braucht man alles, was das Marketing an Ideen auch für soziale Projekte in den letzten Jahren entwickelt hat: Ohne „Dauerschreiber", wie man im Saarland Kugelschreiber nennt, braucht man nirgendwo seinen Stand aufbauen. Aber das beste Marketing war die erste Fahrt mit einem unserer Lotsen. Dennoch war es ganz sicher von herausragender Bedeutung, dass mobisaar nicht nur gut war und ist, sondern dass man für ein Forschungsprojekt auch viel darüber lesen, hören und sehen[6] konnte.

Nun gilt es, die Ideen und Versprechungen, mit denen mobisaar damals angetreten ist, unter der Schirmherrschaft des SaarVV, ohne Partner aus der Forschung, anzugehen: Ausdehnung der Dienstzeiten, sodass etwa auch der Weg zur Arbeit mittels mobisaar bewältigt werden kann. Oder der Kinobesuch am Abend. Und Bedienung aller Landkreise im Saarland, aber auch Ausdehnung des Serviceangebots nach Luxembourg und einige Städte in Frankreich (etwa Sarreguemines, Forbach).

Soziale Innovationen, das haben nicht zuletzt die in der Corona-Pandemie gesammelten Erfahrungen gezeigt, braucht das Land. Ein Innovationsbegriff, der zwingend technisch avancierte Lösungen in den Mittelpunkt rückt, reicht nicht aus. Auch Digitalisierung hat immer eine soziale Komponente, die es von Anbeginn an zu berücksichtigen gilt. mobisaar hat hier viel geleistet, und dabei auch die Mobilitätsmöglichkeiten im Saarland für alle diejenigen verbessert, die auf den ÖPNV angewiesen sind und die einen ÖPNV brauchen, der sich auch um Menschen kümmert, die sonst gerne an den Rand geschoben werden. Inklusion bedeutet eben auch, dass ich die Wahlmöglichkeiten haben muss, die alle anderen haben, etwa den ÖPNV zu nutzen, auch wenn ich das vielleicht die letzten fünfzig Jahre nicht für notwendig erachtet habe. Dass man plötzlich auf Hilfe angewiesen sein kann, wird gerne verdrängt. Es kann aber, wie viele durchaus in ihrem eigenen sozialen Umfeld sehen können, wirklich jeden treffen. Insofern ist ein ÖPNV, der sich tatsächlich bemüht, alle mitnehmen zu können, ein Gewinn für uns alle – auch wenn wir das vielleicht aktuell gar nicht zu schätzen wissen.

---

[6] Wenn man bei YouTube die Suchbegriffe „mobisaar" und „5 Jahre" eingibt, landet man bei einem 15-minütigen Video, das sehr gut veranschaulicht, was mobisaar so besonders macht. Direkt findet man den Film unter https://www.youtube.com/watch?v=WRPNly0ZTzM.

Inhaltsverzeichnis

Herausgeber- und Autorenverzeichnis

Über die Herausgeberinnen

Dr. Jan Alexandersson, Research Fellow und Leiter des Kompetenzzentrums für Ambient Assisted Living am Deutschen Forschungszentrum für Künstliche Intelligenz – DFKI GmbH. Forschungsinteressen: Soziotechnische Systeme & KI, Barrierefreiheit und Inklusion, Mobilität, KI in der Gesundheit: Prävention, Früherkennung, Entscheidungsunterstützung für Kliniker*innen und Betroffene, KI & Ethik, Benutzer*innenzentrierte Forschungs- und Entwicklungsmethodologie.

Prof. Dr. Daniel Bieber, Sozialwissenschaftler, seit 2020 Landesbeauftragter für die Belange von Menschen mit Behinderungen im Saarland, vorher seit 2004 Leiter des Instituts für Sozialforschung und Sozialwirtschaft (iso). Arbeitsschwerpunkte: Inklusion in der Arbeitswelt und im öffentlichen Raum.

Dr. Sascha Roder, Pädagoge und Soziologe, zuvor Institut für Sozialforschung und Sozialwirtschaft (iso) in Saarbrücken, ist derzeit wissenschaftlicher Mitarbeiter am Institut für Allgemeinmedizin der Universitätsmedizin in Göttingen. Forschungsinteressen: Hörschädigung und neuroprothetische Versorgung, Medizinsoziologie, Mensch-Maschine-Interaktion sowie die Konzeption rehabilitativer Musik- und Bewegungsprojekte für Menschen mit einer Hörbeeinträchtigung.

Jana Rößler, Juristin, wissenschaftliche Mitarbeitern am Institut für Sozialforschung und Sozialwirtschaft (iso) in Saarbrücken. Projektleitung mobisaar. Forschungsinteressen: Innovative personenbezogene Dienstleistungen, Strukturen im Gesundheits- und Pflegesektor.

Kathleen Schwarz, Soziologin und Arbeitswissenschaftlerin M. A., wissenschaftliche Mitarbeitern am Institut für Sozialforschung und Sozialwirtschaft (iso) in Saarbrücken. Forschungsinteressen: anwendungsorientierte Forschung im Rahmen der Mensch-Technik-Interaktion, innovative Verknüpfung neuer Informations- bzw. Kommunikationstechnologien und Dienstleistungsangebote in Bezug auf Interaktionsarbeit, Innovationsforschung, Methoden des *User-Centered Design.*

Autorenverzeichnis

Andrea Becker, Pädagogin M. A., Abteilungsleiterin des Fachbereichs Freizeit Inklusive der Miteinander Leben Lernen gGmbH, Saarbrücken, Themenschwerpunkte: Inklusion, Partizipation und Empowerment – Handlungsansätze für mehr Teilhabe von Menschen mit Behinderungen, Behinderung und Migration, Gesellschaftspolitische Teilhabe durch leichte Sprache.

Prof. Dr. Volker Hielscher, Sozialwissenschaftler, Geschäftsführer und wissenschaftlicher Leiter des Instituts für Sozialforschung und Sozialwirtschaft (iso) in Saarbrücken. Forschungsinteressen: Fachkräftesicherung und personalpolitische Strategien in Unternehmen, Arbeit und Gesundheit, virtualisierte Arbeitsprozesse.

Bettina Keßler, Projektkoordinatorin mobisaar (SNS GmbH), Ass. iur., berufsbegleitendes Studium Management von Kultur- und Non-Profit-Organisationen (TU Kaiserslautern). Schwerpunkte: Sozialrecht, Projektmanagement, Bildung und gesellschaftliche Teilhabe, Kunstkommunikation.

Kristina Lemke, Diplom-Psychologin, derzeit in Ausbildung zur psychologischen Psychotherapeutin, arbeitete von Januar 2016 bis Dezember 2020 bei der Landesarbeitsgemeinschaft Pro Ehrenamt e. V. im Projekt „mobisaar – Mobilität für alle". Kernaufgaben: Akquise und Betreuung ehrenamtlicher Lotsen*innen, Konzeption von Qualifizierungsmodulen sowie die Unterstützung bei der Umsetzung der Marketing- und Ausrollprozesse in den Landkreisen.

Marion Schumacher, M. A., von Juli 2017 bis April 2021 Mitarbeiterin am Institut für Sozialforschung und Sozialwirtschaft (iso) in Saarbrücken, Diplom-Betriebswirtin (FH) mit Schwerpunkt Marketing und Vertrieb sowie Projekt- und Veranstaltungsmanagement.

Daniel Tabellion, Softwareentwickler, Mitarbeiter am Deutschen Forschungszentrum für Künstliche Intelligenz in Saarbrücken. Entwickler der mobisaar-Fahrgäste-App. Forschungsinteressen: Sicherheit per Design, Crowdsourcing, Nutzerzentrierte Entwicklung.

Ingrid Wacht, Diplom-Soziologin, seit 2014 als Projektleiterin beim Sozialverband VdK Saarland e. V. beschäftigt. Vorher Jugendarbeit als Öffentlichkeitsreferentin und Seminarleiterin, im Bereich der Arbeitsmarktpolitik als wissenschaftliche Mitarbeiterin und Geschäftsführerin sowie Geschäftsführerin und Pressesprecherin von Bündnis 90/Die Grünen im Saarbrücker Stadtrat.

Moritz Wolf, Computerlinguist, Mitarbeiter am Deutschen Forschungszentrum für Künstliche Intelligenz in Saarbrücken. Forschungsinteressen: *User-Centered Design,* Human-in-the-Loop-Systeme.

Abbildungsverzeichnis

Barrieren im ÖPNV – Wofür braucht man einen Begleitdienst?

1

Jana Rößler, Volker Hielscher und Kathleen Schwarz

1.1 Der Teilhabe- und Dienstleistungsansatz im Mobilitätsprojekt „mobisaar"

Jana Rößler und Volker Hielscher

Die Förderung von Teilhabe gilt als unumstrittenes gesellschaftspolitisches Ziel. Das Begleitdienst-Projekt, auf dessen Erfahrungen die in diesem Band versammelten Beiträge beruhen, greift Teilhabeaspekte in verschiedener Hinsicht auf. Im Folgenden werden diese Teilhabeaspekte skizziert. Es wird aufgezeigt, dass Begleitservices als eine neue personenbezogene Dienstleistung im öffentlichen Personennahverkehr (ÖPNV) elementarer Bestandteil eines zukünftigen barrierefreien Mobilitätsangebots sein sollten.

J. Rößler (✉) · V. Hielscher · K. Schwarz
Institut für Sozialforschung und Sozialwirtschaft, Saarbrücken, Deutschland
E-Mail: roessler@iso-institut.de

V. Hielscher
E-Mail: hielscher@iso-institut.de

K. Schwarz
E-Mail: schwarz@iso-institut.de

© Der/die Autor(en), exklusiv lizenziert durch Springer Fachmedien Wiesbaden GmbH, ein Teil von Springer Nature 2022
J. Alexandersson et al. (Hrsg.), *Mobilität und Teilhabe – Begleitdienste im öffentlichen Personennahverkehr,*
https://doi.org/10.1007/978-3-658-35781-8_1

Übersicht

Im Rahmen des Projekts „mobisaar" wurde in den Jahren 2015 bis 2020 ein technologiegestützter Begleitdienst für mobilitätseingeschränkte Menschen bzw. solche mit besonderen Mobilitätsbedürfnissen im öffentlichen Personennahverkehr (ÖPNV) entwickelt. Die Entwicklung des Begleitservices wurde durch das Bundesministerium für Bildung und Forschung (BMBF) gefördert. Seit Januar 2021 wird mobisaar mit finanzieller Unterstützung des saarländischen Ministeriums für Wirtschaft, Arbeit, Energie und Verkehr fortgesetzt.

Über den Mobilitätsservice können sich ÖPNV-Kund*innen durch Lots*innen kostenlos von der Haustür bis zum Zielort begleiten lassen. Mit einer App haben die Kund*innen Zugriff auf die Routenplanung und Informationen zur Beschaffenheit von Haltestellen, sodass sie individuell entscheiden können, ob und wo eine Begleitung durch Lots*innen benötigt wird. Die Begleitung erfolgt durch Beschäftigte des öffentlich geförderten Arbeitsmarkts, die für die Tätigkeit gezielt geschult wurden. Diese Lots*innen können so die Nutzung des ÖPNV für alle Fahrgäste, die für sich einen Bedarf an Unterstützung sehen, erleichtern.

Der mobisaar-Service wurde schrittweise eingeführt und steht derzeit in vier Landkreisen und damit für mehr als achtzig Prozent der saarländischen Bevölkerung zur Verfügung.

Das Vorhaben mobisaar wurde durch den „Bundesteilhabepreis 2019: Inklusive Mobilität" als eines der bundesweit zehn besten Projekte ausgezeichnet, denn Teilhabe ist ein zentrales Anliegen von mobisaar.

1.1.1 Zum Begriff der Teilhabe

Teilhabe ist in vielen sozialpolitischen Handlungsfeldern zum Leitbegriff geworden (Bartelheimer et al. 2020, S. 5). Dass dieser Begriff im sozialpolitischen Diskurs und in der Sozialgesetzgebung verstärkt Einzug gehalten hat, liegt sicherlich auch daran, dass Teilhabe der Bedeutung nach zunächst einmal allgemein verständlich erscheint. Teilhabe bedeutet, „an etwas" teilzuhaben, sich beteiligen (können), ein Teil von etwas sein und nicht ausgeschlossen werden.

Aus der subjektiven Alltagsperspektive eines jeden Menschen geht es bei Teilhabe um die Verbindung des Individuums mit der Gesellschaft, also um die

Möglichkeit des sozialen Miteinanders und des direkten gemeinschaftlichen Kontakts. Erst dadurch lässt sich Teilhabe an Kultur, Bildung, Erwerbsarbeit und technischen Innovationen – also an individuellen Entwicklungschancen und sinnvoller Lebensgestaltung tatsächlich verwirklichen. In dieser Perspektive geht der Teilhabebegriff weit über Inklusionsziele für Menschen mit Behinderung hinaus und gilt in seinem Anspruch für alle Menschen. Die erfolgreiche Umsetzung von Teilhabe für die verschiedensten gesellschaftlichen Gruppen kann als Gradmesser verstanden werden für die Integrationskraft einer Gesellschaft in ihren unterschiedlichen Sphären und Subsystemen. Teilhabe eröffnet Möglichkeiten aus einem individuellen Blickwinkel heraus. Teilhabe geht von einem selbstbestimmt handelnden Subjekt aus, das die in der Gesellschaft vorhandenen Optionen nutzen und zwischen verschiedenen Möglichkeiten wählen kann. Dazu gehört auch, für sich entscheiden zu können, vorhandene Optionen unter Umständen nicht zu nutzen (Bartelheimer et al. 2020, S. 43–47).

1.1.2 Teilhabeaspekte im Vorhaben „mobisaar"

Die Anforderungen an die Förderung der Teilhabe stellt sich in unterschiedlichen gesellschaftspolitischen Handlungsfeldern. Wichtige Handlungsfelder sind im Vorhaben „mobisaar" durch das Projektangebot als solches wie auch durch seine Vorgehensweisen bei der Umsetzung aufgegriffen worden:

- Besondere Bedeutung kommt dem Teilhabebegriff bei der Beschreibung von Anforderungen an eine Gesellschaft zu, die Menschen mit Behinderungen gleichberechtigt in den Blick nimmt. Über den Teilhabebegriff wird hier der Anspruch verfolgt, Menschen mit Behinderung in allen Lebensbereichen die gleichen Möglichkeiten zu eröffnen wie Menschen ohne Behinderung und es zu ermöglichen, dass jeder Mensch selbstbestimmt sein Leben führen kann, ohne von Hilfe abhängig zu sein. Als sozialpolitischer Ansatz steht Teilhabe damit für Selbstbestimmung und Eigenverantwortung. Der Staat schafft hierfür die Rahmenbedingungen vor allem, indem er seine vormalige Fürsorgerolle aufgibt und entsprechende Strukturen, Ressourcen und individuelle Ansprüche auf Leistungen zur Förderung der Teilhabe bereitstellt.[1]

---

[1] So liegt Teilhabe als ein Zentralbegriff der Sozialgesetzgebung zugrunde. Im SGB IX etwa wird nach § 1 SGB IX das Ziel angestrebt, Selbstbestimmung und umfassende Teilhabe am Leben in der Gesellschaft zu fördern sowie Benachteiligungen zu vermeiden. Ebenso haben einzelne Leistungen des SGB II explizit die Sicherstellung gesellschaftlicher Teilhabe zum Ziel.

Dies ist ebenfalls ein wichtiger Aspekt bei mobisaar, da sich hier ältere und mobilitätseingeschränkte Menschen im öffentlichen Personennahverkehr (ÖPNV) durch Lots*innen unterstützen lassen können, wenn sie diesen Bedarf haben. Das Angebot unterstützt so als Bestandteil eines barrierefreien ÖPNV die Selbstbestimmung von Menschen mit Behinderungen oder Mobilitätseinschränkungen (siehe Kap. 2).

- Mit dem Teilhabechancengesetz wurde § 16i SGB II zur Teilhabe am Arbeitsmarkt eingeführt. Er soll Teilhabe durch einen sozialen Arbeitsmarkt ermöglichen und die Teilhabedefizite mildern, die ein langfristiger Ausschluss vom Arbeitsmarkt mit sich bringt (Kupka et al. 2019).

In einer Arbeitsgesellschaft ist Erwerbsarbeit der Schlüssel zu vielfältigen gesellschaftlichen Teilhabechancen. Bezahlte Arbeit ist eine wesentliche Voraussetzung für die eigenständige Existenzsicherung und eine autonome Lebensgestaltung. Erwerbsarbeit ist darüber hinaus mit sozialer Anerkennung verbunden und bildet in der Arbeitsgesellschaft ein „emanzipatives Minimum" (Negt 2011, S. 713). Darüber hinaus ist sie mit ihren sozialpsychologischen Funktionen für individuelles Sinn- und Selbstwirksamkeitserleben sowie für die Vergemeinschaftung im Betrieb für die meisten Menschen essenziell. Insofern kann Erwerbsarbeit als zentrales Medium der Teilhabe in verschieden Dimensionen betrachtet werden. Viele Menschen finden allerdings keine reguläre Beschäftigung am Arbeitsmarkt, obwohl sie nicht erwerbsgemindert sind. Arbeitsmarktpolitik verfolgt daher unter anderem das Ziel, einerseits durch unterstützende Maßnahmen, Qualifizierung und Arbeitsgelegenheiten Brücken in eine reguläre nicht geförderte Beschäftigung zu bauen. Andererseits geht es bei den Maßnahmen auch um die Teilhabewirkungen der Tätigkeiten und Aufgaben selbst. Insbesondere die Idee des sozialen Arbeitsmarkts setzt daran an, für Langzeitarbeitslose ohne reale Chancen am Arbeitsmarkt Teilhabe über eine Arbeitstätigkeit zu ermöglichen, die existenzsichernd ist und sie aus der Abhängigkeit von Leistungen der Jobcenter befreit.

Im Rahmen von mobisaar wurden Arbeitsplätze für Lots*innen innerhalb des sozialen Arbeitsmarkts geschaffen, sodass diese eine sinnerfüllende Tätigkeit mit festen Einkünften und mehr Unabhängigkeit vom Jobcenter, Anerkennung und Wertschätzung ausüben konnten (siehe Kap. 7).

- Auch bei der Frage nach der Gleichwertigkeit von Lebensverhältnissen in Deutschland wird auf den Begriff der Teilhabe Bezug genommen. Über die Analyse ausgewählter demografischer, sozioökonomischer und struktureller Indikatoren erstellt etwa der Teilhabeatlas eine Deutschlandkarte, die zeigt, wo die gut bis sehr gut versorgten Regionen liegen und wo sich die Menschen mit unterdurchschnittlichen Teilhabechancen zufriedengeben müssen (Sixtus et al. 2019, S. 4).

Bei mobisaar wurde der Frage nachgegangen, welche Mobilitätsoptionen in eher ländlichen Regionen mit schlecht ausgebautem ÖPNV für die Bewohner*innen und insbesondere für mobilitätseingeschränkte Menschen bestehen (siehe Kap. 6). Denn fehlende Mobilitätsinfrastrukturen beeinträchtigen ebenfalls die Teilhabe.

- Für die Benutzbarkeit von Software sollen bei deren Design- und Entwicklungsprozess die Nutzer*innen und deren Bedürfnisse in den Mittelpunkt gestellt werden *(User Centered Design)*. Indem sich die Technik dem Menschen anpasst, wird ein niedrigschwelliger Zugang ermöglicht, der niemanden ausschließt, insbesondere nicht von den damit verknüpften Dienstleistungen.

Für die Softwareentwicklungen bei mobisaar waren zwei Zielgruppen von besonderer Bedeutung: die Kund*innen des Mobilitätsservices und die Lots*innen (siehe Kap. 5). Die Nutzer*innen des Diensts wurden von Anfang an in das Projekt und die Ausgestaltung des sozio-technischen Systems eingebunden. Über verschiedene Formate wurde ihnen ein kontinuierliches Feedback ermöglicht, sodass die mobisaar-Fahrgäste-App beispielsweise immer besser an die Bedürfnisse blinder Menschen angepasst werden konnte.

Das Modellvorhaben mobisaar lässt sich als einen Versuch beschreiben, diese verschiedenen Teilhabedimensionen aufzugreifen und zu stärken.

1.1.3 Teilhabe und Mobilität

In modernen Gesellschaften ist Mobilität für die Realisierung von Teilhabechancen von zentraler Bedeutung. Sie ist notwendig, um in funktional und räumlich differenzierten Gesellschaften an familiären und freundschaftlichen Netzwerken, an sozialen Ereignissen, an kulturellen Gelegenheitsstrukturen sowie an Erwerbsarbeit partizipieren zu können. Mobilität ist gewissermaßen der Transmissionsriemen, damit Menschen in der modernen Gesellschaft „dabei" sein können.

Dies gilt insbesondere für Menschen mit Behinderung, wie die UN-Behindertenrechtskonvention in Artikel 20 feststellt. Ihre größtmögliche Unabhängigkeit ist dann sichergestellt, wenn sie in der Art und Weise und zum Zeitpunkt ihrer Wahl zu erschwinglichen Kosten mobil sein können. Auch der Zugang zu Mobilitätshilfen, unterstützenden Technologien oder menschlicher Hilfe gehört daher zur selbstbestimmten Mobilität.

Der ÖPNV ist dabei ein wichtiger Baustein. Denn für eine wirkliche Teilhabe reicht es nicht, Menschen mit Behinderungen auf bestimmte Mobilitätsoptionen, wie beispielsweise soziale Fahrdienste, zu verweisen. Es genügt nicht, wenn Ortswechsel lediglich in irgendeiner Form möglich sind. Die Wahlmöglichkeit in Bezug auf die eigene Mobilität bedeutet auch, die „regulären" öffentlichen Verkehrsmittel nutzen zu können. Dies ist aber nur dann möglich, wenn der ÖPNV als eine für die Allgemeinheit gedachte Mobilitätsinfrastruktur auch Menschen mit Mobilitätseinschränkungen tatsächlich zur Verfügung steht. Indem dies gewährleistet und der ÖPNV barrierefrei gestaltet wird, vergrößern sich die Mobilitätsoptionen und darüber die Teilhabechancen für diejenigen Gruppen, die bisher faktisch „außen vor" bleiben.

1.1.4 Begleitdienste im ÖPNV

Zum gegenwärtigen Zeitpunkt ist das öffentliche Verkehrsangebot allerdings noch durch viele mobilitätseinschränkende Barrieren gekennzeichnet, die es nicht nur Menschen mit Behinderungen erschweren, den ÖPNV zu nutzen. Um ihn für alle zugänglich zu gestalten, ist anzuerkennen, dass die Mobilitätsbedürfnisse und Anforderungen aller potenziellen Kund*innen sehr unterschiedlich sind. Persönliche Mobilität muss daher sowohl für Menschen mit körperlichen Einschränkungen als auch für Menschen mit psychischen, intellektuellen oder Sinnes-Beeinträchtigungen ermöglicht werden (Aichele et al. 2019, S. 24). Doch auch Menschen ohne Behinderungen können sich mit Barrieren konfrontiert sehen, wenn sie den ÖPNV nutzen möchten. Informations- und Orientierungssysteme können bei ungünstiger Gestaltung schnell zu einer Barriere für alle ÖPNV-Nutzenden werden. Sind Umsteigezeiten zu kurz bemessen, bekommen vor allem ältere Menschen, Kund*innen mit viel Gepäck oder Eltern mit kleinen Kindern Probleme. Ebenso kann das Unbehagen vor unbekannten Situationen in einer fremden Stadt, aber auch schlicht unzureichende ÖPNV-Angebote für viele Menschen eine Barriere darstellen. Ob für eine Person Barrieren im ÖPNV bestehen, richtet sich also aus subjektiver Perspektive nach deren individuellen Anforderungen in einer bestimmten Situation.

Bisher sind Menschen, die weder den ÖPNV noch einen eigenen Pkw nutzen können, auf soziale Fahrdienste angewiesen. Deren Kosten liegen aber deutlich über denen des ÖPNV und müssen von Menschen ohne anerkannten Grad der Behinderung selbst getragen werden. Die UN-Behindertenrechtskonvention sieht überdies Sonderstrukturen für Menschen mit Behinderung kritisch. Diese förderten eher die Ausgrenzung als die Teilhabe. Dementsprechend wird gefordert, spezielle Maßnahmen, wie etwa Begleit- oder Beförderungsdienste, nur über-gangsweise zu nutzen, um Menschen mit Behinderung Mobilität zu gewährleisten (Aichele et al. 2019, S. 25), bis das Ziel eines barrierefreien ÖPNV-Angebots für alle realisiert sei.

Die Einrichtung von Begleitdiensten für Menschen mit Mobilitätseinschrän-kungen scheint diesem Gedanken auf den ersten Blick zu widersprechen. Werden dadurch nicht weitere Sonderlösungen für bestimmte Gruppen geschaffen, ohne dass die strukturellen Barrieren beseitigt werden? Um dieser Problematik zu begegnen, wurde das Projekt mobisaar von vornherein als ein uneingeschränktes Angebot für alle Menschen konzipiert. Die Nutzung ist nicht an bestimmte Bedin-gungen, wie das Vorliegen einer anerkannten Behinderung oder ein Mindestalter geknüpft. Es entscheidet allein der*die Kund*in, ob für ihn*sie persönlich Barrieren vorliegen, die mithilfe einer Begleitung überwunden werden können.

In der Praxis existieren typische Konstellationen, in denen der Begleitdienst eine wirksame Mobilitätsunterstützung darstellt:

- Ein wichtiger Aspekt ist nach wie vor die Unterstützung bei der Überwindung physischer Barrieren. Zwar soll gemäß § 8 Abs. 3 Personenbeförderungs-gesetz (PBefG) bis zum 1. Januar 2022 die vollständige Barrierefreiheit im ÖPNV erreicht werden. Trotzdem bestehen weiterhin vielfältige Hindernisse beim Ein- und Ausstieg in Fahrzeuge oder beim Erreichen der Haltestellen. Mit der Unterstützung durch die Lots*innen können physische Barrieren, also konkrete Hindernisse wie Stufen oder unebene Wege überwunden werden. Fehlende Fahrstühle und Rampen können über eine Begleitung allerdings nicht ausgeglichen werden. Dies ist aber auch nicht das Ziel eines Begleitservices. Er soll nicht mit dem barrierefreien Ausbau des ÖPNV konkurrieren oder ihn gar ersetzen, sondern eine bedarfsorientierte Dienstleistung sein, die einen Beitrag für die Herstellung einer möglichst umfassenden Zugänglichkeit und Benutzbarkeit aller Einrichtungen im öffentlichen Nahverkehr darstellt.
- Neben den physischen bestehen für manche Menschen auch psychische, kognitive oder sinnesbezogene Barrieren für die Nutzung von Bussen oder Bahnen. So ist zum Beispiel das dichte Gedränge an den Verkehrsknotenpunk-ten vielen Menschen mit einer psychischen oder geistigen Beeinträchtigung oder für Personen aus dem autistischen Spektrum unangenehm. Gelegent-lich fehlt es an Orientierung und die nötige Schnelligkeit beim Wechsel von Verkehrsmitteln oder die Vielzahl der Reize und Informationen wirken über-fordernd. Hier können Mobilitätslots*innen wichtige Unterstützung bieten, Ängste abbauen und Sicherheit geben.

- Von Mobilitätslots*innen können auch Menschen profitieren, die durch eine Erkrankung oder einen Unfall plötzlich mit Einschränkungen konfrontiert sind. In solchen Lebensphasen muss Selbstständigkeit wieder Schritt für Schritt erarbeitet werden. Eine Begleitung im ÖPNV kann in einem solchen kritischen Lebensabschnitt unterstützen und helfen, eigenständig mobil zu bleiben.

Die Beispiele veranschaulichen, wie Begleitdienste im ÖPNV eine nützliche und sinnvolle Hilfe bieten können. Darüber hinaus verschaffen sie – je nach Umsetzungsform – Menschen am Rande der Arbeitsgesellschaft die Chance, über eine sinnvolle und existenzsichernde Lots*innen-Tätigkeit wieder am Erwerbsleben teilhaben zu können.

Begleitdienste ergänzen mit einer personenbezogenen Dienstleistung die Herstellung von Barrierefreiheit in der Mobilitätsinfrastruktur. Sie erweitern die Zugänglichkeit des ÖPNV und bauen für viele Menschen Mobilitätsoptionen aus. Insbesondere aber ist das „offene" Begleitangebot an alle Menschen, die sich Barrieren im ÖPNV gegenübersehen, Ausdruck einer Akzeptanz der Vielfalt an unterschiedlichen Unterstützungsbedürfnissen. Es ist ebenso Ausdruck einer Grundhaltung, die die Bearbeitung von Barrieren nicht ausschließlich auf der Ebene baulicher oder anderer techn(olog)ischer Maßnahmen begreift. Für die Zukunft sollten Begleitdienste als soziale Dienstleistung für die Herstellung von Barrierefreiheit und die Sicherung von Teilhabe ein unverzichtbarer Bestandteil des öffentlichen Verkehrsangebots sein.

Literatur

Aichele, V., Bernot, S., Hübner, C., Kroworsch, S., Leisering, B., Litschke, P., Palleit, L., Pöllmann, K., & Striek, J. (2019). Analyse: Wer Inklusion will, sucht Wege: Zehn Jahre UN-Behindertenrechtskonvention in Deutschland. Monitoring-Stelle UN-Behindertenrechtskonvention. https://www.institut-fuer-menschenrechte.de/fileadmin/Redaktion/Publikationen/Wer_Inklusion_will_s ucht_Wege_Zehn_Jahre_UN_BRK_in_Deutschland.pdf.
Bartelheimer, P., Behrisch, B., Daßler, H., Dobslaw, G., Henke, J., & Schäfers, M. (2020). *Teilhabe – eine Begriffsbestimmung*. Wiesbaden: Springer Fachmedien. https://doi.org/10.1007/978-3-658-30610-6.
Kupka, P., Ramos Lobato, P., & Wolff, J. (2019). Die Einführung eines Sozialen Arbeitsmarktes für Langzeitarbeitslose war ein wichtiger Schritt. IAB-Forum. https://www.iab-forum.de/die-einfuehrung-eines-sozialen-arbeitsmarktes-fuer-langzeitarbeitslose-war-ein-wichtiger-schritt/.
Negt, O. (2001). *Arbeit und menschliche Würde*. Steidl.

Sixtus, F., Slupina, M., Sütterlin, S., Amberger, J., & Klingholz, R. (2019). *Teilhabeatlas Deutschland: Ungleichwertige Lebensverhältnisse und wie die Menschen sie wahrnehmen* (Berlin-Institut für Bevölkerung und Entwicklung und Wüstenrot Stiftung, Hrsg.).

1.2 Begleitdienste im ÖPNV in Deutschland. Erfahrungsbericht der Zweiten bundesweiten Fachtagung der Begleitservices im öffentlichen Personennahverkehr

Kathleen Schwarz

1.2.1 Begleitdienste im ÖPNV – ein Angebot zur Sicherstellung von Mobilität und sozialer Teilhabe

Neben Älteren, deren Zahl in den nächsten Jahren stark zunehmen wird, gibt es eine weitere Gruppe von Menschen, deren Teilhabe am öffentlichen Leben auch durch zielgruppenspezifische Angebote im ÖPNV sicherzustellen ist: Menschen mit Behinderungen. Ende 2019 gab es 7,9 Mio. schwerbehinderte Menschen in Deutschland, die einen Grad der Behinderung von mehr als 50 % haben. Dies entspricht fast zehn Prozent der Bevölkerung (Statistisches Bundesamt 2020).

Die Schaffung einer barrierefreien Umgebung (Aufzug, Rampe, Blindenleitstreifen etc.) bildet daher die Grundlage von Teilhabe. Dies reicht angesichts der komplexen Anforderungen, mit denen Fahrgäste im ÖPNV, vor allem in Städten, konfrontiert sind, nicht immer aus. Die Begleitdienste für den ÖPNV versuchen diese Lücke durch ihr Mobilitätsangebot zu schließen, und leisten daher einen bedeutenden gesellschaftlichen Beitrag zur Steigerung der sozialen Teilhabe von Menschen mit besonderen Mobilitätsbedürfnissen. Gleichzeitig tragen sie zur Integration Langzeitarbeitsloser, die bei den Begleitdiensten als Mitarbeiter*innen im Einsatz sind, in den Arbeitsmarkt bei. Viele Kund*innen sind dankbar für das kostenlose Angebot der persönlichen Unterstützung im ÖPNV von Tür zu Tür.

Die Beschäftigungsträger und Verkehrsunternehmen als Verantwortliche der verschiedenen Begleitservices eint, dass alle Services im Rahmen ihrer Arbeit mit unterschiedlichen Herausforderungen konfrontiert waren beziehungsweise sind. Im Rahmen der „Zweiten bundesweiten Fachtagung für Begleitdienste im

Öffentlichen Personennahverkehr", die im Februar 2018 in Saarbrücken statt-
fand, wurden diesbezüglich die gewachsenen Anforderungen und die weiteren
Perspektiven von Begleitdiensten im öffentlichen Personennahverkehr diskutiert.
Im Zentrum der Tagung standen die Möglichkeiten sozialer Teilhabe in altern-
den Gesellschaften durch den zusätzlichen Service für Fahrgäste im ÖPNV
sowie die Möglichkeiten, die sich durch eine Einbindung arbeitsmarktpolitischer
Instrumente für den öffentlichen Personennahverkehr und für Langzeitarbeitslose
ergeben könnten.

In diesem Rahmen hat das Institut für Sozialforschung und Sozialwirtschaft
in Zusammenarbeit mit den mobisaar-Projektpartner*innen die Kolleg*innen der
anderen Begleitservices, Multiplikator*innen sowie Interessierte zu einem inter-
nen Workshop nach Saarbrücken in das Ministerium für Wirtschaft, Arbeit,
Energie und Verkehr geladen. Die Ergebnisse sollen in diesem Beitrag vorgestellt
werden.

Um den Erfahrungsaustausch untereinander zu fördern, wurden im Vorfeld
Begleitservice-übergreifende Schwerpunkte identifiziert. Moderiert wurden die
Workshops von den mobisaar-Projektpartner*innen bzw. den Kolleg*innen aus
Berlin, München und Düsseldorf. Die Anwesenden hatten vor Ort die Möglich-
keit, sich in drei Runden an insgesamt drei der folgenden fünf Workshop-Themen
zu beteiligen:

- Einsatz arbeitsmarktpolitischer Maßnahmen bei den Begleitservices,
- Personalentwicklung und Mitarbeiter*innenführung,
- Prozessorganisation und Qualitätsmanagement,
- Marketingstrategien zur Kund*innenansprache,
- Ehrenamtliches Engagement und ländlicher Raum

Des Weiteren wurden alle Verantwortlichen der Begleitdienste im Vorfeld der
Fachtagung gebeten, in einem standardisierten quantitativen Fragebogen Angaben
zu ihrem Serviceangebot zu machen (arbeitsmarktpolitische Instrumente, Anzahl
Begleitungen, Anzahl der Beschäftigten, Beschäftigungsdauer, Qualifizierungs-
umfang, Vermittlung in den ersten Arbeitsmarkt). Diese Ergebnisse wurden bei
den folgenden Ausführungen berücksichtigt, da nicht alle der geladenen Services
an der Tagung teilnehmen konnten.

1.2.2 Erfahrungen der Begleitdienste im ÖPNV

Dass Begleitdienste deutschlandweit in mehr als 16 Städten angeboten werden und seit Jahren etabliert sind, zeigt nicht nur den hohen Bedarf an Unterstützung im öffentlichen Personennahverkehr, sondern auch wie gut die Qualität der Arbeit durch die Begleiter*innen ist.

Die Finanzierung der Services durch die Jobcenter und die Unterstützung durch Politik, Verkehrsunternehmen, Interessenverbände etc. verdeutlicht, dass es ein wachsendes Bewusstsein dafür gibt, „welch große Herausforderungen die Sicherung von Mobilität unter dem Aspekt gesellschaftlicher Teilhabe, demografischer Wandel und Barrierefreiheit beinhaltet" (Verkehrsverbund Berlin-Brandenburg GmbH 2016). Natürlich spielt in diesem Zusammenhang auch die im § 8 Abs. 3 Satz 3 Personenbeförderungsgesetz (PBefG) geforderte Herstellung der vollständigen Barrierefreiheit bis 2022 eine entscheidende Rolle.

Obwohl der Aufbau und die Etablierung der einzelnen Services in Deutschland unterschiedlichen Rahmenbedingungen unterlagen und unabhängig voneinander stattgefunden haben, zeigen die Workshop-Ergebnisse, dass alle Beteiligten mit ähnlichen Herausforderungen und Problemen im Zusammenhang mit der Umsetzung konfrontiert waren. Im Rahmen der Themen-Workshops war daher interessant zu erfahren, mit welchen Lösungsansätzen die Begleitdienste sich den Herausforderungen gestellt haben beziehungsweise welche Gemeinsamkeiten und Unterschiede es bei der Herangehensweise gab.

1.2.3 Einsatz arbeitsmarktpolitischer Maßnahmen bei den Begleitservices

Alle Begleitservices wurden durch arbeitsmarktpolitische Instrumente über die Jobcenter gefördert. Konkret heißt das, die Begleiter*innen waren über § 16 SGB II Leistungen zur Eingliederung wie Arbeitsgelegenheiten (AGH) nach § 16d SGB II, Förderung von Arbeitsverhältnissen (FAV) nach § 16e SGB II beziehungsweise Teilhabe am Arbeitsmarkt nach § 16i SGB II beschäftigt. Diese Programme unterscheiden sich einerseits in finanzieller Hinsicht sowie andererseits in Bezug auf die Wochenarbeitsstunden und die Art der persönlichen Qualifizierungsmöglichkeiten. Die Anstellung erfolgte entweder bei den Verkehrsunternehmen oder bei den Qualifizierungs- und Beschäftigungsgesellschaften.

Die Förderinstrumente selbst boten nicht ausreichend Gelegenheit, während der Maßnahme an Qualifizierungsmöglichkeiten teilzunehmen. Diese tragen aber dazu bei, die Chance für die Mitarbeiter*innen zu erhöhen, um auf dem ersten Arbeitsmarkt Fuß fassen zu können. Auch der Verwaltungsaufwand bei den Förderinstrumenten für die Beschäftigungsträger war teils sehr hoch. Entsprechende finanzielle Mittel für den Mehraufwand wurden von den Jobcentern jedoch nicht bereitgestellt. Unterschiede zwischen den Jobcentern ergeben sich zudem bezüglich der finanziellen Ausstattung der Maßnahmen (wie zum Beispiel Fallpauschale, Nutznießerpauschale etc.) und der Auswahl der Teilnehmenden. Für die Tätigkeit in Begleitdiensten bestehen höhere Anforderungen an die Beschäftigten als in anderen Bereichen der geförderten Beschäftigung. Nicht selten wurden jedoch seitens der Jobcenter Personen mit multiplen Vermittlungshemmnissen ausgewählt, die eher weniger geeignet für die Tätigkeit als Begleiter*in waren (Personen mit Alkohol- oder Drogenabhängigkeit). In diesen Fällen hätten die Beschäftigungsträger deutlich mehr finanzielle Mittel für den Personaleinsatz und die Qualifizierungsmaßnahmen benötigt, als es der Fall war.

Wie sich gezeigt hat, variierten auch die Rekrutierungsprozesse bei den unterschiedlichen arbeitsmarktpolitischen Maßnahmen. So erfolgte die Zuweisung von Personen, die langzeitarbeitslos waren, bei einigen Begleitdiensten durch die Jobcenter, andere hatten ein Mitspracherecht bei der Einstellung. Als problematisch wurden auch die restriktiven Zugangsvoraussetzungen gesehen. So zielten diese Maßnahmen oft nur auf Personen ab, die seit vielen Jahren im Leistungsbezug bei den Jobcentern standen und meist verschiedene Vermittlungshemmnisse aufwiesen.

Je nachdem, welche Qualifizierungs- und Betreuungsmöglichkeiten bestanden, wurden seitens der Beschäftigungsträger im Rahmen des Rekrutierungsprozesses Kriterien für die Jobcenter zur Auswahl potenzieller Bewerber*innen definiert (Erscheinungsbild, Gesundheitszustand, berufliche Erfahrungen, unauffälliges Führungszeugnis). Die Angestellten der Jobcenter haben dann eine erste Vorauswahl getroffen. Daraufhin folgten Vorstellungsgespräche mit den Verantwortlichen der Beschäftigungsträger bzw. auch mit Verantwortlichen der Verkehrsunternehmen. In mobisaar fanden bei den Jobcentern sogenannte Assessmentcenter mit Interessierten statt. Hier wurden der Service sowie die Aufgabenschwerpunkte der Begleiter*innen erläutert und auf Basis von Rollenspielen Alltagssituationen nachgestellt. Einige Begleitdienste haben potenziellen Mitarbeiter*innen Probearbeitstage angeboten, um zu entscheiden, ob die Tätigkeit für sie überhaupt infrage kommt. Wenn Bewerber*innen freiwillig ausgestiegen sind, geschah dies meistens während der Qualifizierung oder während der ersten Wochen im Einsatz.

Je besser die Lage auf dem ersten Arbeitsmarkt ist, desto geringer ist die Auswahl an Bewerber*innen für geförderte Beschäftigung. Im Saarland war zu diesem Zeitpunkt die Zahl der Langzeitarbeitslosen, die das Jobcenter vermittelt hat, aufgrund sinkender Arbeitslosenzahlen sehr begrenzt. Zeitweise konnten daher nicht alle Plätze besetzt werden. Zudem hatte auch der*die potenzielle Bewerber*in die Möglichkeit, sich gegen eine Maßnahme zu entscheiden. In mobisaar bestand grundsätzlich nicht die Möglichkeit für die Maßnahmenträger, Interessenten abzulehnen. Nur bei starken gesundheitlichen Einschränkungen wurde von einer Anstellung abgesehen.

Einige Services beschäftigten ihre Mitarbeiter*innen über unterschiedliche arbeitsmarktpolitische Instrumente, sodass diese in einer Institution für die exakt gleiche Arbeit dann unterschiedlich entlohnt wurden. So werden bereits Differenzen manifestiert, die durch die Begleiter*innen entsprechend wahrgenommen werden und auch zu Motivationsverlusten führen.

Die Maßnahmen haben vordergründig einen gesellschaftlichen und arbeitsmarktpolitischen Mehrwert. Die Verkehrsunternehmen profitieren in besonderer Weise von den Begleitdiensten. Neben dem Imagegewinn in der Öffentlichkeit gibt es auch weniger Störungen im Betriebsablauf, das heißt, dank der Unterstützung der Begleiter*innen verlängert sich die Taktung nicht so stark und Verspätungen werden vermieden. Zudem ist davon auszugehen, dass es auch weniger Schadensfälle bzw. Verletzte gibt. Es handelte sich also um eine Win–win-Situation für alle Beteiligten.

1.2.4 Personalentwicklung und Mitarbeiter*innenführung

Von zentraler Bedeutung zur Durchführung der Services und zur Vertrauensbildung in der Öffentlichkeit ist das Thema Qualifikation und Motivation der Mitarbeiter*innen. Ein besonders wichtiger Aspekt in diesem Zusammenhang ist, dass Unterstützung zwischen Begleiter*in und Kund*in verhandelt werden muss, ohne zu bevormunden (Rau und Herrmann 2018). Begleitung sollte auf Augenhöhe stattfinden. Das heißt unter anderem, nicht ungefragt jemandem unter die Arme zu fassen und in den Bus helfen. Auch wenn die Kund*innen während der Begleitung ein Stück Verantwortung an die Begleiter*innen abgeben, soll die Autonomie gewahrt werden. Damit die plötzliche Verantwortung bei den Beschäftigten nicht zur Belastung wird, entwickelten die meisten Begleitdienste entsprechende ganzheitliche Schulungskonzepte.

Da verschiedene Kund*innengruppen im öffentlichen Raum bei der Nutzung öffentlicher Verkehrsmittel unterstützt werden, bedarf es unterschiedlicher Qualifizierungsmaßnahmen. Bei der Durchführung der Schulungen arbeiteten die meisten Services eng mit den Vertreter*innen der Zielgruppen, wie Blinden- und

Sehbehindertenverein sowie Senioren- und Behindertenbeauftragten zusammen. Auch aufgrund der Rückmeldungen der Kund*innen wurden weitere spezielle Qualifizierungsbedarfe deutlich. Die Begleitdienste verstanden sich als lernende Institutionen und waren daher darauf bedacht, den Anforderungen der Fahrgäste gerecht zu werden. Die entsprechenden Schulungs- bzw. Qualifizierungsmaßnahmen dienten auch gleichzeitig der Qualitätssicherung. Für die unterschiedlichen Schulungseinheiten erhalten die Mitarbeiter*innen entsprechende Zertifikate. Die Schulungsinhalte sowie die Dauer der Schulung variierten von einigen Wochen bis mehrere Monate. Zudem übernahmen die Verantwortlichen einiger Services selbst Begleitaufträge. So konnten die mit der Arbeit einhergehenden Probleme der Begleiter*innen identifiziert und entsprechende Handlungsbedarfe formuliert werden.

Das ganzheitliche Qualifizierungsangebot, die hohe Motivation der Beschäftigten sowie das positive Feedback der Kundschaft hatten auch einen positiven Effekt auf den Wiedereintritt in den ersten Arbeitsmarkt. So wurden einige Begleiter*innen von den beteiligten Verkehrsunternehmen angestellt. Die Rheinbahn AG in Düsseldorf hatte einigen Beteiligten zum Beispiel eine Ausbildung zum*r Bus- bzw. Straßenbahnfahrer*in angeboten. Trotzdem muss an dieser Stelle auch erwähnt werden, dass nicht für jede*n Tätigkeiten mit so hohem Qualifizierungsanspruch geeignet waren. Nicht wenige Mitarbeiter*innen können aufgrund unterschiedlicher Vermittlungshemmnisse nicht in den ersten Arbeitsmarkt integriert werden und daher immer wieder in verschiedenen arbeitsmarktpolitischen Maßnahmen tätig sein.

Zusätzlich zur Qualifizierung bedarf es auch der persönlichen Betreuung der Mitarbeiter*innen. Denn auch persönliche Probleme, wie Alkohol-, Drogen- und Spielsucht sowie hohe Verschuldung und Wohnungslosigkeit, stellten kein Ausschlusskriterium bei der Einstellung dar. Die Maßnahmenträger standen daher vor der sehr sensiblen Aufgabe, den Betroffenen eine neue Perspektive auf eine Rückkehr in den Arbeitsmarkt zu geben. Die finanzielle Ausstattung sah nur für Arbeitsgelegenheiten nach § 16d SGB II die Betreuung durch Sozialpädagog*innen vor, nicht aber bei Teilhabe am Arbeitsmarkt nach § 16i SGB II, worüber die meisten Begleiter*innen jedoch beschäftigt waren. Die Verantwortlichen versuchten trotzdem, verschiedene Wege und Lösungsansätze aufzuzeigen, und unterstützten bei der Umsetzung. Auch im Arbeitsalltag waren gerade die Suchtproblematik, Unpünktlichkeit sowie Unzuverlässigkeit immer wieder Thema. Daher mussten die Beschäftigten vor Arbeitsbeginn, unter Berücksichtigung der Verantwortung dem*der Kund*in gegenüber, bei den Verantwortlichen der Maßnahmenträger vorstellig werden. Neben dem beruflichen und sozialen Austausch ging es natürlich auch darum zu prüfen, ob die Mitarbeiter*innen

einsatzfähig waren (Dienstkleidung, Alkohol- oder Drogenkonsum, Erscheinungsbild). Zumindest in Berlin und München erfolgte die Kontrolle mittels eines
Alkoholmessgeräts. Dies verhindert jedoch nicht den Konsum während der
Arbeitszeit. Bei Verdacht auf Alkohol- oder Drogenkonsum während der Arbeitszeit wurde mit den Beteiligten ein Gespräch geführt. Im schlimmsten Fall führte
dies zu einer Abmahnung oder sogar dem Ausschluss aus der Maßnahme (in
Rücksprache mit dem Jobcenter).

Langjährige Arbeitslosigkeit einhergehend mit Suchtproblematik oder Wohnungslosigkeit haben bei einigen Beschäftigten äußerliche Spuren hinterlassen
(fehlende Zähne, fehlende Brille, starker Körpergeruch, ungepflegtes Äußeres,
verschmutzte Kleidung). Da die Begleitdienste aber direkt am und mit Menschen
arbeiten, bestand hier Handlungs- bzw. Unterstützungsbedarf. In den meisten Fällen ist dies zwar ein langwieriger Prozess, der aber am Ende für die Betroffenen
mit neuer Lebensqualität einhergeht.

Die Begleiter*innen wurden für ihren Einsatz mit Dienstkleidung (Windja-
cke, Winterjacke, Pullover, Shirt) ausgestattet – teils auch mit Diensthandys.
Die Finanzierung erfolgte entweder durch die Verkehrsunternehmen selbst oder
die Jobcenter. Die Aufwendungen, die von den Jobcentern für Arbeitsmittel zu
Verfügung gestellt wurden, sind abhängig von den arbeitsmarktpolitischen Instru-
menten. Dies führte dazu, dass zum Beispiel die Dienstkleidung in mobisaar nur
selten ausgetauscht werden konnte.

1.2.5 Prozessorganisation und Qualitätsmanagement

Die Mehrheit der Begleitdienste hat für ihren Service schriftliche Nutzungsbestimmungen definiert. Diese gelten zusätzlich zu den Beförderungsbedingungen
der Verkehrsunternehmen. In mobisaar zum Beispiel wurden Nutzungsbedingungen verfasst, weil einige Kund*innen von den Begleiter*innen haushaltsnahe
bzw. pflegende Dienstleistungen gefordert haben. So wurde von den Begleiter*innen unter anderem verlangt, den Müll wegzubringen, Wäsche abzunehmen,
Dinge in den Keller zu tragen, Toilettengänge zu begleiten (Rollstuhlfahrer) oder
auch mit in die Wohnung zu kommen. Dies stellten sehr unangenehme Situationen für die Beschäftigten dar. Folgende Bedingungen der Nutzung gelten
fast übereinstimmend für Begleitdienste, die einen Tür-zu-Tür-Service angeboten
haben:

- Angesprochen sind befristet oder dauerhaft mobilitätseingeschränkte Fahrgäste
  (Seh- oder Gehbehinderung; Personen, die auf einen Rollstuhl oder Rollator

angewiesen sind) sowie alle Personen, die in irgendeiner Form Unterstützung (Bedienung der Fahrkarten) und Orientierungshilfe beim Ein-, Aus- und
Umsteigen für die Fahrt mit öffentlichen Verkehrsmitteln benötigen (unsichere
und ängstliche Personen, Eltern mit Kinderwagen).

- Die Kund*innen sollten körperlich in der Lage sein, ihren Weg zu bewältigen.
- Auf Wunsch werden die Fahrgäste an der Wohnungs- bzw. Haustür, an einer
  Haltestelle oder an einem vereinbarten Treffpunkt abgeholt und zum Wunsch-
  ziel bzw. auch wieder zurückbegleitet (Wohnung darf zumeist nicht betreten
  werden).
- Der Anlass der Fahrt spielt keine Rolle.
- Die vor Ort vorhandenen öffentlichen Verkehrsmittel (Regionalverkehr, S- und
  U-Bahn, Tram, Bus, Fähre) können genutzt werden.
- Die meisten Begleitdienste sind kostenfrei (gültiger Fahrschein), in Dresden
  wird eine Gebühr für Personen unter 65 Jahren erhoben, ebenfalls in Aachen,
  wenn es sich um eine Begleitung außerhalb des Stadtgebiets handelt.

Unterschiede gab es bei den Einsatz(uhr)zeiten. So haben unter anderem Berlin
und Frankfurt auch Begleitungen am Wochenende angeboten, wohingegen die
meisten anderen Dienste ihre Servicezeiten auf die Woche beschränken. Unterschiede gab es auch bei der Altersbeschränkung. Berlin und Düsseldorf haben
diesbezüglich keine Einschränkungen, andere Services, wie zum Beispiel mobisaar, begleiteten nur volljährige Personen. Bei einigen Angeboten mussten die
Kund*innen mindestens eine Woche vor Fahrtwunsch buchen, bei anderen bis
zum Vortag der Fahrt. Viele Dienste haben trotzdem versucht, auch Buchungen
spontan für denselben Tag zu ermöglichen.

Wie schon erwähnt wurde der Begleitwunsch zumeist über eine Telefon-
Hotline mitgeteilt. Gerade für Ältere sind diese Telefonate eine der wenigen
sozialen Interaktionen am Tag, weshalb die Gespräche teilweise sehr lange
dauern. Bei einigen Services (mobisaar) ist die Hotline im Kundencenter der Verkehrsunternehmen integriert. Andere organisieren diese durch die Begleiter*innen
(unter anderem Gera, Berlin). Hier lag der Vorteil darin, dass die Begleiter*innen
die Anforderungen der Fahrgäste und die Verkehrsverbindungen kennen, um
passgenaue Verbindungen anzubieten.

Das Auftragsmanagement erfolgte bei den meisten Services schriftlich. Entsprechend den Anforderungen der Kund*innen werden geeignete Verbindungen
von den Mitarbeiter*innen per Hand herausgesucht. Spätestens einen Tag vor
Fahrtantritt werden die Kund*innen dann zumeist telefonisch informiert. In mobisaar hingegen wurde das Auftragsmanagement über das sogenannte Cockpit abge-
wickelt. Das digitale System „Cockpit" ermöglicht kurze Koordinationszeiten der

Fahrten und vereinfachte Arbeitsprozesse, da hier alle benötigten Daten der Fahrgäste sowie die Verfügbarkeit der Beschäftigten hinterlegt wurden. Im Falle eines
Fahrtwunschs über die Telefon-Hotline geben die Mitarbeiter*innen in der Tele-
fonzentrale Abholort und Ziel im System ein und erhalten dann automatisch
mehrere mögliche Verbindungen, denen gleichzeitig die Begleiter*innen zuge-
ordnet sind, angezeigt. Haben Kund*innen selbst über die „Kund*innen-App"
oder die Buchungswebsite gebucht, wurden ihnen verschiedene Verbindungen
sowie die Verfügbarkeit der Begleiter*innen angezeigt. Die betreffenden Personen erhielten zeitgleich die entsprechenden Informationen zur Buchung über die
„Lots*innen-App" auf ihr Smartphone.

Das Service-Angebot wurde vorwiegend von Stammkund*innen genutzt. Auf-
tragsanfragen erfolgten zumeist frühzeitig. Buchungen für denselben Tag gingen
eher selten ein. Aufgrund der steigenden Nachfrage und der sich teilweise stark
verändernden Personalressourcen durch Fluktuation, Urlaub und Krankheit bei
den Begleitdiensten konnten unter anderem in Berlin, Düsseldorf und Leipzig
nicht alle Buchungsanfragen angenommen werden.

In Zeiten, in denen keine Aufträge stattfinden, unterstützen die Begleiter*innen
in den meisten Städten mit Spontanhilfen in den örtlichen Verkehrsmitteln sowie
an den Haltestellen.

Da einige Kund*innen und Begleiter*innen mit der Zeit ein freundschaft-
liches Verhältnis pflegen, kommt es nach Absprache auch zu Begleitungen
außerhalb der Einsatzzeiten. Eine positive Entwicklung war auch, dass einige
Fahrgäste von außerhalb das Mobilitätsangebot in Anspruch genommen haben.
Die Begleitdienste in Düsseldorf und Berlin kommen auf über 10 000 Aufträge
im Jahr.

Im Rahmen des Beschwerdemanagements gibt es unterschiedliche Herangehensweisen bei der Bearbeitung. Da Beschwerden oft an unterschiedliche Stellen
(Begleiter*innen, Verkehrsunternehmen, Träger) gemeldet wurden, ist eine Ver-
einheitlichung der Dokumentation schwierig. Wenn möglich hat man versucht,
die gemeldeten Beschwerden schnellstmöglich direkt mit den Betroffenen zu klären. Bei schwerwiegenden Problemen wurden höhere Stellen (Geschäftsstelle)
hinzugezogen. Die Rheinbahn zum Beispiel hatte diesbezüglich ein entsprechendes Formular erstellt und erfasste jede einzelne Beschwerde. In mobisaar gab es
zwar auch ein entsprechendes Papier, aufgrund der verschiedenen Akteur*innen
im Projekt gestaltete sich die Dokumentation der Beschwerden jedoch schwierig. Überwiegend handelte es sich aber um Beschwerden, die mit der Nutzung
des ÖPNV einhergehen und nur in seltenen Fällen mit der Begleitung selbst in
Verbindung standen. Im Allgemeinen nahmen die Beschwerden von Jahr zu Jahr
stetig ab.

Die Zufriedenheit der Fahrgäste mit dem Begleitservice-Angebot war im Allgemeinen sehr hoch, ebenso wie die Motivation der Beschäftigten, ihre Tätigkeit
auszuüben. Die Erfassung dieser Daten erfolgte regelmäßig, und bei einigen
Services teilweise auch mittels standardisierter Befragungen. In diesem Zusammenhang haben einige ihr Angebot unter dem Aspekt der Qualitätsverbesserung
evaluiert.

Alle Begleitservices haben hin und wieder auch mit „schwierigen"
Kund*innen zu tun, die in den meisten Fällen Anforderungen an die Begleiter*innen stellen, die nicht mit dem Nutzungsregeln einhergehen. Die Anwesenden berichteten, sich dann oft in einem Zwiespalt zu befinden: Einerseits
hat man natürlich Mitgefühl mit den Personen, die oft wenig soziale Kontakte
haben. Andererseits sollte man nicht vergessen, dass es sich um ein kostenlo-
ses Angebot handelt – daher ist nicht alles leistbar. Zuerst wurde immer das
Gespräch mit dem betreffenden Kund*innen gesucht. In den meisten Fällen
traten nach dem Erstgespräch keine weiteren Probleme mehr auf. Wichtig ist
insbesondere, dass die Beschäftigten sowie die Verantwortlichen nach außen hin
die geltenden Nutzungsbedingungen vertreten. In mobisaar gab es diesbezüglich
Probleme, einige Begleiter*innen störten sich an den „zu strengen" Bestimmun-
gen, hielten sich entsprechend nicht daran und kamen den „Sonderwünschen"
der Fahrgäste nach. Diese beschwerten sich dann bei den Trägern, wenn andere
Mitarbeiter*innen dies nicht taten. Auch unter den Begleiter*innen gab es diesbezüglich Diskussionen. In Extremfällen, wie (rassistische) Beleidigungen gegen
die Begleiter*innen und Fahrgäste, Handgreiflichkeiten, dauerhaft alkoholisierte
Kund*innen etc., wurden diese vom Service ausgeschlossen.

Statistische Daten wurden bei allen Services erfasst. Diese unterscheiden
sich jedoch in Art und Umfang der Erfassung. Ziele sind vorwiegend die
Evaluation des Angebots und die Berichterstattung an die Aufgabenträger der
Begleitdienste. Einige erfassten dabei nur die Anzahl der Fahrten, andere auch
explizite Kund*innendaten (Alter, Geschlecht, körperliche Einschränkung, Hilfsmittel etc.), Beschwerden, Daten zu den genutzten Verkehrsmitteln und/oder das
Fahrtziel (Arzt*Ärztin, Apotheke, Einkauf, Bekannte etc.).

1.2.6 Marketingstrategien zur Kundenansprache

Die Begleitdienste sprechen vor allem Menschen an, die in irgendeiner Form
persönliche Unterstützung bei der Nutzung öffentlicher Verkehrsmittel benötigen:
Mobilitätseingeschränkte, Eltern mit Kinderwagen, Personen, die selten oder nie
den ÖPNV genutzt haben und nun Orientierungshilfe benötigen, Personen die

ängstlich und unsicher sind, aber körperlich fit etc. Vorwiegend wird der Service jedoch von Personen mit körperlichen Einschränkungen sowie Blinden und Menschen mit Sehbehinderung genutzt. Die Services wurden auch immer häufiger von Personen in Anspruch genommen, die eigentlich keine persönliche Unterstützung benötigen, jedoch wenig soziale Kontakte haben und daher den sozialen Austausch suchen.

Im Rahmen der Marketingstrategie sollten die verschiedenen Anforderungen der Fahrgäste berücksichtigt und gleichzeitig das Vertrauen der Kund*innen in den Service aufgebaut werden. Daher bedurfte es unterschiedlicher Strategien, die den Begleitdienst als ein attraktives Zusatzangebot zum bestehenden ÖPNV bewerben, um so potenzielle Kund*innen zu gewinnen. Zudem gingen die Begleitangebote für Menschen mit besonderen Mobilitätsbedarfen für die Verkehrsunternehmen angesichts der positiven Berichterstattung in der Presse mit einem Imagegewinn einher.

Als Print-Werbung wurde der Flyer von allen Begleitservices genutzt, da dieses Medium die wesentlichen Informationen zum Service kurz und in gebündelter Form zusammenfasst. Gleichzeitig bietet der Flyer eine gewisse Diskretion, sodass die angesprochenen Personen auch ohne zusätzliche Erklärungen eine erste Vorstellung über die Dienstleistung erhalten. Insbesondere die vielfältigen Einsatzmöglichkeiten boten einige Vorteile: Für die Begleiter*innen, die auch mit der Öffentlichkeitsarbeit betraut waren, stellte der Flyer eine Art „Türöffner" dar, um über das Mobilitätsangebot ins Gespräch zu kommen. Weiter kam dieser zum Einsatz, um den Service auf verschiedenen Veranstaltungen zu präsentieren, sowie als „permanente Werbung" bei zentralen Anlaufstellen potenzieller Kund*innen, wie beispielsweise ärztlichen Praxen, Ärzte- und Krankenhäuser, Apotheken, Selbsthilfegruppen, Vereine etc. Auch Angehörige oder Bekannte konnten auf diese Weise auf den Service aufmerksam gemacht werde. Die Erfahrungen der Services zeigten jedoch, dass der Flyer zur Kund*innengewinnung in diesem speziellen Fall eher weniger produktiv ist und vorrangig der Multiplikator*innenansprache diente. In mobisaar wurde im Rahmen der Print-Werbung zudem eine Visitenkarte entworfen und zweimal jährlich die Broschüre „Aktiv und Mobil" herausgegeben.

Weitere Werbemaßnahmen waren Beiträge in Tages- und Wochenzeitungen, Mitteilungsblättern der Gemeinden, Anzeigen im Liniennetzplan, Berichte in Funk und Fernsehen sowie diverse Give-aways. In Leipzig gab es eine hohe Resonanz auf Werbung im Fahrgäste-TV in den Bussen und Straßenbahnen.

Hinzukam auch die Werbung in Verkehrsmitteln und an Haltestellen mit Flyern und Postern. Aber die beste Werbung bringt nichts, wenn das Fahrverhalten der Bus- und Bahnfahrer*innen sich nicht an die Bedürfnisse der Zielgruppe anpasst und es zu Stürzen der Fahrgäste im Fahrzeug kommt. Zu diesem Thema gab es seitens der Kund*innen in mobisaar die meisten Beschwerden. Um das Sicherheitsgefühl bei der Nutzung öffentlicher Verkehrsmittel zu erhöhen, sollte das Fahrpersonal der Verkehrsunternehmen in Bezug auf die besonderen Anforderungen von Menschen mit körperlichen Einschränkungen an den ÖPNV entsprechend geschult und sensibilisiert werden.

Neben Print-Werbung nutzten einige Begleitdienste auch die Online-Kommunikation. mobisaar hatte in diesem Zusammenhang eine Website eingerichtet, auf der alle Projektfortschritte dargestellt wurden. Die meisten Begleitdienste werben für den Service auf den Websites der Verkehrsunternehmen oder Maßnahmenträger. Wer über einen Facebook-Auftritt verfügte, hat wichtige Informationen auch über diesen Kanal weitergegeben. Die Online-Präsenz ist auch in Anbetracht der Zielgruppenansprache von Bedeutung. Obwohl das Telefon das Mittel der Wahl für die meisten Kund*innen war, haben die meisten Services auch die Möglichkeit angeboten, den Begleitdienst per Online-Formular oder E-Mail zu buchen. Diese Art der Kommunikation wurde vor allem bei jüngeren Personen sowie Menschen mit einer Seh- bzw. Hörbehinderung genutzt.

Insbesondere Menschen, die in ihrer Mobilität bzw. Sehkraft eingeschränkt oder blind sind, wollen von der Öffentlichkeit aufgrund dieser Erkrankung(en) nicht bzw. nicht noch mehr stigmatisiert werden. Die mit dem Begriff der Einschränkung verbundene negative Konnotation wurde von den Betroffenen mit Handicap als Eingeständnis einer bestehenden Angewiesenheit auf Unterstützung wahrgenommen. Daher wurde zum Beispiel bei der Auswahl der Dienstkleidung, die gleichzeitig auch Teil der Marketingstrategie ist, darauf geachtet, dass diese seriös wirkte und nicht auf den ersten Blick auf den Service aufmerksam macht. Bei vielen Begleitdiensten orientierte sich die Dienstkleidung daher an derjenigen der Busfahrer*innen und wurde zusätzlich mit dem Logo des Verkehrsunternehmens und/oder des Begleitdiensts bedruckt. Aber selbst die Arbeitskleidung der Begleiter*innen stellte ein Hemmnis zur Nutzung des Services dar. Diese Erfahrung hat man auch in mobisaar gemacht.

Um das Vertrauen in die Verkehrsunternehmen zu steigern, neue Fahrgäste für den Begleitdienst zu gewinnen oder Stammkund*innen zu binden und gleichzeitig Feedbackmöglichkeiten zu geben, wurden seitens der Verkehrsunternehmen verschiedene Veranstaltungen für Ältere und Mobilitätseingeschränkte im Jahr angeboten. Die sogenannten Senior*innen- bzw. Rollatorentage boten Interessierten neben einer Einführung zu den Fahrzeugtypen, Netzplänen etc. vor allem ein Sicherheitstraining in Bus und Bahn: Wie verhalte ich mich beim Ein- und Ausstieg (auch mit Rollstuhl und Rollator)? Wie verhalte ich mich richtig im Fahrzeug, um Stürze zu vermeiden. Diese Veranstaltungen kamen nicht nur bei den Fahrgästen sehr gut an, auch die Presse hatte reges Interesse daran, über diese Veranstaltungen zu berichten. In mobisaar wurden während der Projektlaufzeit vier Mal im Jahr sogenannte Kund*innen-Stammtische in den Landkreisen angeboten. Bei Kaffee und Kuchen hatten die Gäste die Möglichkeit, Erfahrungen, Anregungen und Kritik zu äußern. Gleichzeitig konnten auch die Projektpartner*innen Themen wie Öffentlichkeitsarbeit, Verbesserung des Angebots, Sicherheit in Bus und Bahn etc. besprechen. Dies wurde von den Kund*innen sehr gut angenommen. In sogenannten Co-Entwickler*innen-Workshops hatten technikinteressierte Personen die Möglichkeit, die technische Infrastruktur (mobisaar-Fahrgäste-App, Online-Buchungswebsite) gemeinsam mit dem DFKI zu entwickeln.

Insbesondere in der Etablierungsphase der Begleitdienste war die Teilnahme an externen Veranstaltungen und Events, die vorwiegend Ältere und Menschen mit Mobilitätseinschränkungen adressierten, besonders wichtig. Neben der Kund*innengewinnung waren diese Veranstaltungen eine Plattform, um mit Multiplikator*innen in Austausch zu treten und für den Service zu werben. Die Multiplikator*innenarbeit selbst (Ministerien, Parteien, Landrät*innen, Stadträt*innen, Bürgermeister*innen, Netzwerke in den Stadtkreisen, Senior*innenbeiräte, Behindertenbeiräte, Vereine, Verbände, Selbsthilfegruppen, Senior*inneninformationszentren, zielgruppenspezifische Anlaufstellen etc.) diente ebenfalls dazu, das Begleitangebot zu etablieren.

Die beste Werbung ist die Weitergabe positiver Erfahrungen. Die meisten Mobilitätsdienste haben erfasst, aufgrund welcher Marketingmaßnahme die Fahrgäste auf den Service aufmerksam geworden sind. So berichteten die lang etablierten Begleitservices, dass die Mundpropaganda das effektivste Mittel der Kundengewinnung geworden sei. Dies war jedoch nicht von Anfang an so. Natürlich wurden im Vorfeld über einige Jahre hinweg die oben beschriebenen Marketingmaßnahmen umgesetzt, bis eine bestimmte Zahl an Stammkunden vorhanden war. Diese haben dann im Bekannten- und Freundeskreis über ihre positiven Erfahrungen berichtet und so weitere Personen akquiriert. Gerade ältere Personen sind neuen Angeboten gegenüber, die zudem kostenlos sind, sehr skeptisch. Aus diesem Grund hatten insbesondere die Services, die über zehn Jahre aktiv sind, ihre Marketingaktivitäten deutlich eingeschränkt, da die Kapazitäten wegen der hohen Nachfrage fast ausgeschöpft sind. Die Rheinbahn zum Beispiel hat ihr Angebot daher bereits seit mehreren Jahren nicht mehr aktiv beworben. Ähnliche Berichte gab es auch aus Berlin und Leipzig. Einige Maßnahmen wurden nur noch umgesetzt, um den Service weiterhin in der Öffentlichkeit präsent zu halten.

1.2.7 Ehrenamtliches Engagement und ländlicher Raum

mobisaar war zum damaligen Zeitpunkt der einzige Begleitservice in Deutschland, der begleitete Fahrten im ÖPNV auch im ländlichen Raum durchgeführt hat. Die anderen Begleitdienste bieten ihren Service vorrangig im städtischen Raum mit hauptamtlichen Begleiter*innen an. Eine Service-Ausweitung auf ländliche Regionen kam für die anderen Begleitdienste aufgrund der lückenhaften ÖPNV-Anbindung und fehlender Alternativangebote zum ÖPNV nicht infrage.

In der mobisaar-Projektkonzeption war neben den Hauptamtlichen auch der Einsatz von Ehrenamtlichen vorgesehen, da man davon ausging, dass die Ausweitung des Services in ländlichen Gebieten allein nur mit Hauptamtlichen schwierig umzusetzen sei – nicht zuletzt wegen des eher gering ausgeprägten ÖPNV-Angebots, der teilweise langen Wege und der Arbeitszeiten der Beschäftigten. Der Einsatz von Ehrenamtlichen sollte in diesem Fall eine große Chance sein, um den Dienst flächendeckend und mit kurzen Anmeldezeiten anbieten zu können und gleichzeitig die Ausdehnung der Servicezeiten auch in den Abendstunden und an den Wochenenden zu gewährleisten. Dabei sollte sichergestellt werden, dass auch die ehrenamtlich Tätigen ein hohes Maß an Qualifizierung und Betreuung erhalten.

mobisaar und der „Bus & Bahn Begleitservice" in München sind nach derzeitigem Stand die einzigen Services, die auch Ehrenamtliche als Begleiter*innen im ÖPNV einsetzen. Ein Erfahrungsaustausch zum ehrenamtlichen Engagement war daher nur begrenzt möglich. In München waren ehemalige Begleiter*innen als Ehrenamtliche im Einsatz. Diese erhalten neben einer Monatskarte für das Stadtgebiet auch eine Aufwandsentschädigung in Höhe von 200 € im Monat. Die Erfahrung mit „externen" ehrenamtlich Engagierten in München ist weniger positiv. Die Anforderungen der Ehrenamtlichen an den Begleitservice standen oft im Gegensatz zur Realität. So konnten die Ehrenamtler*innen nicht die benötigte Flexibilität aufbringen und wollten Einsätze nur zu bestimmten Zeiten übernehmen. Auch aufgrund der hohen körperlichen Anstrengung (viele Rollstuhlfahrer*innen) und allgemeiner Überforderung mit der Aufgabe sind viele Ehrenamtler*innen ausgestiegen.

Der „BusBegleitService Stormarn" für den Kreis Stormarn (Bediengebiet Ahrensburg und Bad Oldesloe) beschäftigte auch Ehrenamtliche, diese waren in den Bussen der Verkehrsunternehmen unterwegs und unterstützten nicht von Haustür zu Haustür. Wie auch im Saarland erhielten die Begleiter*innen während des Einsatzes eine Freikarte. Im Gegensatz zu den Ehrenamtlichen bei mobisaar bekamen die Begleiter*innen im Kreis Stormarn eine Aufwandsentschädigung, die aus Spenden und von den Busunternehmen finanziert wurde.

Einen ÖPNV-Begleitservice allein mit Ehrenamtlichen zu organisieren und umzusetzen, wäre schwierig, da ein regelmäßiges (tägliches) Angebot aufgrund der hohen Fluktuation und teils mangelnder Zuverlässigkeit nicht gewährleistet werden könnte.

Eine Alternative zu ehrenamtlichem Engagement bei Begleitdiensten im ÖPNV könnten andere Mobilitätslösungen, wie Mitfahrerzentralen, Fahrgemeinschaften, Carsharing, Ruf-Taxi, Bürgerbus etc., sein. Gerade in ländlichen Regionen mit einem eher mäßigen ÖPNV-Angebot wären innovative Mobilitätskonzepte, zum Beispiel durch die Integration privater Mitnahmeverkehre, mobile Dienstleistungen sowie die sektorübergreifende Nutzung von Mobilitätsressourcen denkbar. Da diese Angebote vielerorts jedoch eher begrenzt sind, existiert derzeit keine flächendeckende Lösung zur Sicherung der Mobilität auf dem Land.

Detaillierte Informationen zum ehrenamtlichen Engagement im Projekt mobisaar finden sich in Kap. 4.

1.2.8 Das Bundesnetzwerk der Begleitservices im ÖPNV

Seit der Gründung des ersten Begleitservices für den ÖPNV 2007 durch die Rheinbahn AG in Düsseldorf konnten sich auch in anderen Städten und Landkreisen, wie zum Beispiel Berlin, München, Cottbus, Frankfurt, Gera, Hannover, Leipzig, Saarland etc., Begleitservices erfolgreich etablieren und unterstützen nun seit Jahren Menschen mit besonderen Mobilitätsbedarfen auf ihrer Fahrt im öffentlichen Personennahverkehr.

Auf der ersten bundesweiten Fachtagung „Begleitservices im öffentlichen Nahverkehr" Anfang 2016 hat sich auf Initiative des Verkehrsverbunds Berlin-Brandenburg (VBB) das „Bundesnetzwerk der Begleitservices im ÖPNV" gegründet. Seitdem gehören 16 Begleitservices aus verschiedenen Städten in Deutschland dem Netzwerk an.

Ziel des Zusammenschlusses waren der konzeptionelle Austausch und die Auslotung von Kooperationsansätzen, um mögliche Synergieeffekte zu generieren. Die Träger und Strukturen der Begleitservices sind entsprechend den regionalen Strukturen sehr vielfältig – was sie grundlegend eint, ist die Nutzung von Arbeitsmarktförderprogrammen. Vor diesem Hintergrund engagiert sich das Bundesnetzwerk auch für eine Verstetigung durch die Nutzung von Arbeitsförderungsprogrammen und eine damit verbundene Möglichkeit der langfristigen Sicherung dieses zusätzlichen Angebots für den ÖPNV mit dem Ziel, ein stetiges Angebot für Menschen mit besonderen Mobilitätsbedarfen im öffentlichen Personennahverkehr weiter zu ermöglichen. Zudem werden aktuelle Themen, wie zum

Beispiel Änderungen der arbeitsmarktpolitischen Maßnahmen und deren Auswirkungen auf die Begleitservices, diskutiert. Weitere Aktivitäten des Netzwerks sind das Veranstalten von Fachtagungen für Politik, Multiplikator*innen und die allgemeine Öffentlichkeit. Die dritte Fachtagung, die in Berlin für April 2020 geplant war, musste aufgrund der Corona-Pandemie abgesagt werden.

Schon im Rahmen der Gründung hatte das Netzwerk ein Positionspapier formuliert, das anlässlich des zweiten bundesweiten Treffens in Saarbrücken am 21. Februar 2018 erweitert und per Akklamation beschlossen wurde. Die Verantwortlichen forderten darin, dass Begleitservices im ÖPNV regelmäßiger und selbstverständlicher bei den Maßnahmen der Jobcenter berücksichtigt werden sollten. Die Existenz eines Begleitdiensts sollte nicht von Veränderungen arbeitsmarktpolitischer Programme und Maßnahmen abhängig sein und dadurch ganz oder teilweise infrage gestellt werden. Das Ziel solle eine kontinuierliche finanzielle und personelle Ausstattung und Infrastruktur sein, um langfristig planen zu können. Begleiter stellten eine wichtige Unterstützung für Ältere oder Menschen mit Mobilitätseinschränkungen dar und müssten deshalb dauerhaft und nicht nur für bestimmte Zeiträume in einer Maßnahme beschäftigt werden.

Ein weiteres Ziel des Bundesnetzwerks ist die Schaffung eines städteübergreifenden, deutschlandweiten Begleitservice-Angebots und der damit einhergehenden nahtlosen Unterstützung im öffentlichen Personennahverkehr.

1.2.9 Partner im Bundesnetzwerk der Begleitservices im ÖPNV

- VBB Bus & Bahn-Begleitservice – VBB Verkehrsverbund Berlin-Brandenburg GmbH, Berlin
- Rheinbahn-Begleitservice – Rheinbahn AG, Düsseldorf
- Bus & Bahn Begleitservice München – Katholischer Männerfürsorgeverein München e. V., München
- mobisaar – saarVV Der Saarländische Verkehrsverbund, Saarbrücken
- Fahrgast-Begleitung in Frankfurt – Verkehrsgesellschaft Frankfurt am Main mbH (VGF), Frankfurt
- Mobilitätsservice der Leipziger Verkehrsbetriebe – Leipziger Verkehrsbetriebe LVB GmbH, Leipzig
- Fahrgast-Begleitservice – ÜSTRA Hannoversche Verkehrsbetriebe Aktiengesellschaft, Hannover
- MobilLotsen – GVB Verkehrs- und Betriebsgesellschaft Gera mbH, Gera
- Die Begleiter – Diakonisches Werk Niederlausitz gGmbH, Cottbus

- Begleitservice in Brandenburg an der Havel – BAS GmbH Arbeitsförderungs-
  und Strukturentwicklungsgesellschaft mbH, Brandenburg an der Havel
- Der Begleitservice der HAVAG – Hallesche Verkehrs-AG, Halle (Saale)
- DVB-Begleitservice – Dresdner Verkehrsbetriebe AG, Dresden
- BusBegleitService Stormarn – Zentrum für interkulturelle Bildung und Arbeit
  (ZiB) e. V., Ahrensburg
- DSW21 – Dortmunder Stadtwerke AG, Dortmund
- DVG-BegleitService – Duisburger Verkehrsgesellschaft AG, Duisburg
- NimmBus – Verkehrsgesellschaft Kreis Unna mbH (VKU), Kamen

1.2.10 Resümee[2]

Begleitservices verstehen sich nicht als Ersatz für die Herstellung von Barrierefreiheit im öffentlichen Raum, die nach der UN-Behindertenrechtskonvention
(UN-BRK) ein Ziel politischen Handelns auf allen Ebenen sein muss. Aber sie
ermöglichen vielen Menschen, die sonst nicht mehr aus dem Haus kämen bzw.
den ÖPNV nur eingeschränkt nutzen könnten, die Teilhabe am sozialen Leben.
Dieses niedrigschwellige, für die Kund*innen vorwiegend kostenlose und sehr
flexible Instrument wirkt als Teil des in Artikel 9 bzw. 20 der UN-BRK formulierten Sicherstellungsauftrags einer persönlichen Mobilität in größtmöglicher
Unabhängigkeit.

Die derzeitigen arbeitsmarktpolitischen Instrumente erschweren durch fehlende Stetigkeit und Planbarkeit zudem die Verlässlichkeit der Begleitservices.
Begleiter*innen werden qualifiziert und müssen unter Umständen nach sechs oder
zwölf Monaten (Arbeitsgelegenheiten nach § 16d SBG II) die Maßnahme schon
wieder verlassen. So gehen wichtige Kompetenzen verloren. Diese Situation ist
für beide Seiten schwierig. Daher wäre es wünschenswert, wenn die Begleitservices für den ÖPNV eine feste Institution bei den Maßnahmen der Jobcenter
werden – deutschlandweit. Das neue Teilhabechancengesetz (§ 16i SGB II) ist
ein erster wichtiger Schritt in die richtige Richtung, da diese Maßnahme auf
fünf Jahre angelegt ist und für die Betreffenden eine längerfristige Perspektive

---

[2] Dieses Unterkapitel beruht auf den Vorarbeiten zur 2018 erstellten Dokumentation zur
„Zweiten bundesweiten Fachtagung der Begleitservices im öffentlichen Personennahverkehr"
(Bieber et al. 2018). Beteiligt waren neben den mobisaar-Projektpartner*innen auch Heike
Rau vom VBB Verkehrsverbund Berlin-Brandenburg GmbH sowie Nicole Rittman von der
Rheinbahn AG.

darstellt. Um jedoch langfristig planen zu können, bedarf es durch die Bundesagentur für Arbeit entsprechender finanzieller und personeller Ressourcen sowie
einer angemessenen Infrastruktur bei den Maßnahmenträgern.

Es gibt nur wenige arbeitsmarktpolitisch geförderte Projekte, in denen ehemalige Langzeitarbeitslose so viel positives Feedback erfahren, dass sich einige der
Beschäftigten durch eine ausreichende Beschäftigungsdauer dazu befähigt sahen,
(wieder) den Schritt in den ersten Arbeitsmarkt zu wagen. Die Vermittlungszahlen
in den ersten Arbeitsmarkt liegen bei den Begleitservices teilweise deutlich über
dem allgemeinen Durchschnitt. Dazu trägt auch die dienstleistungsorientierte, viel
Motivation und Qualifizierung verlangende Gestaltung der Arbeit in den Begleitservices bei. Die Kund*innenzufriedenheit war ebenso hoch wie die Motivation
der Begleiter*innen, ihre Tätigkeit auszuüben. Es ist also eine Win–win-Situation
für beide Parteien, wieder selbstbestimmt am sozialen Leben teilhaben zu können.

Deutschland braucht eine flächendeckende Versorgung mit Begleitdiensten.
Ziel sollte es daher sein, das Serviceangebot von den städtischen Räumen
auf ländliche Gebiete auszuweiten. Gerade auf dem Land ist die Versorgung
mit öffentlichen Verkehrsmitteln oft unzureichend. Entsprechend den lokalen
Gegebenheiten und kommunalen gemeindlichen Strukturen sollten Konzepte entwickelt werden, die ÖPNV-Begleitservices sowie ehrenamtliches Engagement für
ein noch umfassenderes Mobilitätsangebot verbinden. Insbesondere ehrenamtliches Engagement kann die Entwicklung lokaler und flexibler Bedienformen
ermöglichen, die auch für Einzelfälle passgenau funktionieren.

Literatur

Bieber, D., Schwarz, K., & Schumacher, M. (2018). *Dokumentation: Zweite bundesweite Fachtagung der Begleitservices im Öffentlichen Personennahverkehr.
Wie ältere und mobilitätseingeschränkte Menschen durch Begleitung mobiler
werden.* (1. Auflage). iso-Institut. https://www.mobisaar.de/media/download-
5b30b39b99cba.
Rau, H., & Herrmann, M. (2018). *Von Nutzerbedürfnissen zu einem Schulungs-
und Dienstleistungskonzept* (1. Auflage; Dokumentation: Zweite bundesweite
Fachtagung der Begleitservices im Öffentlichen Personennahverkehr. Wie ältere
und mobilitätseingeschränkte Menschen durch Begleitung mobiler werden.,
S. 14–17). iso-Institut. https://www.mobisaar.de/media/download-5b30b39b9
9cba.
Statistisches Bundesamt (Destatis). (2020). *Statistik der schwerbehinderten
Menschen, Kurzbericht 2019.* Statistisches Bundesamt (destatis). https://www.
destatis.de/DE/Themen/Gesellschaft-Umwelt/Gesundheit/Beh+inderte-Men

schen/Publikationen/Downloads-Behinderte-Menschen/sozial-schwerbehind
erte-kb-5227101199004.pdf?__blob=publicationFile.
Verkehrsverbund Berlin-Brandenburg GmbH (VBB). (2016). *Dokumentation
der Fachtagung „Begleitservices im öffentlichen Verkehr – Potentiale und
Perspektiven.* Verkehrsverbund Berlin-Brandenburg GmbH (VBB). https://doc
player.org/17226153-Begleitservices-im-oeffentlichen-verkehr-potenziale-und-
perspektiven.html.

Barrieren und eingeschränkte Teilhabe – Bedarfe für einen Begleitdienst

2

Jana Rößler und Sascha Roder

2.1 Mobilität für alle? Barrieren im ÖPNV

Jana Rößler

Nach eigenen Vorstellungen mobil sein zu können, gehört zu einem selbstbestimmten Leben und ermöglicht gesellschaftliche Teilhabe.

Die Gründe, warum sich jemand in seiner Mobilität beeinträchtigt sieht, können vielfältig sein. Eine Beeinträchtigung der Mobilität liegt vor, wenn eine Person weniger mobil sein kann, als sie sein möchte. Dies kann an einer schlecht ausgebauten Infrastruktur, aber auch am fehlenden Führerschein oder am fehlenden sozialen Anschluss liegen. Ob eine unzureichende Versorgung mit dem öffentlichen Personennahverkehr (ÖPNV) ein möglicher Grund ist, lässt sich nicht so einfach ausmachen, da sich Mobilitätsbeeinträchtigungen multidimensional darstellen und eine mangelhafte Versorgung mit dem ÖPNV beispielsweise durch Pkw-Nutzung ausgeglichen werden kann.

J. Rößler (✉)
Institut für Sozialforschung und Sozialwirtschaft, Saarbrücken, Deutschland
E-Mail: roessler@iso-institut.de

S. Roder
Institut für Allgemeinmedizin der Universitätsmedizin Göttingen, Göttingen, Deutschland
E-Mail: sascha.roder@med.uni-goettingen.de

2.1.1 Mobilitätseinschränkungen

Um den Gründen für Mobilitätseinschränkungen nachzugehen und zu klären, welche Rolle dabei Barrieren im ÖPNV spielen, wurde vom iso-Institut im Sommer 2020 eine Umfrage unter 5600 Personen über 50 Jahre durchgeführt, die in den 14 Gemeinden mit der niedrigsten Einwohnerdichte des Saarlands wohnen. Die Zahlen der befragten Männer und Frauen waren identisch. 1045 Fragebögen wurden ausgefüllt an das iso-Institut geschickt und konnten in die Auswertung einbezogen werden (Rücklaufquote 18,7 %).

Bei den Befragten zeigte sich eine auffällig niedrige Zahl ÖPNV-Nutzer*innen. Lediglich 11 % gaben an, mindestens einmal im Monat mit Bus oder Bahn unterwegs zu sein. Insgesamt 60 % bestätigten, den ÖPNV nie zu nutzen (n = 747). Dem steht eine auffällig hohe Pkw-Nutzung gegenüber. Nur 4,5 % der Befragten gaben an, dass im Haushalt kein Auto zur Verfügung stehe (n = 1012). 91 % sind außerdem mindestens einmal pro Woche als Fahrer*in mit einem Pkw unterwegs (n = 953). Der ÖPNV spielt also bei den Befragten eine geringe Rolle.

Die Teilnehmer*innen der Umfrage wurden zunächst danach gefragt, ob sie sich wegen gesundheitlicher Probleme oder aus anderen Gründen in ihrer Mobilität beeinträchtigt fühlen. Immerhin 30 % bejahten mindestens eine dieser beiden Fragen (n = 1039). In etwa 25 % der Befragten gaben an, aus gesundheitlichen Gründen in ihrer Mobilität eingeschränkt zu sein (n = 1032). Unterschiede zwischen Männern und Frauen waren dabei nicht auszumachen.

Wie zu erwarten, nehmen die Mobilitätseinschränkungen mit steigendem Alter zu. Von den 50- bis 59-Jährigen fühlen sich 19 % in ihrer Mobilität eingeschränkt (n = 274), bei den über 80-Jährigen sind es dagegen 64 % (n = 118).

Von denjenigen, die ankreuzten, durch eine Gehbehinderung beeinträchtigt zu sein, bestätigten knapp 86 % eine eingeschränkte Mobilität. Bei Menschen mit Sehbehinderung waren es überraschenderweise mit 75 % etwas weniger. Von den Personen ohne Behinderung oder dauerhafte gesundheitliche Beeinträchtigung gaben dagegen nur gut 9 % an, in ihrer Mobilität eingeschränkt zu sein (n = 1039). Es wird damit deutlich, dass dauerhafte Einschränkungen der Gesundheit mit Mobilitätseinschränkungen verbunden sind.

Wenn man die große Bedeutung des Pkw bei den Befragten betrachtet, so kann man davon ausgehen, dass sich Personen ohne eigenes Fahrzeug stärker in ihrer Mobilität beeinträchtigt fühlen. Dies ist auch tatsächlich der Fall. Von den Befragten ohne Pkw im Haushalt gaben immerhin 82 % an, in ihrer Mobilität eingeschränkt zu sein (n = 44). Bei den Befragten mit Pkw waren dies dagegen nur 28 % (n = 966).

Die steigende Zahl wahrgenommener Mobilitätseinschränkungen durch gesundheitliche Beeinträchtigungen oder höheres Alter lassen sich auch anhand der tatsächlichen Aktivität bestätigen. Während in der Gruppe der 50- bis 59-Jährigen 93 % (fast) täglich unterwegs sind (n = 274), betrifft dies in der Gruppe der über 80-Jährigen nur 46 % (n = 112). Wenngleich dies keine neue Erkenntnis ist, wird in der Gesamtschau aber deutlich, dass Ältere oder Menschen mit Gesundheitsbeeinträchtigungen nicht freiwillig weniger aktiv sind. Möglicherweise ließe sich dies mit einem barrierefreien ÖPNV zumindest teilweise ändern.

2.1.2 Barrieren im ÖPNV

Wird im ÖPNV barrierefrei geplant, so stehen Bordsteinabsenkungen, Fahrstühle und Blindenleitsysteme im Vordergrund. Betrachtet man jedoch alle Hindernisse, die eine selbstständige Nutzung öffentlicher Verkehrsmittel erschweren oder sogar verhindern, so sind die Barrieren vielfältig und zahlreich.

So können Informationen zu aktuellen Abfahrtzeiten oder Störungen fehlen. Ausschilderungen können uneindeutig oder auch schwierig lesbar sein. Trotz vieler in den letzten Jahren bei der Softwareentwicklung ansetzender Strategien, Kund*innen in den Mittelpunkt zu stellen, ist bei Fahrkartenautomaten die Nutzer*innenführung häufig noch kompliziert und missverständlich. Fehlende Ausschilderungen, zu kurze oder zu lange Umsteigezeiten, keine Sitzplätze an den Haltestellen – die Liste ließe sich lange fortsetzen. Nachvollziehbar wird dies, wenn man sich vorstellt, zum ersten Mal in einer fremden Stadt mit dem ÖPNV unterwegs zu sein. Die aufgezählten Barrieren können dann jede*n treffen. Sie sind jedenfalls nicht abhängig von einer anerkannten Behinderung oder auch nur Gesundheitsbeeinträchtigung. Die Benutzung von Fahrkartenautomaten verlangt oft die Kenntnis des Tarifsystems, und sich in einer fremden Stadt zu orientieren, fällt den meisten Menschen schwer. Auch wenn man diese Probleme mit einem Smartphone und der richtigen App zum Teil umgehen kann, ist dies nicht für alle eine Lösung. Knapp 53 % und damit mehr als die Hälfte der Befragten der iso-Mobilitätsumfrage (n = 1019) gaben an, für Routenplanung oder Fahrkartenkauf keine tragbaren internetfähigen Geräte zu nutzen. Bei den über 70-Jährigen waren dies sogar über 75 % (n = 338). Bei den Befragten, die zumindest gelegentlich den ÖPNV nutzen, lag dieser Anteil immer noch bei 41 % (n = 298).

Barrieren im ÖPNV sind also kein Nischenproblem. Alle, die ihn nutzen (wollen), können auf Hindernisse stoßen, und je älter die (potenziellen) Nutzer*innen werden, desto stärker machen sich Barrieren bemerkbar.

2.1.3 Bewusstseinswandel bezüglich der Barrierefreiheit

Das Personenbeförderungsgesetz (PBefG) sieht in § 8 Absatz 3 eine vollständige Barrierefreiheit des ÖPNV bis 1. Januar 2022 vor. Zwar ist dieses Ziel nicht mehr zu erreichen, zumal von Beginn an Ausnahmen in den Nahverkehrsplänen gestattet waren. Doch grundsätzlich hat es in den letzten Jahren eine Entwicklung hin zu mehr Barrierefreiheit gegeben.

So sind mittlerweile 83,5 % der Bahnsteige an deutschen Bahnstationen stufenfrei zugänglich, 99,4 % der Stationen verfügen über eine akustische Fahrgäste-Information und bei immerhin 54,4 % der Bahnstationen haben alle Bahnsteige taktile Blindenleitstreifen (BT-Drs. 19/18.841, S. 2, 5).

Allerdings ist es nicht unproblematisch, die Zahl der stufenfrei zugänglichen Bahnsteige und nicht die Bahnstationen zu betrachten. Von einem Bahnhof, der über zwei Bahnsteige verfügt, bei dem aber nur einer stufenfrei zugänglich ist, können Personen mit Rollstuhl zwar abfahren, aber beim Rückweg nicht wieder am gleichen Haltepunkt aussteigen. Die Situation könnte sich natürlich auch umgekehrt ergeben. Es ergibt daher tatsächlich Sinn, (auch) die stufenfrei zugänglichen Bahnhöfe zu zählen.

Im Jahr 2017 waren 56 %, das heißt 43 der 77 Bahnstationen des Saarlands, 2019 aber 71,4 % der Bahnsteige stufenfrei zugänglich (Allianz pro Schiene 2017, 2020). Für Ende 2019 ergibt sich außerdem: Lediglich 44 der 77 Bahnstationen sind komplett stufenfrei zugänglich, also nur 57 % (BT-Drs. 19/24.755, S. 13–15). Seit 2017 ist damit nur ein stufenfrei zugänglicher Bahnhof hinzugekommen, obwohl die Angabe zu den Bahnsteigen etwas anderes vermuten lässt.

Die Zahlen zum barrierefreien Ausbau des schienengebundenen öffentlichen Verkehrs zeigen außerdem einen beginnenden Bewusstseinswandel. Anfang 2018 galten im Saarland noch zwanzig Bahnstationen als vollumfänglich barrierefrei (SL-Drs. 16/361). In der Darstellung der Situation der Bahnhöfe und Haltepunkte im Saarland vom November 2020 wurden von der DB AG dagegen nur noch neun Bahnstationen aufgeführt, deren Bahnsteige als „weitreichend barrierefrei" eingestuft werden. Ende 2020 wurden zu einer Beurteilung neben den stufenfreien Bahnsteigzugängen auch vorhandene Anzeigesysteme, Lautsprecher, taktile Leitsysteme, Stufenmarkierungen und sogar Handlaufschilder an Treppen und Rampen herangezogen (BT-Drs. 19/24.755). Die Situation hat sich also nicht verschlechtert, sondern die Anforderungen an die geführte Statistik und die Kriterien zur Bewertung als „barrierefrei" haben sich verschärft. Denn um möglichst alle Menschen mit Behinderungen zu berücksichtigen, genügt für einen barrierefreien Ausbau der Bahnstationen der stufenfreie Zugang nicht. Dieser hört auch nicht bei den angeführten Maßnahmen auf. Unter Berücksichtigung der Belange der in ihrer Mobilität oder sensorisch eingeschränkten Menschen (§ 8 Absatz 3 PBefG) soll vielmehr ein Prozess in Gang gesetzt werden, der einen vollständig barrierefreien ÖPNV realisiert. Damit sind für eine Beurteilung weitere Aspekte zu berücksichtigen, die es beispielsweise Bahnstationen erschweren, als barrierefrei zu gelten. Das dazu nicht nur bauliche Barrieren gehören, rückt mittlerweile ins Bewusstsein – denn nur wenn alle Menschen den ÖPNV uneingeschränkt nutzen können, kann dieser als barrierefrei bewertet werden.

Trotzdem sind die fehlenden Standards für Statistiken zur Barrierefreiheit problematisch, da es schwierig ist zu überprüfen, ob es positive Entwicklungen gegeben hat. Noch ungünstiger sieht es aber mit den Erhebungen und Darstellungen zum Straßenpersonennahverkehr aus, denn für die Bereiche, in denen die Zuständigkeit bei den Ländern und Kommunen liegt, existieren häufig keine überregionalen Zahlen zu den Entwicklungen der Barrierefreiheit.

Als ein Anhaltspunkt kann hier der Einsatz von Niederflurbussen im Stadt- und Überlandverkehr dienen. Diese werden eingesetzt, um den stufenfreien Einstieg in Busse zu ermöglichen. Busse ohne Niederflurtechnik benötigen dagegen einen Lift, um beispielsweise Personen im Rollstuhl mitnehmen zu können, was außerdem sehr zeitaufwendig ist.

Bei den Stadtbussen hat es seit 1998 einen deutlichen Trend zu Niederflurbussen gegeben. So nahm der Anteil der eingesetzten Niederflurbusse bei den Verkehrsgesellschaften, die Mitglied des Verbands Deutscher Verkehrsunternehmen sind, zwischen 1998 und 2010 von 46 % auf 87 % zu. Bei den Überlandbussen ist die Quote deutlich geringer. Hier stieg der Anteil von Niederflurbussen zwischen 1998 und 2010 von 8 % auf 40 % (VDV 2012, S. 230 f.). Seitdem scheint die Entwicklung zu stagnieren, wobei auch hier präzise Aussagen mangels Angaben beim Busbestand der DB AG nicht mehr möglich sind (VDV 2020, S. 39). Es wird aber deutlich, dass gerade bei Überlandbussen die Quote an Niederflurbussen noch nicht ausreicht. Und es ist zu vermuten, dass bei Überlandbussen im Rahmen von Flottenerneuerungen häufig nicht auf Niederflurbusse zurückgegriffen wird. Hier dürften sich insbesondere Menschen mit Gehbeeinträchtigungen vor Barrieren gestellt sehen.

Neben barrierefreien Fahrzeugen und Haltepunkten ist auch der Zugang zum ÖPNV ohne Hindernisse zu gestalten. Dies bedeutet beispielsweise eine Installation von Informationssystemen, anhand derer nicht nur Fahrzeit und Fahrstrecke, sondern auch die Beschaffenheit der Route erkennbar werden. Für die Fahrgäste ist es wichtig zu wissen, ob die Zugänge zu den Haltestellen oder Fahrzeugen stufenfrei sind, ob ein eventuell vorhandener Fahrstuhl auch funktioniert und welche Alternativrouten bei einem Defekt möglich sind. Hier macht die Entwicklung digitaler Techniken deutlich: Die Anforderungen an Barrierefreiheit ändern und erhöhen sich mit neuen technischen Möglichkeiten. Die Forderungen bilden also lediglich den aktuellen technischen Stand ab. Bis diese umgesetzt werden, kann allerdings viel Zeit vergehen.

Andererseits zeigen Entwicklungen wie beim Verkehrsverbund Berlin-Brandenburg, was heute schon möglich ist: Über die Fahrgäste-App können dort nicht nur Fahrten herausgesucht und Vorgaben für die Barrierefreiheit bei der Routensuche gemacht werden. Die Daten sämtlicher Fahrstühle des Stadtgebiets sind in das System integriert, sodass ein defekter Fahrstuhl bei der Routenplanung berücksichtigt werden kann (VBB 2020).

2.1.4 Relevante Barrieren im ÖPNV

Mittlerweile gibt es recht klare Vorstellungen, welche Aspekte für einen barrierefreien ÖPNV zu berücksichtigen sind, und sie betreffen wie bereits angedeutet nicht nur bauliche Maßnahmen. Trotzdem gibt es für die Herstellung von Barrierefreiheit bisher zwar verschiedene, aber keine abschließenden Checklisten. Außerdem gestaltet sich eine Umsetzung schwierig, da sich nicht alle Erfordernisse einfach in DIN-Normen und Regelwerke für die Gestaltung einer Verkehrsinfrastruktur gießen lassen.

Gerade die Beschäftigung mit den Barrieren für Menschen mit geistiger Behinderung hat aber mehr Klarheit bezüglich eines barrierefreien ÖPNV gebracht. Für sie ist die Nutzung des ÖPNV von zentraler Bedeutung, da nur die wenigsten in der Lage sind, eine Fahrerlaubnis zu erwerben. Ansonsten bleiben Menschen mit geistiger Behinderung auf spezielle Fahrdienste angewiesen, eine Sonderlösung, die letztlich im Gegensatz zu der Forderung nach einem selbstbestimmten Leben und gesellschaftlicher Teilhabe steht (Busch und Monninger 2010, S. 25).

Die TU München identifizierte im Rahmen eines Forschungsprojekts 90 Barrieren, auf die Schüler*innen mit geistiger Behinderung auf ihrem Schulweg stoßen können. Besonders relevant waren dabei ein zu langer Schulweg mit dem ÖPNV, falsche oder irreführende Beschilderung oder auch fehlende Orientierung beim Umsteigen (Busch und Monninger 2010, S. 27). Hier wird bereits deutlich, dass die barrierefreie Gestaltung des ÖPNV, die auch kognitive Beeinträchtigungen mit in den Blick nimmt, einen Zugewinn für alle bedeutet.

Dies sahen auch die Teilnehmer*innen der vom iso-Institut durchgeführten Mobilitätsbefragung so. Berücksichtigt wurden dabei 21 verschiedene Aspekte, die vor allem die Ausstattung von Bussen und Haltestellen betreffen oder die Orientierung erleichtern. Die Befragten konnten auf einer vierstufigen Skala von

„sehr wichtig" bis „unwichtig" angeben, wie relevant sie die Merkmale für sich persönlich empfinden.

Dass die Busse deutlich sichtbar und verständlich mit Liniennummer und Ziel beschriftet sind, war den Befragten dabei am wichtigsten. Am zweitwichtigsten war den Teilnehmer*innen, dass es an den Bushaltestellen Aushänge in einer für alle gut lesbaren Höhe mit aktuellen und einfach verständlichen Fahrplänen gibt. Ein Unterstand an den Haltestellen war den Befragten am drittwichtigsten. Die ruhige und vorausschauende Fahrweise von Busfahrer*innen landete auf Platz vier.

Allerdings gab es keinen Aspekt, der als unwichtig eingestuft wurde, egal ob es dabei um beleuchtete Haltestellen, Sitzmöglichkeiten, verständliche Durchsagen in den Bussen oder stufenlose Einstiege ging. Alle Merkmale wurden ganz überwiegend mit „sehr wichtig" und „wichtig" bewertet. Auf dem letzten Platz landeten die öffentlichen Toiletten an Umsteigepunkten. Aber auch diese wurden von 72 % als „wichtig" oder „sehr wichtig" eingestuft. Dabei spielte es auch keine Rolle, ob und wie häufig die Befragten den ÖPNV nutzen. Nichtnutzer*innen fanden die aufgeführten Aspekte ebenso wichtig wie Vielnutzer*innen. Lediglich die Reihenfolge in der Priorität änderte sich etwas. So hatte für die Befragten, die mindestens einmal im Monat den ÖPNV nutzen, ein Unterstand an den Haltestellen die höchste Priorität. Und die dynamische Fahrgäste-Information an Haltestellen, die auch bei Störfällen die geänderten Abfahrtzeiten anzeigt, stieg von Platz 16 auf Platz 8.

Vergleicht man diese Prioritätenliste mit den Ergebnissen der TU München, so werden Parallelen deutlich. Unter den zehn relevantesten Barrieren stand die Befürchtung, in den falschen Bus einzusteigen (Busch und Monninger 2010, S. 27). Die hohe Priorität der Befragten der iso-Umfrage für eine verständliche und aussagekräftige Busbeschriftung bedeutet letztlich das Gleiche.

Doch sind diese aufgeführten Aspekte wirklich alle als „Mobilitätsbarriere" relevant? Gehört tatsächlich auch der Fahrstil der Busfahrer*innen dazu? Wenn man sich anschaut, welche hohe Priorität die Befragten diesem Aspekt einräumen, so kann man dies nur bejahen. Es ist gerade nicht nur eine Frage der Bequemlichkeit. Die Angst vor groben Fahrmanövern hält insbesondere ältere Menschen davon ab, mit dem ÖPNV zu fahren, und verhindert für diese die selbstständige Nutzung des ÖPNV. Gleiches gilt für viele andere Aspekte. Wenn aber die fehlende öffentliche Toilette oder die ungünstige Fahrweise der Busfahrer*innen dazu führt, dass Menschen den ÖPNV nicht nutzen können, so müssen diese Aspekte als Barriere betrachtet werden.

2.1.5 Barrieren überwinden durch Begleitdienste

Begleitpersonen im ÖPNV können helfen, Ängste zu überwinden und die Nutzung des ÖPNV auch den Personen zu ermöglichen, die ihr Leben lang Auto gefahren sind und nun auf den ÖPNV umsteigen müssen, wenn sie mobil bleiben wollen. Sie unterstützen Menschen nach einem Umfall, die sich die Selbstständigkeit erst wieder erarbeiten müssen. Und auch Menschen mit kognitiven Einschränkungen können über Mobilitätslots*innen in die Lage versetzt werden, den ÖPNV zu nutzen. Sie ersetzen also nicht den fehlenden Fahrstuhl, unterstützen im ÖPNV aber beispielsweise bei der Orientierung, denn die Lots*innen kennen den Weg und die Abfahrtzeit des Anschlussbusses. Die Lots*innen können auch bei der Bedienung von Fahrkartenautomaten helfen.

So fand auch in der Mobilitätsbefragung des iso-Instituts der weit überwiegende Teil der Befragten, nämlich 81,5 % (n = 961), Begleitdienste im ÖPNV sinnvoll oder sehr sinnvoll. 79 % (n = 981) können sich vorstellen, einen Begleitdienst selbst in Anspruch zu nehmen. Dabei steht die Orientierungshilfe und weniger die körperliche Unterstützung im Vordergrund. Von den Befragten gaben 53 % (n = 901) an, lediglich bei Fragen zum Fahrplan und zur Reiseplanung, beim Fahrkartenkauf oder bei der Orientierung an Haltestellen Unterstützungsbedarf für sich zu sehen. Die Begleitung zur Haltestelle, der Ein- und Ausstieg in Bus und Bahn sowie die Begleitung während der Fahrt stehen nach der Vorstellung der Befragten insgesamt weniger im Vordergrund.

Allerdings gibt es auch Hemmnisse für die Nutzung eines Mobilitätsdiensts. So stimmten 64 % der Befragten (n = 801) der Aussage zu, dass in ihrer Gemeinde das ÖPNV-Angebot zu schlecht ist, um den Service von mobisaar sinnvoll in Anspruch nehmen zu können. So bleibt die größte Barriere für die Nutzung des ÖPNV – ein nicht ausreichendes Angebot – bestehen: ein Aspekt, der neben dem barrierefreien Ausbau nicht aus dem Blick verloren werden sollte.

Literatur

Allianz pro Schiene e. V. (2017, 20. Juli). Fast 80 Prozent der deutschen Bahnhöfe sind stufenfrei: Für den barrierefreien ÖV gibt es bis 2022 ein Ziel, aber zu wenig Geld. https://www.allianz-pro-schiene.de/presse/pressemitteilungen/fast-80-pro zent-der-deutschen-bahnhoefe-stufenfrei/.

Allianz pro Schiene e. V. (2020, 13. Mai). Viele Bahnhöfe machen es Rollstuhlfahrern schwer: Ländervergleich der Allianz pro Schiene: Saarland, Hessen, Thüringen und Bayern liegen hinten. https://www.allianz-pro-schiene.de/presse/pressemitteilungen/viele-bahnhoefe-machen-es-rollstuhlfahrern-schwer/.

Busch, F., & Monninger, D. (2010). Barrierefreiheit für Menschen mit geistiger Behinderung. *Nahverkehrs-praxis, 11,* 25–27.

Deutscher Bundestag (Hrsg.). (2020). Drucksache 19/17665: Kleine Anfrage der Abgeordneten Matthias Gastel, Corinna Rüffer, Sven-Christian Kindler, Christian Kühn (Tübingen), Stefan Gelbhaar, Stephan Kühn (Dresden), Daniela Wagner und der Fraktion BÜNDNIS 90/DIE GRÜNEN. Physische Barrierefreiheit an Bahnhöfen – barrierefrei auf den Bahnsteig und in den Zug. https://dse rver.bundestag.de/btd/19/176/1917665.pdf.

Deutscher Bundestag (Hrsg.). (2020). Drucksache 19/24755: Antwort der Bundesregierung auf die Kleine Anfrage der Abgeordneten Markus Tressel, Matthias Gastel, Stefan Gelbhaar, weiterer Abgeordneter und der Fraktion BÜNDNIS 90/DIE GRÜNEN. Bahnhöfe und Haltepunkte im Saarland – Situation 2020. https://dserver.bundestag.de/btd/19/247/1924755.pdf.

Landtag des Saarlands (Hrsg.). (2018). Drucksache 16/361-neu (16/269): Antwort zu der Anfrage des Abgeordneten Ralf Georgi (DIE LINKE.). Betr.: Barrierefreie Bahnhöfe im Saarland. https://www.landtag-saar.de/File.ashx?Fil eId=11871&FileName=Aw16_0361-neu.pdf&directDL=false.

Verband Deutscher Verkehrsunternehmen e. V. (Hrsg.). (2012). *Barrierefreier ÖPNV in Deutschland: Barrier free public transport in German*y (2., vollst. überarb. und erw. Aufl.). Alba-Fachverlag.

Verband Deutscher Verkehrsunternehmen e. V. (Hrsg.). (2020). Statisti 2019. https://www.vdv.de/statistik-jahresbericht.aspx

.

2.2   Barrieren und eingeschränkte Teilhabe: Wünsche und Forderungen zu einer verbesserten Inklusion von Menschen mit Behinderungen

Sascha Roder

2.2.1   Forderungen von Menschen mit Behinderungen und die perspektivische Umsetzung der UN-Behindertenrechtskonvention

Die Auseinandersetzung für eine gleichberechtigte Teilhabe am öffentlichen, alltäglichen Leben von Menschen mit einer Behinderung und die damit verbundene Überwindung physischer und kommunikativer Barrieren ist keinesfalls neu. Bereits mit dem Begriff der Integration wurden an früherer Stelle, beispielhaft in der Sonderpädagogik, zahlreiche kritische Diskussionen geführt, die aus Sicht von Menschen mit Behinderungen jedoch oftmals als ein „unentschlossenes Stolpern vom Objekt zum Subjekt, Taumeln vom Fürsorgeansatz zum Bürgerrechtsansatz und Oszillieren von der Fremdbestimmung zur Selbstbestimmung" hin zum aktuellen Begriff der Inklusion eingeschätzt wird (Markowetz 2007, S. 219). Inhaltlich standen dabei besonders der Wandel von einem Fürsorgesystem für Menschen mit einer Behinderung zu einem selbstbestimmten Leben (Düwell und Beyer 2017, S. 11) sowie der Wechsel vom medizinischen zum (bio-psycho-)sozialen Modell der Behinderung (Groskreutz und Hlava 2017, S. 529; Degener 2016, S. 16) im Fokus. Die aus diesem Diskurs resultierenden erweiterten Ansprüche für Menschen mit Beeinträchtigungen fanden Eingang in das Übereinkommen der Vereinten Nationen über die Rechte von Menschen mit Behinderung, kurz UN BRK, das am 26. März 2009 von Deutschland ratifiziert wurde und somit als Rechtsrahmen Gültigkeit erlangte.

Der Anspruch an eine vollumfassende Teilhabe von Menschen mit Behinderungen ist in der UN-BRK mit hohen Zielen verknüpft, für die erhebliche Kraftanstrengungen notwendig sind, um die bestehenden Barrieren im gesellschaftlichen Alltag zu beseitigen. Ein Blick auf den Artikel 9 der UN-BRK verdeutlicht, welcher Anpassungs- und Umgestaltungsbedarf zum Beispiel im öffentlichen Raum zu leisten ist:

(1) Um Menschen mit Behinderungen eine unabhängige Lebensführung und die volle Teilhabe in allen Lebensbereichen zu ermöglichen, treffen die Vertragsstaaten geeignete Maßnahmen mit dem Ziel, für Menschen mit Behinderungen den gleichberechtigten Zugang zur physischen Umwelt, zu Transportmitteln, Information und

Kommunikation, einschließlich Informations- und Kommunikationstechnologien und -systemen, sowie zu anderen Einrichtungen und Diensten, die der Öffentlichkeit in städtischen und ländlichen Gebieten offenstehen oder für sie bereitgestellt werden, zu gewährleisten […]. (Beauftragte der Bundesregierung 2017)

In diesem Kontext ist es wichtig zu verstehen, dass die Umsetzung einer Inklusion und damit einer gleichberechtigten Teilhabe von Menschen mit Behinderung kein statisches Ziel, sondern als ein fortlaufender Prozess anzusehen ist (Steinhart 2010, S. 68). Die Vielfalt von Personen mit Beeinträchtigungen, die daraus abzuleitenden Ansprüche und Bedürfnisse sowie ein damit verbundenes Umdenken politischer und wirtschaftlicher Entscheider*innen werden einen langfristigen Dialog erfordern, der die Bedingungen dafür erschaffen soll, unter denen Menschen mit Behinderungen „ihre Rechte auch tatsächlich wahrnehmen können" (Bentele 2012, S. 16).

2.2.2 Menschen mit Behinderungen im ÖPNV – an wen denken wir?

Im Rahmen des Forschungsprojekts mobisaar wurde fünf Jahre lang untersucht, wie eine Begleitung von Lots*innen die Teilhabe mobilitätseingeschränkter Menschen fördert. Im Hinblick auf die Vorgaben in der UN-BRK hinsichtlich einer Verbesserung der Teilhabe zur Überwindung von Barrieren wurden in dem Begleitdienst neben dem Fokus auf Menschen im fortgeschrittenen Lebensalter, denen es aufgrund von Gebrechlichkeit und gesundheitlichen Einschränkungen nicht mehr möglich ist, ohne Hilfe den öffentlichen Nahverkehr zu nutzen, auch Menschen mit Behinderungen für die Lots*innen-Tätigkeit als bedeutsame Personengruppe in die Hilfen einbezogen. Es wurde jedoch schnell deutlich, dass ein breites Spektrum an Beeinträchtigungen wie beispielsweise Sehbeeinträchtigung, Hörschädigung, körperliche oder geistig-psychische Behinderungen eine Vielzahl an Herangehensweisen in der Begleitung erforderlich machten, um die ganz unterschiedlichen Barrieren im Alltag erfolgreich zu überwinden.

Doch welche konkreten Bedürfnisse, Anforderungen oder auch Wünsche haben Menschen, die aufgrund einer Behinderung teils erhebliche Schwierigkeiten haben, am ÖPNV teilzuhaben? Was müsste sich perspektivisch an einem öffentlichen Verkehrsangebot verändern, damit der inklusive Gedanke für alle Menschen tatsächlich Wirklichkeit werden kann? Im Rahmen einer Expert*innen-Befragung wurde diesen Fragen nachgegangen. Dabei wurden Personen angesprochen, die Einrichtungen oder Abteilungen von Menschen mit

Behinderungen leiten oder auch selbst betroffen sind. Die Gespräche verdeutlichten, dass noch zahlreiche Bedarfe an Anpassungsleistungen im öffentlichen
Personennahverkehr bestehen. Dabei wurden auch konkrete Vorschläge benannt,
welche Wünsche es bei der Fortführung des Begleitservices in einen Regelbetrieb
bei mobisaar nach 2020 hinsichtlich der Überwindung bestehender Barrieren gibt.

2.2.3 Mangelnder Blickkontakt erschwert Unterstützung bei notwendigen Auskünften

Die Nutzung des öffentlichen Nahverkehrs durch Menschen mit einer Sehbeeinträchtigung birgt viele Schwierigkeiten in sich. Aufgrund der fehlenden Sehkraft
ist zum Beispiel die Orientierung über das Hören bei vielen blinden oder erblin-
deten Menschen stärker ausgeprägt und hilft ihnen über akustische Ansagen,
sich in der Öffentlichkeit zurechtzufinden. Auch die räumliche Erschließung
mit dem Langstock, das Ertasten von Gehwegen, Hindernissen oder Bahnsteig-
kanten gehört zu den grundlegenden Orientierungshilfen für Sehbeeinträchtigte.
Jedoch gibt es große Unterschiede in der Sicherheit im Umgang mit Lang- oder
Klappstock sowie akustischen Hilfen: Ein von Geburt an erblindeter Mensch
lernt den Umgang mit Hörsinn und taktilen Hilfsmitteln viel leichter als eine
Person, die beispielsweise durch einen Unfall im fortgeschrittenen Lebensalter das Augenlicht verliert. Dementsprechend sind die Unsicherheiten gerade
bei Späterblindeten oder Menschen mit einer hochgradigen Sehbeeinträchtigung
stark ausgeprägt. Um diese bestehenden Unsicherheiten abzubauen, ist es für
die Sehbeeinträchtigten zum Beispiel wichtig, dass andere Fahrgäste oder das
Busfahrpersonal Auskunft geben können, welche Linien schon durchgefahren
sind oder welcher Bus gerade ankommt. Die Kommunikation mit anwesenden
Menschen gestaltet sich jedoch oft schwierig, da es Menschen mit einer Sehbeeinträchtigung grundlegend schwerer fällt oder gar nicht möglich ist, auf Menschen
mit Blickkontakt zuzugehen. Eine unmittelbare Kontaktaufnahme fehlt somit
meistens und führt vielfach zu peinlichen und unsicheren Situationen, wie die
Vorsitzende des Blinden- und Sehbehindertenvereins für das Saarland aus ihren
Erfahrungen zu berichten weiß:

„,Meint die mich?' Wen meint die denn?' Wir können ja eigentlich nur sagen, wenn man dann jemanden hört neben sich: ‚Entschuldigung, können Sie mal?' Aber der geht dann einfach weiter und fühlt sich auch nicht gemeint [...]." (T4, Z. 98–100)[1]

Neben sozial-kommunikativen Barrieren sind es häufig ganz praktische physische Hindernisse, die sehbeeinträchtigte Menschen in eine unangenehme oder prekäre Lage geraten lassen. Zwar ist in den letzten Jahren vieles unternommen worden, um an Haltestellen, Bahnhöfen oder öffentlichen Plätzen taktile Bodenleitsysteme mit optisch kontrastierenden Bodenindikatoren wie beispielsweise Rillen- und Noppenplatten einzusetzen und somit eine bessere Orientierung für Blinde und sehbeeinträchtigte Menschen zu ermöglichen. Aber es zeigt sich, dass gerade bei den Planungen zur Barrierebeseitigung noch erhebliche Defizite bestehen:

> „Auch so mit den Blinden-Leitlinien, da tun sie sich sowieso immer schwer. Die werden teilweise falsch gelegt, dann gibt es ungesicherte Querungen, die wieder weg-gerissen werden müssen. Weil wir haben viel zu wenig Architekten, die sich mit dem Problem des barrierefreien Bauens und Umbauens überhaupt auskennen [...]." (T4, Z. 246–250)

Sind im städtischen Raum die Ausgestaltung mit Leitstreifen an Ein- und Ausgän-gen, Treppen oder Aufzügen sowie taktile Bodenindikatoren vielfach vorhanden, fehlen diese im ländlichen Raum. Unternehmungen für blinde und sehbeeinträch-tigte Menschen fernab der Ballungszentren sind daher oftmals mit erheblichen Schwierigkeiten verbunden, da entsprechende technische Hilfen fehlen:

> „Wichtig ist natürlich auch, dass es wie jetzt auch am Bahnhof, an manchen Halte-stellen hier in Lebach auch, diese Lautsprecher gibt, die, also wo man gucken kann, wann kommt die nächste Linie. Mit dem Knopfdruck. Das sind alles wichtige Voraus-setzungen, aber die gibt es ja, in ländlichen Gegenden gibt es das ja gar nicht [...]." (T4, Z. 79–83)

Welche Hilfen für die Umsetzung barrierefreier Fahrten sehbeeinträchtigter Men-schen in dörflichen und ländlichen Gebieten sind wichtig und notwendig? Wie können diese Hilfen in absehbarer Zeit eingerichtet und ihr Erhalt gewährleis-tet werden? Worauf ist bei Anpassungsmaßnahmen und Erneuerungen zentraler Verkehrsplätze besonders zu achten, wenn man an die Bedürfnisse sehbeeinträch-tigter und blinder Menschen denkt? Diese und viele weitere Fragen gilt es bei

---

[1] Die geführten Interviews sind anhand der umgesetzten Transkripte benannt: „T4" steht für Transkript Nummer 4. Die Zuordnung „Z." bedeutet Zeile und verweist auf die Textstelle im Transkript.

dem Streben nach einer inklusiven Gesellschaft zu beantworten, wenn bestehende Barrieren bei Einschränkungen des Sehens überwunden werden sollen.

2.2.4 Nicht auf der Höhe der Zeit: Schlechte Auffindbarkeit von Haltestellen und fehlender Platz in öffentlichen Verkehrsmitteln

Der perspektivische Blick von Menschen, die an einen Rollstuhl gebunden sind, ist ein völlig anderer als von denjenigen, die sich bei Unwägbarkeiten im ÖPNV kurzfristig und schnell von einem Gleis oder einem Haltestellenplatz zum nächsten bewegen können. Bauliche Hindernisse wie fehlende Bordsteinabsenkungen, keine stufenfreien Bahnsteigzugänge oder nicht abgestimmte Bahnsteighöhen, unüberwindbare Treppen oder defekte Fahrstühle zur Bewältigung von Straßen- und Bahnsteigebenen werden zu physischen Mobilitätsbarrieren und verhindern vielfach eine spontane und unkomplizierte Teilnahme am öffentlichen Nahverkehr. Hinzu kommen besonders zu Stoßzeiten in der Frühe oder am Nachmittag sowie auch zu bestimmten Zeiten an Wochenenden stark frequentierte Verkehrsmittel, in denen das Platzangebot für mehrere mobile Gefährte wie Fahrräder, Kinderwägen und Rollstühle oftmals nicht ausreichend ist:

> „In einen Bus passt ein Rollstuhl, vielleicht zwei, dann ist Schluss. Haben wir jetzt noch einen Kinderwagen und einen Rollator, dann kommt noch jemand mit einem Fahrrad, dann soll der Kinderwagen raus, dann soll der Rollator raus, dann soll das Fahrrad raus, die sollen dann gucken, wie sie ans Ziel kommen und der Rollstuhlfahrer muss reingestellt werden. Das kann nicht richtig sein […]." (T1, Z. 123–127)

Doch nicht nur ein mangelndes Platzangebot führt bei körperlich beeinträchtigten Menschen, die auf einen Rollstuhl angewiesen sind, zu ungewollten Hindernissen bei der Nutzung des ÖPNV. Auch das Fehlen einer zielgenauen Hinweisführung zu Abfahrpunkten von Bussen, zu hoch aufgehängte Beschilderungen oder defekte Anzeigen erzeugen kommunikative Barrieren, die für Rollstuhlfahrer*innen zu erheblichen Einschränkungen in der Teilnahme an der Alltagsmobilität führen.

> „Also, angefangen bei der Rollstuhlgerechtigkeit der Haltestellen. Der Auffindbarkeit der Haltestellen geht es eigentlich schon los. Das heißt, steige ich aus dem Zug aus, komme ich in eine, komme ich in einen Ort, in der Regel, ein Bahnhof, sind dann Haltestellen dort? So, welche Bushaltestelle brauche ich jetzt, um hier weiterzukommen? Die dort natürlich barrierefrei sein muss […]." (T1, Z. 160–165)

Im Hinblick auf die UN-Behindertenrechtskonvention und die Umsetzung eines allgemeingültigen und verständlichen „universellen Designs" (siehe Institut für Menschenrechte 2014) ist eine Beseitigung räumlicher und visueller Barrieren nicht nur für Rollstuhlfahrer*innen und Menschen mit einer körperlichen Behinderung ein wichtiger Schritt, sondern auch für Menschen mit einer kognitiven oder geistigen Beeinträchtigung. Im Gegensatz zu den vielen physischen Barrieren für Rollstuhlfahrer*innen sehen sich die zuletzt Genannten teilweise ganz anderen Barrieren gegenüber, wie im Folgenden ausgeführt wird.

2.2.5 „Menschen mit Wahrnehmungsbesonderheiten werden nicht mitgedacht"

Menschen mit nicht sichtbaren Erkrankungen oder Behinderungen sehen sich im öffentlichen Nahverkehr Problemen gegenüber, die für andere Menschen entweder schwierig nachzuvollziehen oder nicht existent sind:

• Menschenmassen in vollen Bussen und Bahnen sowie Gedrängel auf engen Zugängen zum Bahnsteig;
• keine eindeutigen oder zu wenig visuelle Orientierungspunkte (leicht verständliche Hinweisschilder, gut lesbare, zuverlässige Anzeigen auch bei kurzfristigen Änderungen im Verkehrsbetrieb);
• die kurze Haltedauer von Bussen und Bahnen sowie die Schnelligkeit, die erforderlich ist, um von einem Verkehrsmittel auf ein anderes zu wechseln.

Tatsächlich sieht die (mobile) Alltagswelt für Menschen mit einer geistigen Behinderung oder im autistischen Spektrum ganz anders aus (Vero 2020; Theunissen 2016). So können bei diesen Menschen in vielen Fällen nur nacheinander einzelne Informationen bzw. Regelmäßigkeiten wie „der Bus kommt immer um 9.30 Uhr an Terminal B an" oder „erst wenn die Anzeige den einfahrenden Zug ankündigt, wird dieser auch tatsächlich einfahren" aufgenommen und behalten werden:

> „Und diese Menschen haben etwas gemeinsam, nämlich sie können, wenn ganz viele Reize um sie herum sind, diese Reize nicht als Gesamtheit betrachten, sondern sie sehen und hören und erfassen jeden einzelnen Reiz im Gehirn [...]." (T5, Z. 138–141)

Änderungen im Fahrplan, die Geräuschkulisse an größeren Verkehrsknotenpunkten oder auch eine mangelnde Verständlichkeit von Durchsagen sorgen für Unsicherheit, Angst oder sogar Hilflosigkeit. Überforderungen bei unklaren Verkehrssituationen, dicht gedrängten Menschenansammlungen beim Ein- und Ausstieg wie auch eine große Anzahl an Transportmitteln wie im Bahnhofsbereich (Busse, Straßenbahn, Fern- und Regionalzüge) verursachen eine Unübersichtlichkeit und damit eine geringe Planbarkeit, wenn beispielsweise kurzfristig Fahrtentscheidungen getroffen werden müssen.

> „Und das beginnt beim Einsteigen, dass man in das Gedrängel rein muss. Dass man Berührungspunkte hat mit, Menschen quillen regelrecht raus aus dem. Wer die klassischen ICE-Bahnhöfe kennt […] das ist schon ein Punkt, warum ein autistischer Mensch sich niemals dahin traut. Weil er Angst vor dieser Enge, vor dieser Berührung hat. Orientierungspunkte sind große Schwachpunkte. Wenig Marker, an denen visuelle Marker, an denen man sich festbeißen kann. Bis hin zu Pfeilen, das sind so Hilfen. Pfeile, in großer Schrift vielleicht, Hinweise vielleicht. Manche wünschen sich es gäbe ein oder zwei Wagen in so einem Zug oder bei einem Bus. Bereiche, wo sich Menschen, die wirklich Ruhe, die Angst haben vor Berührung, wo die sich hinsetzen könnten. Oder auch hinstellen könnten […]." (T2, Z. 300–311)

Menschen im Autismus-Spektrum oder mit geistigen Beeinträchtigungen sind darauf angewiesen, sich in einer kontrollierten und klar abgegrenzten Umgebung ohne Reizüberflutung zu bewegen. Das bedeutet aus Sicht der befragten Expert*innen, dass eine Verkehrssituation im öffentlichen Raum, wie sie derzeit in sämtlichen Ballungsräumen vorherrscht, für diese Menschen nicht zu bewältigen ist. So ist es diesen Menschen oftmals nur möglich, am öffentlichen Nahverkehr teilzuhaben, wenn eine Begleitperson im „Hintergrund" ist, die unterstützend und beratend zur Seite steht. Dies ist in der Praxis jedoch nur in den seltensten Fällen möglich oder nur mit großem Aufwand umsetzbar. Zusammenfassend bringt es die Geschäftsführerin vom Autismus-Therapie-Zentrum Saar auf den Punkt, wenn sie an die Ausgestaltung und die Planungen im öffentlichen Nahverkehr denkt: „Menschen mit Wahrnehmungsbesonderheiten werden nicht mitgedacht." (T2, Z. 296–297)

2.2.6 Gedanken zu einer grundsätzlichen Verbesserung der Teilhabe im öffentlichen Nahverkehr

An die Umsetzung einer umfassenden Inklusion und die Überwindung alltäglicher Barrieren im öffentlichen Nahverkehr sind viele Ziele und Wünsche von Vertreter*innen von Menschen mit Behinderungen geknüpft, die es ernst zu nehmen und in einem fortlaufenden Anpassungsprozess im Busverkehr, bei Straßenbahnen und Fernzügen zu berücksichtigen gilt. Aus den Dialogen mit den Expert*innen wurde recht deutlich, wie vielfältig und breit gefächert die Bedürfnisse und Forderungen von Menschen mit Behinderungen sind. Hierbei kann die Unterstützung durch den Begleitdienst von Lots*innen in mobisaar nur ein erster Ansatz sein und eine Brücke zu einer Inklusion schlagen, die eine Teilhabe von Menschen mit Behinderungen vereinfacht oder grundsätzlich ermöglicht. Hinsichtlich der Mobilitätslots*innen äußerten die Expert*innen, dass diese auch in den Abendstunden sowie an Wochenende eine Begleitung ermöglichen sollten, damit die Kund*innen über ärztliche Termine und Einkaufsfahrten hinaus auch gesellschaftlich-kulturelle Treffen und Events verstärkt wahrnehmen können. Damit einhergehend sollte eine Perspektive geschaffen werden, dass zu den Randzeiten, außerhalb von Werktagen, und besonders in den ländlichen Räumen die Taktung öffentlicher Verkehrsmittel erhöht wird. Wartezeiten bis zu einer Stunde auf die nächste Verbindung erschweren die Wege und die Planungen von Menschen mit Behinderungen, gerade wenn diese aufgrund einer bestehenden Einschränkung nicht so flexibel und spontan wie andere Fahrgäste reagieren können.

Auch die Auseinandersetzungen mit und das Verstehen-Lernen der unterschiedlichen körperlichen Einschränkungen und Sinnesbeeinträchtigungen wie Sehen, Hören oder sozio-emotionale Besonderheiten werden von den befragten Expert*innen als wichtiges Kriterium genannt, damit beispielsweise die Busfahrer*innen für die Bedürfnisse und die praktischen Fähigkeiten bei Menschen mit Behinderungen sensibilisiert werden und so leichter bestehende Barrieren im alltäglichen Umgang überwunden werden können. Um eine einfachere Orientierung an Haltepunkten, Verkehrsknotenpunkten und zentralen Umsteigeplätzen zu erreichen, ist eine Verbesserung visueller und taktiler Hinweise unerlässlich. Hierbei sollte auf die Verwendung einer leicht verständlichen Sprache, einer für alle Menschen sichtbaren Platzierung der Auskunftstafeln sowie einen eindeutigen Einsatz von Piktogrammen geachtet werden.

Ebenfalls wünschten sich die Expert*innen eine Vereinfachung und deutlich verbesserte Gestaltung der Fahrpläne, Tarifgebiete und anfallenden Kosten für die Beförderung in öffentlichen Verkehrsmitteln. Selbst im Saarland mit nur sechs Landkreisen erschwert eine Vielzahl an Tarifzonen, die sogenannten Waben, eine überschaubare und leicht verständliche Reiseplanung. Neben einer unverständlichen Strukturierung der Beförderungsgebiete führt bei Menschen mit Behinderung auch die Preisgestaltung von Fahrten dazu, dass öffentliche Verkehrsmittel vermieden und nicht ausreichend genutzt werden. Hinsichtlich der

Ausgestaltung eines inklusiven Nahverkehrs erhoffen sich gerade für diese beiden Aspekte alle Expert*innen eine deutliche Nachbesserung bei den bestehenden Angeboten und Konzepten.

Literatur

Bentele, K. (2012). Menschenrechte und Inklusion – Überlegungen zur Inklusion von Menschen mit einer Hörschädigung. In M. Hintermair (Hrsg.), *Inklusion und Hörschädigung: Diskurse über das Dazugehören und Ausgeschlossensein im Kontext besonderer Wahrnehmungsbedingungen* (S. 13–28). Median-Verlag von Killisch-Horn GmbH.

Cloerkes, G., Felkendorff, K., & Markowetz, R. (2007). *Soziologie der Behinderten: Eine Einführung* (3., neu bearb. und erw. Aufl.). Winter.

Degener, T. (2016). Völkerrechtliche Grundlagen und Inhalt der UN-BRK. In T. Degener, K. Eberl, S. Graumann, O. Maas, & G. K. Schäfer (Hrsg.), *Menschenrecht Inklusion: 10 Jahre UN-Behindertenrechtskonvention – Bestandsaufnahme und Perspektiven zur Umsetzung in sozialen Diensten und diakonischen Handlungsfeldern* (S. 11–51). Vandenhoeck & Ruprecht, Neukirchener Theologie.

Die UN-Behindertenrechtskonvention: Übereinkommen über die Rechte von Menschen mit Behinderungen. (2017). https://www.behindertenbeauftragte.de/SharedDocs/Publikationen/UN_Konvention_deutsch.pdf?__blob=publicationFile&v=2.

Düwell, F. J., & Beyer, C. (2017). *Das neue Recht für behinderte Beschäftigte: Inklusion am Arbeitsplatz: Bundesteilhabegesetz als Herausforderung für Vertretungen, Arbeitgeber und Anwaltschaft* (1. Auflage). Nomos.

Groskreutz, H., & Hlava, D. (2017). UN-Behindertenrechtskonvention (UN-BRK). In N. Bolwig, M. Giese, H. Groskreutz, D. Hlava, & D. Ramm (Hrsg.), *Behindertenrecht im Betrieb: Synopse SGB IX mit Änderungen durch das Bundesteilhabegesetz: Gesetzessammlung mit Erläuterungen* (S. 529–538). Bund Verlag.

Markowetz, R. (2007). Inklusion und soziale Integration von Menschen mit Behinderungen. In G. Cloerkes, K. Felkendorff, & R. Markowetz (Hrsg.), *Soziologie der Behinderten: Eine Einführung* (3., neu bearb. und erw. Aufl., S. 207–278). Winter.

Steinhart, I. (2013). Der Weg zu einer inklusiven Gesellschaft – Herausforderung für alle. In H. Wittig-Koppe, F. Bremer, & H. Hansen (Hrsg.), *Teilhabe in Zeiten verschärfter Ausgrenzung? Kritische Beiträge zur Inklusionsdebatte* (2. Auflage, S. 67–77). Paranus-Verlag.

Theunissen, G. (2016). *Geistige Behinderung und Verhaltensauffälligkeiten: Ein Lehrbuch für Schule, Heilpädagogik und außerschulische Unterstützungssysteme* (6., überarb. und erw. Aufl.). Verlag Julius Klinkhardt.

Theunissen, G. (Hrsg.). (2020). *Autismus verstehen: Außen- und Innensichten.* W. Kohlhammer GmbH.

Vereinte Nationen. (o. J.). Ausschuss für die Rechte von Menschen mit Behinderungen: Elfte Tagung 31. März–11. April 2014. Allgemeine Anmerkung Nr. 2 (2014). Artikel 9: Zugänglichkeit (Deutsches Institut für Menschenrechte, Übers.). https://www.institut-fuer-menschenrechte.de/fileadmin/Redaktion/PDF/DB_Menschenrechtsschutz/CRPD/CRPD_Allg_Bemerkung_2.pdf. Zugegriffen: 28. Januar 2021.. Zugegriffen: 28. Jan. 2021.

Vero, G. (2020). Wahrnehmungsbesonderheiten bei Autismus. In G. Theunissen (Hrsg.), *Autismus verstehen: Außen- und Innensichten* (S. 117–125). W. Kohlhammer GmbH.

Praktische Einrichtung eines Lots*innen-Begleitservice

3

Bettina Keßler, Jana Rößler, Marion Schumacher,
Sascha Roder, Kathleen Schwarz, Ingrid Wacht,
Kristina Lemke und Andrea Becker

3.1 Überlegungen zu einem Geschäftsmodell

Bettina Keßler und Jana Rößler

Mobilität bedeutet Lebensqualität. Sie muss allen ermöglicht werden bzw. möglich sein und damit auch Menschen ohne eigenen Pkw oder Menschen, die

B. Keßler (✉)
Saarländische Nahverkehrs-Service GmbH (SNS), Völklingen, Deutschland
E-Mail: b.kessler@saarvv.de

J. Rößler · M. Schumacher · K. Schwarz
Institut für Sozialforschung und Sozialwirtschaft, Saarbrücken, Deutschland
E-Mail: roessler@iso-institut.de

K. Schwarz
E-Mail: schwarz@iso-institut.de

S. Roder
Institut für Allgemeinmedizin der Universitätsmedizin Göttingen, Göttingen, Deutschland
E-Mail: sascha.roder@med.uni-goettingen.de

I. Wacht
Sozialverband VdK Saarland e. V., Saarbrücken, Deutschland
E-Mail: saarland@vdk.de

K. Lemke
Landesarbeitsgemeinschaft PRO EHRENAMT e. V., Saarbrücken, Deutschland

A. Becker
Miteinander Leben Lernen (MLL), Saarbrücken, Deutschland
E-Mail: Andrea.Becker@mll-saar.de

J. Alexandersson et al. (Hrsg.), *Mobilität und Teilhabe – Begleitdienste
im öffentlichen Personennahverkehr*,
https://doi.org/10.1007/978-3-658-35781-8_3

nicht ständig auf die Unterstützung von befreundeten Personen oder Familie mit Pkw angewiesen sein wollen oder können. Für sie muss der öffentliche Personennahverkehr (ÖPNV) die notwendige, die gewünschte Mobilität bieten. Der ÖPNV in Deutschland ist Teil der staatlichen Daseinsvorsorge und systemrelevant. Er steht insgesamt, und damit auch im Saarland, vor der Herausforderung, intelligente und multimodale Mobilitätskonzepte zu entwickeln, die den lokalen und regionalen Gegebenheiten, ökologischen Notwendigkeiten und wirtschaftlichen Möglichkeiten Rechnung tragen. Der für die Fahrgäste kostenfreie Begleitservice mobisaar steht für eine nachhaltige, bezahlbare Mobilität, ist ein weiterer Baustein hin zur Mobilitätswende und trägt bei zum Klimaschutz in der Region. Er steigert die Attraktivität des ÖPNV-Angebots und gewinnt Neukund*innen aus Segmenten, die den ÖPNV bislang entweder nicht oder längere Zeit nicht mehr genutzt haben.

Der Lots*innenbegleitservice mobisaar leistet einen Beitrag zur selbstbestimmten Mobilität. Er stellt ein Angebot bereit, das sich als Ergänzung zur Barrierefreiheit versteht, nicht als deren Ersatz. Der Service ist essenzieller Teilbeitrag zu jener Verpflichtung, die die UN-Behindertenrechtskonvention vorgibt und die Deutschland in einer Zielbestimmung des § 8 Absatz 3 Satz 2 PBefG verankert hat. Denn rein technische und bauliche Lösungen werden nicht ausreichen, um einen barrierefreien ÖPNV zu erreichen.

3.1.1 Die Dienstleistung von mobisaar

Auch kleinste Barrieren können im ÖPNV bzw. auf den Zu- oder Abwegen dazu führen, dass Wegeketten nicht mehr selbstständig zurückgelegt werden können. mobisaar hilft durch einen Tür-zu-Tür-Service Menschen ihr Ziel zu erreichen und einzelne Barrieren, wie etwa Umsteigesituationen an komplexen Haltestellen, zu überwinden. So können Wege auch dann selbstständig ohne privat organisierte Hilfestellung zurückgelegt werden.

Der Service richtet sich nicht nur an Personen mit körperlichen Einschränkungen, die durch eine (noch) nicht angepasste Infrastruktur vor baulichen Barrieren stehen. Er richtet sich vielmehr an alle in ihrer Mobilität eingeschränkten oder an ältere Menschen. Sie können eine Begleitung durch die Mobilitätslots*innen auch dann buchen, wenn sie sich im ÖPNV alleine nicht sicher fühlen, ihn aber nutzen möchten oder müssen. Auch begleiten die Mobilitätslots*innen Kund*innen, die durch den Service den Weg in die Wiedernutzung der öffentlichen Verkehrsmittel finden (beispielsweise bei Angststörungen, leichten Formen von Demenz), weil sie sich dies alleine nicht (mehr) zugetraut hätten. Ein Begleitservice bietet dadurch auch Sicherheit und Orientierung.

3.1.2 Die Situation für den ÖPNV

Allerdings dominiert in Deutschland weiterhin der individuelle Nahverkehr, insbesondere in den ländlich geprägten Regionen. Zwischen 2010 und 2020 stieg die Pkw-Dichte um zwölf Prozent von durchschnittlich 509 auf 569 Pkw pro 1000 Einwohner*innen. Mit 640 Pkw auf 1000 Einwohner*innen haben die Bewohner*innen des Saarlands weiterhin die höchste Autodichte bundesweit (Statistisches Bundesamt 2020).

Rund 68,9 Mio. Fahrgäste wurden 2019 im saarländischen ÖPNV befördert (Saarländischer Nahverkehrs-Service 2019). Aber nur für fünf Prozent der saarländischen Bevölkerung ist der ÖPNV das Hauptverkehrsmittel, bundesweit sind es immerhin neun Prozent (Bundesministerium für Verkehr und digitale Infrastruktur 2018, S. 35). Mehr als jede*r zweite Saarländer*in (57 %) nutzt nie öffentliche Verkehrsmittel (Ministerium für Wirtschaft, Arbeit, Energie und Verkehr Saarland 2018).

Ein durch das Auto geprägtes Mobilitätsverhalten auch der Senior*innen und das immer noch schlechte Image des ÖPNV stellen die ÖPNV-Branche insgesamt auch wirtschaftlich vor große Herausforderungen. Rückläufige Beförderungszahlen vor allem im Schüler*innenbereich müssen durch die Erschließung neuer Kund*innenpotenziale ausgeglichen werden. Daher sind ältere Menschen und Menschen mit Behinderungen schon aufgrund ihrer wachsenden Zahl bei der betrieblichen Planung stärker zu berücksichtigen. Ziel muss es sein, diesen Personengruppen die Nutzung des ÖPNV nicht nur uneingeschränkt zu ermöglichen. Sie müssen den ÖPNV auch als echte Alternative zum Auto wahrnehmen und nutzen wollen (Backes 2016, S. 223 f.)

3.1.3 Das Kundenpotenzial für Begleitdienste

In den nächsten Jahrzehnten werden die stark besetzten Jahrgänge der *Babyboomer* nach und nach ins Senior*innenalter wechseln. Die 50- bis 65-Jährigen werden dann durch zahlenmäßig kleinere Geburtsjahrgänge besetzt. Die Relationen zwischen den einzelnen Altersgruppen werden sich dadurch im Vergleich zu heute deutlich verschieben. Die Zahl der Menschen im Alter ab 67 Jahren stieg zwischen 1990 und 2018 um 54 % von 10,4 Mio. auf 15,9 Mio. an. In den nächsten zwanzig Jahren wird diese Zahl um weitere fünf bis sechs Millionen auf mindestens 20,9 Mio. wachsen. Damit wird auch der Anteil der 67-Jährigen und Älteren an der Gesamtbevölkerung deutlich steigen und 2040 bei 25 bis 27 % liegen, im Jahr 2060 bei 24 bis 30 %. Im Zeitraum von 2040 bis 2060 wird insbesondere der Anteil der Hochaltrigen ab 80 Jahren zunehmen und 2060 zwischen neun und dreizehn Prozent liegen (Statistisches Bundesamt 2019).

Neben den Älteren, deren Zahl in den kommenden Jahren und Jahrzehnten steigen wird, gibt es weitere Personengruppen, deren Mobilität und damit auch Teilhabe an der Gesellschaft sicherzustellen sind: Menschen mit Behinderungen. Über 7,9 Mio. schwerbehinderte Menschen, also Menschen mit einem Grad der Behinderung (GdB) ab 50, lebten Ende 2019 in Deutschland. Dies entspricht einer Schwerbehindertenquote von 9,5 %. Die Quote der schwerbehinderten Menschen über 65 Jahre beträgt 25 %. Behinderungen kommen bei Personen im fortgeschrittenen Alter häufiger vor als bei jüngeren Menschen. So hat etwas über ein Drittel (34,5 %) der Menschen, die 75 Jahre und älter sind, eine Behinderung. Knapp 44 % gehören der Altersgruppe der 55- bis unter 75-Jährigen an (Statistisches Bundesamt 2021).

Diese Entwicklungen haben auf die Versorgung der Bevölkerung mit Dienstleistungen, auch solchen des Staats, Auswirkungen. Dem ÖPNV kommt dabei eine Schlüsselrolle zu, denn er hat die Grundmobilität seiner Nutzer*innen zu gewährleisten, die ihnen weitere Teilhabe ermöglicht. Der barrierefreie Ausbau des ÖPNV ist essenziell, um für die wachsende Zahl Älterer und Menschen mit Behinderungen nutzbar zu sein. Damit kann er auch Kund*innen gewinnen, denen die Nutzung des ÖPNV bisher aufgrund bestehender Barrieren verwehrt blieb. Durch einen Begleitservice können außerdem Kund*innen angesprochen werden, denen der notwendige Umstieg vom Auto auf den ÖPNV (zum Beispiel aus gesundheitlichen Gründen) schwerfällt oder der von ihnen sogar abgelehnt wird. Wenn es durch eine Begleitservice gelingt, insgesamt mehr Menschen mit Mobilitätseinschränkungen für den ÖPNV zu gewinnen, so können die Kund*innenzahlen stabilisiert werden. Das Potenzial ist jedenfalls sehr hoch.

3.1.4 Die Finanzierung eines Begleitservices im ÖPNV

Die Finanzierung eines Begleitservices über die Nutzer*innen scheidet weitgehend aus. Dies war bereits ein Ergebnis des Vorgängerprojekts Mobia (Backes 2016, S. 231). Eine Befragung im Rahmen von mobisaar (siehe Beitrag 2.1) ergab ebenfalls, dass es den potenziellen Kund*innen wichtig oder sogar sehr wichtig ist, dass ein Begleitservice kostenlos angeboten wird. Mehr als achtzig Prozent der Befragten (n = 963) stimmten dem zu. Dies deckt sich mit den Erfahrungen im ÖPNV insgesamt, dessen Kund*innen sehr preissensibel reagieren. Daher muss der Aufwand für einen Begleitservice anderweitig finanziert werden. Dies betrifft insbesondere die Personalkosten für die Lots*innen. Aber auch für die Koordinierung, Schulungen, ein Callcenter, technische Unterstützungssysteme und Arbeitskleidung fallen Kosten an, denen wiederum die Vorteile eines Begleitservices gegenüberzustellen sind. Neben der Erschließung neuer Kund*innengruppen und einem Imagegewinn können auch Abläufe verbessert werden. Mit den Lots*innen gelingt der Ein- und Umstieg in Fahrzeuge besser und es treten weniger Fragen an das Fahrpersonal auf. Insgesamt kann dadurch der Fahrplan besser eingehalten werden.

Diese Vorteile können und sollten sich auf der Einnahmenseite niederschlagen. Selbstverständlich können auch Sponsoring und Funding-Strukturen in Geschäftsmodellen mitgedacht werden. Die Finanzierung der anfallenden Kosten für einen Begleitservice kann damit allein aber nicht gelingen. Um zumindest im Bereich der Personalkosten Entlastung zu erfahren, wurde bei mobisaar versucht, in ausreichendem Umfang ehrenamtliche Helfer*innen als Lots*innen zu gewinnen. Dies ist innerhalb der Projektlaufzeit von mobisaar aber leider nicht gelungen (siehe Kap. 4).

Begleitdienste nutzen außerdem von Anfang an die Finanzierungsmöglichkeiten über geförderte Beschäftigung für Menschen in Arbeitslosigkeit (siehe Beitrag 1.2). Dies hat allerdings den Nachteil, dass die Finanzierung von der Laufzeit des jeweiligen Förderinstrumentes abhängig ist. Auch ist zu überlegen, ob die Beschäftigung im Verkehrsunternehmen selbst – dann ist der Austausch mit Jobcentern notwendig – oder eine Zusammenarbeit mit Qualifizierungs- und Beschäftigungsgesellschaften erfolgt.

Mit der Einführung des § 16i Sozialgesetzbuch II (SGB II) zum 1. Januar 2019 wurde die „Teilhabe am Arbeitsmarkt" für Menschen installiert, die mindestens sechs Jahre arbeitslos sind. Durch die Schaffung eines sozialen Arbeitsmarkts, über den diese Personen bis zu fünf Jahre mithilfe staatlicher Förderung beschäftigt werden können, ist eine gewisse Planungssicherheit erreicht worden. Den Begleitdiensten im ÖPNV kommt dies zugute. Sie nutzen dieses Förderinstrument sehr häufig.

Letztlich bedarf es einer politischen Entscheidung, wie ein Lots*innenservice im ÖPNV finanziert werden kann. Förderinstrumente des sozialen Arbeitsmarkts dafür langfristig vorzusehen, wäre ein wichtiger Baustein, von dem nicht nur die Kund*innen, sondern auch die Lots*innen profitieren würden.

Literatur

Backes, M. (2016). Mobia-Geschäftsmodell-Entwicklung. In D. Bieber, & K. Schwarz (Hrsg.), *Mobilität für Ältere: Dienstleistungen für den ÖPNV im demografischen Wandel* (S. 221–234). Saarbrücken: iso-Institut.

Bundesministerium für Verkehr und digitale Infrastruktur. (2018). *Mobilität in Deutschland: Tabellarische Grundauswertung Deutschland.* Bonn: Bundesministerium für Verkehr und digitale Infrastruktur. http://www.mobilitaet-in-deu tschland.de/pdf/MiD2017_Tabellenband_Deutschland.pdf

Ministerium für Wirtschaft, Arbeit, Energie und Verkehr Saarland. (2018). *Bericht zum ÖPNV – Wichtigste Ergebnisse: Umfrage zum ÖPNV im Saarland.*

Saarländischer Nahverkehrs-Service. (2019). *Verbundbericht 2019.* Saarbrücken: SNS Saarländische Nahverkehrs-Service GmbH. https://saarvv.de/wp-content/uploads/2019/01/saarVV_Verbundbericht_2019.pdf

Statistisches Bundesamt. (2019). *Bevölkerung im Wandel: Annahmen und Ergebnisse der 14. koordinierten Bevölkerungsvorausberechnung.* Wiesbaden: Statistisches Bundesamt (Destatis).

Statistisches Bundesamt. (2020). *Pkw-Dichte in Deutschland in den vergangenen zehn Jahren um 12 % gestiegen.* Statistisches Bundesamt (Destatis). https://www.destatis.de/DE/Presse/Pressemitteilungen/2020/09/PD20_N055_461.html. Zugegriffen: 7. Mai 2021

Statistisches Bundesamt. (2021). *Sozialleistungen: Schwerbehinderte Menschen 2019.* Statistisches Bundesamt (Destatis). https://www.destatis.de/DE/Themen/Gesellschaft-Umwelt/Gesundheit/Behinderte-Menschen/_inhalt.html. Zugegriffen: 16. März 2021

3.2   Kommunikation für alle?

Marion Schumacher

Dieser Beitrag setzt sich mit den gewonnenen Erkenntnissen und Erfahrungen auseinander, die im Laufe des Aufbaus der praxis- und kund*innenorientierten Zielgruppenansprache bei mobisaar gesammelt werden konnten. In diesem Mobilitätsprojekt stand das Marketing vor einer doppelten Herausforderung: Einerseits galt es, den Begleitservice nachhaltig in der Bevölkerung zu etablieren und die Marke „mobisaar" im Saarland aufzubauen. Andererseits sollte durch den Aufbau einer inklusiven, barrierearmen Kommunikation das Angebot allen Betroffenen zugänglich gemacht werden und somit zu mehr Teilhabe aller Menschen in der Gesellschaft beigetragen werden.

3.2.1 Die mobisaar-Zielgruppen – Wen spricht mobisaar an?

Im Begleitservice-Projekt sollten zwei unterschiedliche Gruppen angesprochen werden:

*   Eine Personengruppe, die den Begleitservice selbst nicht nutzt, aber von diesem in welcher Form auch immer betroffen ist: Menschen, die das Projekt unmittelbar beeinflussen, die sogenannten Multiplikator*innen.
*   Menschen, die den Begleitservice direkt in Anspruch nehmen, also die Nutzer*innen des Begleitservices, die Kund*innen und deren Angehörige.

Im Rahmen der Kommunikationsstrategie bei mobisaar wurden die beiden oben genannten Zielgruppen noch einmal in kleinere, möglichst homogene Gruppen eingeteilt, die für die gezielte Ansprache voneinander getrennt betrachtet und aufgeschlüsselt wurden. Hierbei wurden die Anforderungen und Bedürfnisse der zu den jeweiligen Gruppen gehörenden Menschen ermittelt und definiert, um das Marketingkonzept möglichst präzise ausrichten zu können.

3.2.2 Öffentlichkeitsarbeit

Für den Aufbau bzw. die Umsetzung des ÖPNV-Begleitservices in den verschiedenen Landkreisen und das Ausrollen des Services in die Fläche war es wichtig, ein möglichst starkes Multiplikator*innen-Netzwerk aufzubauen. Die Akquise eines Landkreises, also der Aufbau des Service in einem neuen Landkreis, wurde acht Monate im Voraus geplant und erforderte Kontaktaufnahmen und gemeinsame Vorgespräche mit den Verantwortlichen aus der Politik (Ministerien und Landrät*innen), den zivilgesellschaftlichen Akteur*innen, den Jobcentern, den sozialen Dienstleister*innen (Qualifizierungsgesellschaften) und den Verkehrsunternehmen vor Ort.

Für den Erfolg des Projekts erwies sich zusätzlich ein enger Dialog mit Personen, die ein vielfältiges Netzwerk mit gut gepflegten Beziehungen aufrechterhalten und die aufgrund ihrer Position in der Gesellschaft zur Verbreitung bestimmter Meinungen beitragen, als nützlich. Auch diese Multiplikator*innen mussten zunächst einmal für das Vorhaben gewonnen werden, um mobisaar in der Öffentlichkeit bekannt zu machen und Vertrauen wie auch Akzeptanz zu schaffen. Zu dieser Zielgruppe gehörten folgende Akteur*innen: Bürgermeister*innen, Mitglieder des Landkreistags, Ortsvorsteher*innen, Sozialdezernent*innen, Senior*innen- und Behindertenbeauftragte, Vertreter*innen aus den Leitstellen „Älter werden", Demografie-Beauftragte, die Tourismuszentrale(n), die regionale und überregionale Presse, Bildungsträger*innen.

Auch wurden Institutionen und Organisationen wie Altenheime, Mehrgenerationenhäuser, ärztliche Praxen, Vereine und (Wohlfahrts-)Verbände, Behindertenvertretungen, Selbsthilfegruppen, Apotheken, Kliniken, Rehabilitationseinrichtungen sowie Kurhäuser kontaktiert und das Gespräch mit ihnen gesucht, um sie mit dem Projekt vertraut zu machen und mögliche Kund*innen zu akquirieren.

Dem Marketing kam die Aufgabe zu, die eben aufgeführten Multiplikator*innen zu identifizieren und sie für das Projekt mit dem Ziel zu gewinnen, den Begleitservice in der saarländischen Öffentlichkeit bekannt zu machen und zu etablieren.

3.2.2.1 mobisaar eine Identität geben

Um von Anfang an in der Öffentlichkeit ein einheitliches Erscheinungsbild und somit auch ein glaubwürdiges Auftreten von mobisaar zu gewährleisten, wurde bereits in den ersten Monaten des Projekts in Zusammenarbeit mit einer Werbeagentur ein *Corporate Design* (CD), also ein einheitliches Erscheinungsbild, erstellt. Das CD-Handbuch, in dem alle grafischen Vorgaben[1] definiert und festgehalten wurden und auf das alle Partner*innen Zugriff hatten, galt als Grundlage für die gesamte Kommunikation nach außen. Darunter fielen zum Beispiel alle Werbeunterlagen, ein Messestand für die Außendarstellung, das Kund*innen-Anschreiben, der Internetauftritt, alle Marketingmaßnahmen und die Lots*innen-Dienstkleidung. Die konsequente Nutzung des mobisaar-CD während der ganzen Projektzeit stärkte erheblich den Wiedererkennungswert des Begleitdiensts und förderte die Etablierung des Services als eigenständige Dienstleistung bzw. „Marke" in den beteiligten Regionen.

---

[1] Dazu gehörten das für mobisaar neu entworfene Logo (eine helfende Hand mit dem Symbol des öffentlichen Personennahverkehrs inklusive Claim: „Mobilität für alle" – dieser Claim fasst die Mission des Begleitdiensts zusammen), das Farbkonzept, Schriftschnitte, Layoutvorgaben und -verbote sowie Text- und Bildstile.

3.2.2.2 Das mobisaar-Netzwerk: Kommunikation über zielgruppenrelevante Kanäle

Durch die enge Zusammenarbeit mit und zwischen den Multiplikator*innen und deren Aufnahme in Werbeunterlagen, wie Magazine, Newsletter, Websites, Mailings, *Public Relations,* wie auch in die sozialen Medien oder auf Informationsveranstaltungen konnte eine umfangreiche Marketing- und Öffentlichkeitsarbeit umgesetzt werden. Hierbei entstand in vielerlei Kontexten ein Zugewinn für alle: Sowohl das Mobilitätsprojekt mobisaar als auch die neugewonnenen Partner*innen profitierten von den gemeinsam durchgeführten Maßnahmen und Werbeaktionen, die sich nur in so einem starken und ausgeprägten Netzwerk entfalten können und sowohl der eigenen Kund*innenakquise als auch der Kund*innenbindung dienen.

Als ganz konkrete Werbe- und Marketingmaßnahmen wurden zum Beispiel die jeweiligen Internetseiten verlinkt, was den *Traffic* (Zugriffe auf eine Website) und die Medienreichweite (Anteil der Zielpersonen, die erreicht werden) der Projekt-Website deutlich erhöhte. Die Dienstkleidungen der Lots*innen wurden in manchen Landkreisen von regionalen Partner*innen gesponsert. Die damit verbundene Verknüpfung des Projekts mit renommierten und etablierten saarländischen Unternehmen wirkte sich bereits nach kurzer Zeit positiv auf das Image aus. Mit der Schaltung teils kostenloser oder preiswerter mobisaar-Anzeigen für die jeweiligen Partner*innen und Unterstützer*innen konnte der Bekanntheitsgrad des Projekts weiter gesteigert werden. Durch gemeinsame Angebote für mobisaar-Kund*innen, wie Mobilitätstrainings in Bussen mit Rollatoren oder auch Marketingveranstaltungen, auf denen sich Interessierte und Nutzer*innen mit der Bedienung eines Tablets und der Nutzung des Internets vertraut machen konnten, wurde die Kund*innenbindung gestärkt und weiteres Vertrauen geschaffen. Mit gemeinsamen Auftritten der Multiplikator*innen auf Veranstaltungen sowie einer Kooperation zwischen mobisaar und einem anderen saarländischen Begleitservice, der es ermöglichte, mobilitätseingeschränkte Menschen abends und am Wochenende zu Kulturveranstaltungen zu bringen, konnten attraktive Angebote für alle Beteiligten umgesetzt und so die Reichweite von mobisaar erhöht werden.

Auch über unterschiedliche Projektvorstellungen im Rahmen des Ausrollprozesses in den einzelnen saarländischen Landkreisen, die den Lots*innen-Service in der Bevölkerung bekannt machen sollten, war eine Einbindung der Multiplikator*innen möglich. Die Gesamtheit der aufgeführten Werbemaßnahmen begünstigte eine breite Streuung des Angebots und gleichzeitig eine gezielte Kund*innen-Ansprache, wie beispielhaft eine Projektvorstellung in einem Blindenverein. Derartige Veranstaltungen ermöglichten einen persönlichen Kontakt

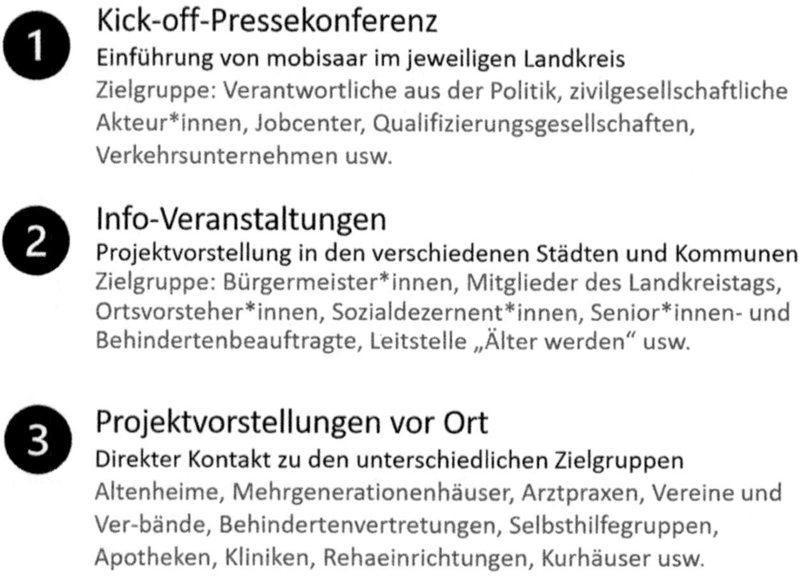

1 **Kick-off-Pressekonferenz**
Einführung von mobisaar im jeweiligen Landkreis
Zielgruppe: Verantwortliche aus der Politik, zivilgesellschaftliche
Akteur*innen, Jobcenter, Qualifizierungsgesellschaften,
Verkehrsunternehmen usw.

2 **Info-Veranstaltungen**
Projektvorstellung in den verschiedenen Städten und Kommunen
Zielgruppe: Bürgermeister*innen, Mitglieder des Landkreistags,
Ortsvorsteher*innen, Sozialdezernent*innen, Senior*innen- und
Behindertenbeauftragte, Leitstelle „Älter werden" usw.

3 **Projektvorstellungen vor Ort**
Direkter Kontakt zu den unterschiedlichen Zielgruppen
Altenheime, Mehrgenerationenhäuser, Arztpraxen, Vereine und
Ver-bände, Behindertenvertretungen, Selbsthilfegruppen,
Apotheken, Kliniken, Rehaeinrichtungen, Kurhäuser usw.

Abb. 3.1 Projektvorstellungen im Rahmen des Ausrollprozesses

zu den zahlreichen Kund*innen und das direkte Feedback führte zu einer fortlaufenden Entwicklung einer passgenauen Marketingstrategie (Abb. 3.1).

3.2.3 Kund*innenansprache

3.2.3.1 Die (potenziellen) mobisaar-Kund*innen

Der Begleitservice „mobisaar – Mobilität für alle" sollte von Beginn an nicht nur Menschen mit gesundheitlichen Defiziten im Alter ansprechen, sondern alle Personen, die vorübergehend oder dauerhaft in ihrer Mobilität eingeschränkt sind. Dabei handelt es sich um Menschen, für die es nicht oder nur eingeschränkt möglich ist, sich ohne Begleitung in Bus und Bahn alleine zu bewegen, da sie zum Beispiel schlecht sehen oder hören, sie im Rollstuhl sitzen, einen Rollator benötigen oder Probleme bei der Fahrtenplanung haben.

Zusammengefasst richtet sich das Angebot einer Mobilitätsbegleitung an alle Menschen, die wegen einer Einschränkung – gleich welcher Art – Unterstützung benötigen. Aus Sicht des Marketings können verschiedene Zielgruppen für eine Kund*innen-Ansprache benannt werden:

- Personen mit einer körperlichen Einschränkung,
- Menschen mit einer Seheinschränkung,
- Menschen mit einer Hörschädigung,
- Menschen mit einer geistigen Einschränkung (ab 2020).

3.2.3.2 Die Angehörigen

Um das Angebot von mobisaar möglichst breit in der Bevölkerung bekannt zu machen, wurden nicht nur die Betroffenen gezielt angesprochen, sondern gerade auch die Menschen, die als Angehörige oder Bezugspersonen einen großen Einfluss auf die Entscheidungen der (potenziellen) Kund*innen haben. Oftmals sind die Entscheider*innen nicht die Nutzer*innen der Dienstleistung (Hollaus 2017). Die Angehörigen spielen eine bedeutende Rolle im Auswahlprozess von Dienstleistungen für Senior*innen oder mobilitätseingeschränkte Menschen. Deren direkte Ansprache wurde daher unabdingbarer Teil der Kommunikationsstrategie.

In vielen Fällen handelt es sich um Familienangehörige oder nahestehende Verwandte, die in den Alltag der Betroffenen eingebunden sind und oftmals an ihre Belastungsgrenzen stoßen. Dies können die Partner*innen von Betroffenen sein, die eigenen Kinder oder auch die Eltern selbst, wenn beispielsweise das eigene Kind Betreuung braucht. Es können aber auch wie bei einigen Kund*innen mit einer kognitiven Einschränkung die Betreuer*innen wie Angehörige, eine pflegerische oder pädagogische Einrichtung oder der*die Vormund*in Ansprechpartner*in für den Begleitservice sein.

3.2.3.3 Inklusive Kund*innenansprache

Ziel des Marketings war es, den Service durch den Aufbau einer inklusiven, barrierefreien Kommunikation möglichst allen Betroffenen zugänglich zu machen.

Nutzer*innengerechte Gestaltung

Alle nötigen Informationen zu den Leistungen des Begleitdiensts sollten zuallererst die Kund*innen erreichen. Daher wurde bereits in der Planung der Mediendarstellungen darauf geachtet, alle Informationen so anzulegen, dass sie für jede Zielgruppe von Betroffenen gut verständlich und barrierefrei gestaltet waren. Folgende Vorgaben wurden bei der Erstellung von Unterlagen, beispielhaft beim Kund*innen-Flyer, berücksichtigt:

- Das Format sollte handlich und das Papier griffig sein;
- die Bilder sollten groß und prominent abgebildet, der Text sollte sparsam eingesetzt werden;
- die Informationen sollten übersichtlich, gut gegliedert und die Überschriften deutlich hervorgehoben sein;
- eine einfache Schriftart (nicht verziert und nicht kursiv), eine ausreichend große Schriftgröße sowie ein deutlicher Zeichen- und Zeilenabstand sollten für gute Lesbarkeit sorgen;
- eindeutige Symbole sollten komplizierte Grafiken ersetzen;
- bei der Farbgestaltung und -kombination sollte auf deutliche Kontraste geachtet und ein Ton-in-Ton-Design nicht angewendet werden.

Für die Ansprache von Kund*innen- und Angehörigen wurden überwiegend gedruckte Informationsmaterialien eingesetzt, welche die oben zitierten Kriterien berücksichtigten. Es hat sich in der Vergangenheit auch bei anderen Projekten gezeigt, dass gerade bei der älteren Zielgruppe die „klassischen" Medien wie Flyer, Broschüren, Postkarten, Poster, Plakate sowie Zeitschriften und Zeitungen am häufigsten konsumiert und wahrgenommen werden. Auch wenn sich die Leistungsfähigkeit der Augen im Alter ändert, bleiben Lesegewohnheiten bestehen.

Eine nutzer*innengerechte Gestaltung ist die Voraussetzung für eine zielgruppenorientierten Kommunikation. Sie ermöglicht eine erste Kontaktaufnahme mit den potenziellen Kund*innen. Diese sollen sich visuell wie sprachlich angesprochen fühlen.

Zielgruppengerechte Bildsprache

Von Beginn an wurde Wert darauf gelegt, in mobisaar die richtige Bildsprache einzusetzen. Zum einen sollte die Aufmerksamkeit der Betrachter*innen gewonnen und auf die Inhalte des Begleitdiensts neugierig gemacht werden. Anderseits wurde das Ziel verfolgt, die Marke mobisaar im Gedächtnis der Menschen zu verankern. So spielte auch bei der Kund*innen-Ansprache die Bilderwahl eine sehr wichtige Rolle. Es wurde systematisch darauf geachtet, alle visuellen Elemente in der Marketingkommunikation von klischeehaften und stigmatisierenden Motiven der Zielgruppe freizuhalten und die Werte und die Botschaft mobisaars widerzuspiegeln.

Um an individuelle, authentische und praxisnahe Bilder zu gelangen, auf denen die Dienstleistungen gut zu erkennen sind, wurden im Laufe des Projekts mehrere eigenständige, professionelle Fotoshootings durchgeführt – und zwar mit „echten" mobisaar-Lots*innen und „echten" Kund*innen, die sich dazu bereiterklärt hatten, als Darsteller*innen zu fungieren. Mittels ausdrucksstarker und anschaulicher Motive aus Einsätzen im Begleitdienst sollten die für eine*n Außenstehende*n komplexen Zusammenhänge der mobisaar-Dienstleistung sympathisch und positiv vermittelt werden: Eine mobisaar-Lotsin hilft einer Kundin im Rollstuhl aus dem Bus oder erläutert einem Kunden mit Rollator die Bedienung des Fahrkartenautomats. Teilweise konnten auch mehrere bildhafte Botschaften gleichzeitig vermittelt werden, wie eine Nahaufnahme der mobisaar-Fahrgäste-App, die verschiedene Routen-Optionen zeigt. Auf dem Foto ist ein älterer Herr zu erkennen, der gerade das Handy bedient. Dem*r Betrachter*in soll folgende Botschaft vermittelt werden: Der Begleitservice ist zwar technisch unterstützt, jedoch kann die Buchung einer Fahrt mühelos auch von Menschen im fortgeschrittenen Lebensalter bewältigt werden.

Diese individuellen mobisaar-Bilder sollen anstatt austauschbarer Agentur-Fotos die Nähe des Begleitservices zum Menschen zeigen und zusätzlich eine Normalität ausstrahlen, in der Menschen mit Behinderungen einfach dazugehören und selbstverständlich sind. Die eingesetzten Fotos setzen darüber hinaus auf „typische" Begleitsituationen im Alltag und erleichtern somit die Identifikation mit den abgebildeten Personen. Damit werden bestehende Hemmschwellen zur Nutzung der Dienstleistung und des mobisaar-Angebots abgebaut und der Zugang erleichtert. Und als zusätzlicher Pluspunkt zählt sicherlich auch der Aspekt, dass die eingesetzten Fotos an bekannten saarländischen Orten aufgenommen wurden, die sofort zu erkennen sind, um durch einen regionalen Bezug lokale Verbundenheit zu erzeugen.

Wertschätzende Kommunikation

Der Schlüssel eines respektvollen Dialogs auf „Augenhöhe" zwischen Anbieter*in und Kund*in liegt nicht nur in der Art und Weise der Kommunikation, sondern auch in dem bewussten Umgang mit der Sprache. Da mit mobisaar sensible Themen wie Behinderung, Selbstbestimmung, soziale und berufliche Teilhabe oder Inklusion verbunden sind, spielte die verwendete Sprache, das sogenannte Wording, eine äußerst wichtige Rolle in der Kund*innen-Ansprache. So galt es, bei jedem für das Marketing entworfenen Text zu fragen: Ist die Ansprache auf Augenhöhe? Verwendet der Text eine einfache, deutliche Sprache ohne Klischees? Werden abwertende, apodiktische Aussagen sowie stigmatisierende Ansprachen oder gar bemitleidende Sprache vermieden?

Formulierungen wie „tapfer ihr Schicksal meistern", „an einer Krankheit leiden" oder „an den Rollstuhl gefesselt sein" wurden vermieden und die Situationen sprachlich „mit einer Krankheit leben" oder „im Rollstuhl sitzen" beschrieben. Auch auf klischeehafte Formulierungen wie „trotz der Behinderung", die den

Menschen auf seine Defizite reduzieren und abwertende Bilder von Hilflosigkeit und Leid wurden nicht verwendet.

Die wertschätzende Ansprache in den eingesetzten Medien, die ein Baustein für eine inklusive Gesellschaft ist und die Grundeinstellung aller Partner*innen bildet, wurde in der gesamten Außen- und Innenkommunikation des Projekts umgesetzt. Sie galt nicht nur den Kund*innen, sondern auch den Lots*innen.

Barrierearme Kommunikation

Zum bewussten Umgang mit den Inhalten in der Kommunikationsstrategie gehörte auch der gezielte Einsatz einer einfachen Sprache[2], die nicht nur Kund*innen-Gruppen, sondern allen Menschen den Zugang zu den Informationen erleichtern sollte. Sprachliche Barrieren so weit wie möglich abzubauen, indem gut verständliche und prägnante, einfache und logisch strukturierte Texte mit klaren, konkreten Inhalten erstellt werden, war eines der wichtigsten Ziele im mobisaar-Marketing. Dies hatte Relevanz für alle Werbeunterlagen, sämtliche Texte sowie alle Präsentationen, mit denen die Kund*innen und deren Angehörige angesprochen wurden.

Lediglich bei der unmittelbaren Ansprache der Projektpartner*innen wie bei der mobisaar-Broschüre wurden Formulierungen unter Zuhilfenahme einer Fachsprache teils mit abstrakten Begriffen gewählt.

Die große Herausforderung bei mobisaar zeigte sich in der Darstellung des sogenannten sozio-technischen Systems, das heißt das Zusammenwirken von Menschen und Technik bzw. mit technischer Unterstützung. Eine erklärungsbedürftige Dienstleistung im Zusammenspiel mit dem Einsatz einer Buchungs-App und einer koordinierenden Zentrale im Hintergrund galt es, einem Außenstehenden so detailliert und umfassend wie nötig und zugleich so einfach wie möglich darzustellen. Was den Kund*innen auf den ersten Blick kompliziert erscheinen und sie abschrecken könnte, musste auf ein leichtes und gut zugängliches Sprachniveau heruntergebrochen werden. Daher wurde die Dienstleistung im Kund*innen-Flyer auf das Nötigste reduziert und der Nutzen für die Kund*innen fokussiert. Folgende Fragen bildeten den Leitfaden für eine gut verständliche Kund*innen-Kommunikation: Was bringt mir mobisaar? Wie bestelle ich die Lots*innen? Wann kann ich den Service nutzen? Welche Angaben muss ich als Kund*in machen, damit ich mich für eine Begleitung in mobisaar

---

[2] Die Rede ist hier ausdrücklich von „einfacher" Sprache, die nicht mit „Leichter Sprache" zu verwechseln ist. Die Übersetzung von Texten in „Leichte Sprache" berücksichtigt feste Regeln und Richtlinien und erfordert eine Prüfung durch Expert*innen. Sie ist daher nur über eine dafür spezialisierte Agentur zu bewerkstelligen.

anmelden kann? Mit einem einfachen, aber durchaus treffenden Slogan sollten auf der Vorderseite des Kund*innen-Flyers die drei wichtigsten Aspekte des Service-Angebots beworben werden: „Kostenlos, einfach, sicher!".

Personalisierte Ansprache – Ein Angebot für alle?

Mit der Vielzahl an heterogenen Kund*innen stellte sich für eine nutzer*innengerechte und zielgruppenorientierte Ansprache eine Vielzahl an Herausforderungen. Denn Menschen mit Seh- oder Hörbeeinträchtigung benötigen eine andere Art der Assistenz als jemand im Rollstuhl oder eine ältere Person mit Rollator.

Um diese Vielfallt erreichen zu können, wurde je nach Krankheitsbild bzw. nach Art der Beeinträchtigung die Kommunikation an die Bedürfnisse, die spezifischen Probleme, Wünsche und Konsumgewohnheiten der einzelnen Zielgruppen angepasst. Dafür mussten zunächst zwei wesentliche Fragen pro Kund*innengruppe beantwortet werden: (1) Wie sollten diese unterschiedlichen Zielgruppen, die in Bezug auf ihre Mediennutzung ganz verschiedene Voraussetzungen und Bedarfe mitbringen, angesprochen werden? (2) Über welches Medium sind sie jeweils am besten zu erreichen?

Selbst wenn alle Studien sich darüber einig sind, dass Menschen mit Behinderungen überdurchschnittlich oft das Internet nutzen, um an Informationen zu kommen (Aktion Mensch e. V., 2010) und mobisaar deswegen von Anfang an seine Internetseite als Hauptinformationspool für alle Kund*innen konzipierte, setzt eine personalisierte Kund*innenansprache voraus, dass das Marketing sich mit den diversen Bedürfnissen der Zielgruppen auseinandersetzt, um gegebenenfalls spezifischere und geeignetere Kommunikationskanäle nutzen zu können.

Welche Inhalte galt es zu kommunizieren? Die sichere und zuverlässige Begleitung aller Personen von Fahrtbeginn bis hin zum Zielort war fraglos der Kern der Botschaft, der an alle Interessierten vermittelt werden musste. Mit den jeweils eigenen Bedürfnissen von Menschen mit Behinderungen wurde jedoch die Erwartung verknüpft, dass die Lots*innen flexibel auf die entsprechenden Anforderungen reagieren und adäquat handeln können. Dies wurde erreicht, indem die Begleiter*innen fachliche Schulungen, wie zum Beispiel zum Umgang mit Sehbeeinträchtigungen, erhielten. Diese Tatsache galt es, im Rahmen des Marketings zu kommunizieren, indem auf die Qualifikation der Lots*innen besonders hingewiesen wurde.

Eine Anpassung der Kommunikation hinsichtlich der Unterscheidungen gesundheitlicher Einschränkungen setzte ein spezifisches Zielgruppenwissen voraus. Um professionelles Know-how rund um die verschiedenen Formen der Beeinträchtigungen zu erlangen und somit die Kommunikationsstrategie so gezielt wie möglich aufzubauen, haben sich die Projektpartner*innen in mobisaar von Beginn an von Organisationen und Einrichtungen der Behindertenhilfe und Selbsthilfe beraten lassen. Die Einbeziehung und Unterstützung dieser Verbände war auch für die Erarbeitung von Werbemitteln hinsichtlich der Gestaltung und Sprache von großem Nutzen. Auch der systematische Austausch mit betroffenen Kund*innen als „Expert*innen in eigener Sache" erlaubte einen guten Einblick in die Lebenswelt und die Bedürfnisse der Zielgruppen, sodass eine passgenaue Marketing- und Kommunikationsstrategie aufgebaut werden konnte. Ergänzend wurden während der gesamten Projektzeit auch regelmäßige Workshops mit verschiedenen Einrichtungen sowie mit Kund*innen durchgeführt, um auch bei auftretenden Problemen oder Schwierigkeiten in der praktischen Umsetzung nach Lösungsmöglichkeiten zu suchen.

Die Beteiligung der unterschiedlichen Verbände sowie der betroffenen Kunden*innen an einer zielgruppenspezifischen Kommunikation entsprach dem eingängigen Slogan „Nichts über uns ohne uns". Damit sollte deutlich werden, dass bei allen Marketingüberlegungen und Kommunikationsstrategien immer der Mensch mit Behinderung im Mittelpunkt steht (Landesverband für Menschen mit Körper- und Mehrfachbehinderung Baden-Württemberg e. V.).

3.2.4 Resümee

Das Bewusstsein, dass man in der Kommunikation die Sensibilität und die individuellen Bedürfnisse der spezifischen Zielgruppen in Betracht ziehen muss, prägte von Beginn an das Marketing wie auch die Ansprache der Kund*innen.

Aber inwieweit trägt eine inklusive, barrierearme Kommunikation zu Teilhabe und Selbstbestimmtheit bei? Es ist zumindest nachvollziehbar, dass „Sprache den Weg zur inklusiven Gesellschaft ebnet" (myAbility Social Enterprise GmbH). Im Rahmen des Projekts mobisaar wurde der Versuch unternommen, eine Kund*innen-zentrierte Kommunikationsstrategie umzusetzen und dabei Menschen mit einer Behinderung im Sinne der Inklusion einzubeziehen. Mit der Steigerung der Teilhabe durch den Mobilitätsservice war es gleichzeitig auch erklärtes Ziel, die Alltagssituation für Menschen mit gesundheitlichen Einschränkungen und das gesellschaftliche Miteinander zu verbessern: „Das Leben mit Behinderungen sollte für alle ‚normal' und nicht mit einem Opfer- oder Heldenbild behaftet sein" (ebd.).

Diese Auffassung einer „neuen Normalität", in der ein Mensch mit Einschränkungen nicht als etwas Besonderes dargestellt wird und die dem menschenrechtsbasierten Ansatz, nach dem „jeder Mensch Anspruch auf Teilhabe und

Mitwirkung an der politischen, wirtschaftlichen, sozialen und kulturellen Entwicklung des eigenen Landes hat" (Diehl 2017) entspricht, galt es nicht nur, nach außen zu kommunizieren. Aufgabe des Marketings war es auch, alle Beteiligten für das Thema zu sensibilisieren und zu motivieren. Sprache ist das eine, die Kultur, die gelebt wird, das andere. Jede*r übt eine Vorbildfunktion in der Gesellschaft aus und ist dafür verantwortlich, wie er mit dem Thema Inklusion umgeht. „Inklusion ist eine gesamtgesellschaftliche Aufgabe und ist dann erreicht, wenn es zu einer grundsätzlichen Haltung wird" (myAbility Social Enterprise GmbH).

Literatur

Aktion Mensch e. V. (Hrsg.). (2010). Web 2.0/barrierefrei. Eine Studie zur Nutzung von Web 2.0 Anwendungen durch Menschen mit Behinderung. (S. 158). http://medien.aktion-mensch.de/publikationen/barrierefrei/Studie_Web_2.0.pdf.

Aktion Mensch e. V. (Hrsg.). (2016). Mediennutzung von Menschen mit Behinderungen. Forschungsbericht November 2016. (S. 152). Technische Universität Dortmund und Hans-Bredow-Institut für Medienforschung an der Universität Hamburg. https://www.die-medienanstalten.de/fileadmin/user_upload/die_medienanstalten/Publikationen/Weitere_Veroeffentlichungen/Studie-Mediennutzung_Menschen_mit_Behinderungen_Langfassung.pdf.

Baumert, A. (2016). Leichte Sprache-Einfache Sprache. Literaturrecherche, Interpretation, Entwicklung. (S. 294). Bibliothek der Hochschule Hannover. https://serwiss.bib.hs-hannover.de/frontdoor/deliver/index/docId/697/file/ES.pdf.

Diehl, E. (2017). Teilhabe für alle?! Lebensrealitäten zwischen Diskriminierung und Partizipation. (Bd. 10155). https://www.bpb.de/system/files/dokument_pdf/10155_Teilhabe_fuer_alle_ba_171019.pdf.

Egger, H., McDavid, J., & Moser, J. (2020, 21. Oktober). Webinar Inklusive Sprache – Das Wort Behinderung tut nicht weh! myAbility Social Enterprise GmbH. https://www.myability.org/news/webinar-inklusive-sprache-das-wort-behinderung-tut-nicht-weh.

Engel, A. (2019, 19. November). Zielgruppe Senioren: 7 Goldene Regeln für seniorengerechtes Marketing. wirtschaftswissen.de. https://www.wirtschaftswissen.de/marketing-vertrieb/werbung/zielgruppe-senioren-7-goldene-regeln-fuer-seniorengerechtes-marketing/.

Hollaus, S. (2017). Unterschätze Zielgruppen. *Zeitschrift für Marktforschung und Marketing, planung&analyse,* 1.

Landesverband für Menschen mit Körper- und Mehrfachbehinderung Baden-Württemberg e. V. (Hrsg.). (2012). Kommunikation bei Menschen mit schweren und mehrfachen Behinderungen. Dokumentation der Tagung am 19. September 2012 im Tagungshaus der Akademie der Diözese Rottenburg-Stuttgart in Stuttgart-Hohenheim. (S. 36). Landesverband für Menschen mit Körper- und Mehrfachbehinderung Baden-Württemberg e.V. https://www.lv-koerperbe hinderte-bw.de/pdf/LVKM_Tagung_Kommunikation_web.pdf.

LWL | Einfach texten – sprachliche Barrieren vermeiden – Inklusives LWL-Internet. (o. J.). inklusives-internet.lwl.org. https://www.inklusives-internet. lwl.org/de/inhalte-inklusiv-aufbereiten/einfach-texten-sprachliche-barrieren-vermeiden/. Zugegriffen: 24. März 2021.

Weidenbach, B. (2020, März 31). Wie werden die Medien von Senioren in Deutschland genutzt? Statista. https://de.statista.com/themen/6161/mediennut zung-von-senioren/.

3.3   Arbeits- und emotionale Belastungen bei der Lots*innenbegleitung im Projekt mobisaar

Sascha Roder

3.3.1 Die emotionalen Herausforderungen von Mobilitäts-Lots*innen in ihrer täglichen Arbeit

Der Einsatz hauptamtlicher und ehrenamtlicher Lots*innen in einem Mobilitäts-Begleitdienst ist komplex und birgt einiges an Konfliktpotenzial. Dabei entstehen mögliche Belastungen und Herausforderungen besonders in Hinblick auf den Umgang mit den zu unterstützenden Zielgruppen: Menschen mit Mobilitätseinschränkungen, seh- oder hörgeschädigte Personen oder auch Menschen mit einer geistigen/kognitiven Beeinträchtigung. Es handelt sich um einen Kund*innenstamm mit sehr unterschiedlichen Ansprüchen und Bedürfnissen, der im Alltag zu einem Großteil auf Unterstützung in der Umsetzung der alltäglichen Mobilität angewiesen ist. Man spricht hierbei von sogenannten vulnerablen Personen, das heißt verletzbaren oder besonders schützenswerten Menschen, die aufgrund von Gebrechen oder einer körperlichen, sozio-emotionalen oder kognitiven Einschränkung in der Regel nur sehr begrenzt in der Lage sind, am ÖPNV (öffentlicher Personennahverkehr) eigenständig und ohne Hilfe teilzuhaben.

Der professionelle Umgang mit vulnerablen Kund*innen sowie die anfallenden Aufgaben in einem Begleitdienst (siehe Beitrag 3.1.1) sind vielfältig und erfordern neben der Offenheit und Bereitschaft, sich auf Menschen mit unterschiedlichen Erkrankungen, Ansichten und Bedürfnissen einzulassen, auch pädagogisches und psychologisches Grundlagenwissen. Dieses Wissen ist zwingend erforderlich, denn bei der Begleitung besonders schutzbedürftiger Menschen entstehen fortwährend Situationen, die im Sinne einer ethischen Betrachtung ein „richtiges" Handeln und einen am Menschen als „höchstes Gut" orientierten Wert nicht immer leicht machen und damit auch zu spannungsgeladenen Konflikten führen können, wenn das fachliche Know-how fehlt oder unzureichend ist. So ergibt sich eine Vielzahl an Fragen im Hinblick auf die zu bewältigenden Aufgaben der Mitarbeiter*innen im Begleitdienst:

- Wie erleben die Lots*innen die Bewältigung ihrer Aufgaben und welche emotionalen Belastungen und Konflikte können dabei entstehen?
- Welche persönlichen Ereignisse im Begleitdienst prägen ihre berufliche Tätigkeit?
- Welches Bild von einer Gesellschaft entsteht bei den Lots*innen, wenn sie die Geschichten der hilfebedürftigen Menschen erleben oder von ihren, teils schicksalhaften, Lebensläufen erfahren?
- Welche, vielleicht sogar körperlich-psychisch grenzwertigen, Aufgaben werden von den Mitarbeiter*innen im Begleitdienst verlangt, die in manchen Fällen über ein übliches Maß an Hilfestellung hinausgehen?

Im weiteren Verlauf dieser Ausführungen werden einige konkrete Beispiele aus der Praxis angeführt, in denen es bei den Lots*innen zu moralischen Konflikten und Schwierigkeiten in der Auseinandersetzung bei einer Mensch-Maschine-Interaktion bzw. im Kontext sozio-technischer Systeme gekommen ist. Um die praktischen Fälle besser einschätzen zu können, ist ein Blick auf das MEESTAR-Modell (Modell zur ethischen Evaluation sozio-technischer Arrangements) von Manzeschke et al. (2013) hilfreich. In diesem theoretischen Ansatz wird mithilfe ausgewählter Bewertungsdimensionen wie Teilhabe, Sicherheit oder Selbstbestimmung/Autonomie bei vulnerablen Personen der Technikeinsatz in der Pflege eingeschätzt. Unter Bezugnahme auf das MEESTAR-Modell können im Hinblick auf die Mitarbeiter*innen im Begleitdienst, die über die Unterstützung besonders schützenswerter Menschen hinaus auch den Umgang mit einem technischen Unterstützungssystem wie der Lots*innen-App beherrschen müssen, eine Vielzahl an Fragestellungen möglicher ethischer Bedenken, Konflikte oder emotional schwieriger Belastungssituationen im Alltag des Mobilitätsdiensts reflektiert werden:

- Schafft die Begleitung der Kund*innen bei den Lots*innen Abhängigkeitsstrukturen, die über das gewünschte Maß einer Dienstleistung hinausgehen?
- Was bedeutet es für die Autonomie der Lots*innen, wenn sie auf Abruf verfügbar sein müssen und ein technisches „System" Vorgaben macht?
- Wie kann es ermöglicht werden, dass Lots*innen selbstbestimmt Fahrgäste begleiten können, die ihn*sie nicht überfordern oder „verletzen"?
- Ist in der täglichen Routine gewährleistet, dass die Lots*innen sich in einem gesicherten und geschützten Arbeitsumfeld wissen?
- Entsprechen das Wissen, das Können und das Selbstverständnis der Lots*innen der erforderlichen Kompetenz im Umgang mit Fahrgästen, besonders bei Menschen mit verschiedenartigen Behinderungen?
- Kann es im Rahmen des Begleitservices geleistet werden, dass die Lots*innen die Menschen, die sie unterstützen und begleiten, als gleichberechtigte („auf Augenhöhe"), aber gleichzeitig auch schützenswerte und vulnerable Partner*innen wahrnehmen?

Diese Fragen sind nicht einfach zu beantworten und verdeutlichen zudem, dass bestimmte Erlebnisse und Arbeitssituationen in einem Begleitdienst, weit mehr als nur über das hier ausgeführte Projekt mobisaar hinaus, persönlich belasten können und eine kritische Reflexion der täglichen Tätigkeit erfordern.

3.3.2 Praxisbeispiele aus dem Mobilitätsservice von mobisaar für Arbeitsbelastungen und moralische Grenzerfahrungen

Mit einem Rückblick auf fünf Jahre Begleitdienst mobisaar gibt es zahlreiche aufschlussreiche Fallbeispiele aus dem Arbeitsalltag der Lots*innen, die im Laufe der Projektphase mit den betreffenden Partner*innen kritisch diskutiert wurden. Im Zusammenspiel zwischen einer zu erbringenden Unterstützungsleistung, dem Agieren der Begleiter*innen im öffentlichen Raum sowie dem sehr differenzierten Kund*innenstamm entstanden bei mobisaar nicht nur menschlich berührende und schöne Momente, sondern auch das Erleben von Grenzerfahrungen und Überforderungen der Lots*innen, das an zahlreichen Stellen bewältigt werden musste. So wurde beispielsweise bei den in der Frühphase des Forschungsprojekts formulierten Nutzungsbestimmungen mobisaar (2016) eine Abgrenzung der Begleitung von Personen zu haushaltsnahen Dienstleistungen oder pflegerischen Tätigkeiten formuliert. In der Praxis zeigte sich jedoch, dass diese Grenzen manchmal schwierig einzuhalten sind. Hierzu im Folgenden zwei Beispiele:

(1) Eine Kundin bei mobisaar, die auf den Rollstuhl angewiesen ist, erwartete von einem begleitenden Lotsen, dass dieser sie auf die Toilette begleitete und sie bei der Verrichtung der Notdurft unterstützte. Dies verweigerte der Begleiter, ebenso wie die Aufforderung der beeinträchtigten Person, „mal eben" den Müll für die Rollstuhlfahrerin aus dem zweiten Stock herunterzutragen, da der Mülleimer in ihrer Wohnung bereits überfüllt gewesen war.

(2) In einem anderen Fall begleitete eine Lotsin eine ältere Dame, die auf dem Friedhof das Grab einer verstorbenen Person besuchen wollte. Die Lotsin lehnte jedoch ein Betreten des Friedhofs ab, da sie selbst einen nahen Angehörigen vor Kurzem verloren hatte, der eben auf dieser städtischen Einrichtung beerdigt war. Für die Begleiterin sei die Belastung durch die Erinnerung an die nahestehende Person so groß gewesen, dass sie sich nicht in der Lage sah, die Kundin zu diesem Ort zu bringen.

Die Fallbeispiele veranschaulichen, wie Lots*innen an eine Grenze der Hilfeleistung und Unterstützung gelangen, die sie nicht bereit sind zu überschreiten. Hierbei stellen sich Fragen, die einen Konflikt zwischen Selbstbestimmung und Autonomie der Begleitenden auf der einen Seite, Fürsorge für den*die Begleitete*n auf der anderen Seite betreffen:

- Inwieweit kann und muss ich mich als Lots*in auf die Wünsche und Forderungen der zu Begleitenden einlassen, die mich in meinen persönlichen Gefühlen berühren oder gar belasten?
- Wo liegt für mich als Lots*in die Grenze in Bezug auf Scham, Verletzlichkeit oder Belastbarkeit im Hinblick auf eine einzufordernde Unterstützung durch die Kund*innen?
- Wie gehe ich im Begleitdienst mit Situationen um bzw. welche Strategien entwickle ich, um einerseits die an mich gestellten Aufgaben zu erfüllen und mich andererseits klar von unzumutbaren Forderungen der Kund*innen abzugrenzen?

Auch die folgend vorgestellte Situation birgt einen moralischen Konflikt, der sich zum einen aus einer wohlwollenden Unterstützung im Rahmen des Begleitdiensts, zum anderen aus dem Verhalten bzw. der Zielorientierung der Kund*innen ergibt:
Eine Dame im mittleren Alter, die aufgrund einer Einschränkung des Gehens für die Bewältigung von Einkaufsfahrten die Lots*innen-Hilfe in Anspruch nahm, nutzte den Mobilitätsdienst regelmäßig zur Besorgung alkoholischer Getränke.

Als die Kundin begann, noch während der Begleitung einen Teil der alkoholischen Getränke zu konsumieren, verweigerte der Lotse die Fortführung der Mobilitätsdienstleistung. Nach Rücksprache mit seinem Anleiter wurde die ältere Dame von weiteren Aufträgen bei mobisaar ausgeschlossen.

In diesem Beispiel wird eine Grenze des Anstands und der sozialen Gepflogenheiten im Umgang miteinander deutlich überschritten. Der Konsum von Alkohol gilt bei allen Lots*innen im Rahmen ihrer Tätigkeit als tabu, sowohl der eigene Konsum im Rahmen des Diensts als auch der Genuss bei einem zu Begleitenden. Stellt die (regelmäßige) Besorgung von Alkohol bei zu Begleitenden für den privaten Gebrauch bereits eine schwierige Situation für den*die Lots*in dar, verstößt der direkte Konsum gegen die konkreten Vorgaben des Begleitdiensts und auch gegen die Vorgaben des Verzehrs alkoholischer Getränke im ÖPNV.

3.3.3 Spielerische Anreize über die Lots*innen-App – Herausforderungen in der Mensch-Maschine-Interaktion

Der Einsatz einer Lots*innen-App für die hauptamtlich Tätigen wie auch für ehrenamtliche Begleiter*innen ist ein grundlegender Bestandteil des Mobilitätsprojekts mobisaar. Über diese technische Unterstützung erhalten die Lots*innen ihre Begleitaufträge, können Rückfragen an die Koordinationszentrale gestellt oder auch bei kurzfristigen Fahrtänderungen eigenständig eine angepasste Routenplanung vorgenommen werden.

Zu Beginn von mobisaar entstand die Überlegung, ob die Lots*innen für ihre Aufgaben über einen Wettbewerb untereinander zusätzlich motiviert werden könnten. Eine der dafür angedachten Aufgaben war die sogenannte Haltestellenerfassung. Im Zuge des Projekts mobisaar wurde das Ziel formuliert, alle Haltestellen im Saarland und deren aktuellen Zustand – ausreichende Beleuchtung, digitaler Fahrplananzeiger, Sitzmöglichkeit mit Überdachung, Zugänglichkeit durch abgesenkte Bordsteine etc. – zu dokumentieren (siehe Kap. 5). Die Lots*innen, die in fast allen Regionen des Saarlands bei Begleitungen unterwegs sind, wurden dazu ermutigt, diese Erfassung mit dem Dienst-Smartphone durchzuführen. Diese zusätzliche Aufgabe sollte über spielerische Anreize („Gamification") attraktiv gemacht werden. So war ein Ranking zwischen den Lots*innen angedacht, wer die meisten Haltestellen dokumentiert und dies per App übermittelt. In Form eines spielerischen Wettkampfs sollte somit die Motivation der Mitarbeiter*innen nach dem Motto „Wer hat in diesem Monat die meisten Haltestellen erfasst?" gefördert werden. Auch bei der Fahrgast-App ist über einen möglichen Wettbewerb bzw. ein Ranking nachgedacht worden. In diesen Fall sollten Kund*innen die Leistung der Lots*innen bewerten, vielleicht sogar ihre*n „Lieblingslots*in" wählen und damit eine Klassifizierung der Begleiter*innen vornehmen.

Sowohl das Ranking bei der Erfassung der Haltestellen als auch die Leistungsbewertung der Lots*innen wurden letzten Endes nicht umgesetzt. Auf die im Begleitdienst Tätigen hat das Gefühl, dass mit den spielerischen Elementen eine Überwachung und Kontrolle ausgeübt wird, eher demotivierend als förderlich gewirkt. Mit der Hervorhebung einzelner Mitarbeiter*innen sollten keine subjektive Einstufung deren Leistungsfähigkeit und damit eine Rangordnung erzeugt werden und bei den Lots*innen auch nicht das ungute Gefühl entstehen, dass ihre Arbeit und ihr Engagement nur dann wertgeschätzt würden, wenn sie über die Begleitung hinaus viel leisten oder die Kund*innen geradezu „um die Finger wickeln", damit sie eine gute Bewertung erhalten. Als Alternative zu einer Bewertung einzelner Lots*innen konnte im Projekt mit einer Kund*innenzufriedenheitsumfrage ein umfangreiches Bild gewonnen werden, wie die begleiteten Personen die Unterstützung im Mobilitätsservice insgesamt einschätzen (siehe Kap. 7).

Anhand der oben gezeigte Beispiele lässt sich anschaulich nachvollziehen, wo die Möglichkeiten in der Techniknutzung eine emotionale und moralische Grenze erreichen. Die Ablehnung der Lots*innen, sich mithilfe der App zu vergleichen, zwischen besser und schlechter entscheiden zu müssen oder auch gegebenenfalls privilegierter bei möglichen Zuweisungen an Kundin*innen zu sein als die Mitstreiter*innen, signalisiert eine deutliche Haltung zum Eigenschutz und für einen gemeinsamen Teamgeist. Die Maßnahmenträger folgten dieser Entscheidung, da die Individualität der Entscheidungs- und Handlungsfreiheit des Einzelnen höher bewertet wurde als das Interesse an möglichen „effektiven" Ergebnissen aus wirtschaftlichen Erwägungen heraus („nur die Besten werden bleiben").

Was bedeuten die aufgezeigten Beispiele für die Interaktion zwischen Menschen und einer Maschine bzw. Applikation? Welche Gefahren bergen als Spiel ausgelegte Leistungs- und Qualitätsbewertungstools für das kollegiale Miteinander und das Hinarbeiten auf ein gemeinsames Ziel wie die Umsetzung eines Mobilitätsdiensts? Wie kann man im Rahmen eines Mobilitätsbegleitdiensts Anreize und positive Herausforderungen schaffen, ohne die Mitarbeitenden in ihrer Selbstbestimmung und in ihrem Selbstverständnis zu verletzten oder sie durch einen Wettbewerb emotional zu demotivieren?

3.3.4 Beschäftigung in der Ausnahmesituation – Belastungen und Alternativangebote im Mobilitätsservice während der Corona-Pandemie

Mit dem Auftreten des Corona-Virus und den damit einhergehenden politischen und gesellschaftlichen Restriktionen ergaben soch deutliche Einschränkungen im Mobilitätsservice bei mobisaar. Es zeigte sich beispielsweise sehr schnell, dass eine Hilfe beim Ein- und Aussteigen mit dem Rollator, das Begleiten Sehbeeinträchtigter oder auch die Unterstützung bei Rollstuhlfahrer*innen unter diesen Bedingungen nur sehr begrenzt oder gar nicht umsetzbar sind. Die außergewöhnliche Situation während der Corona-Pandemie warf im Hinblick auf den Begleitdienst grundlegende Fragen auf und führte dazu, dass sich

- Fragen von Nähe und Distanz zueinander,
- das unbeschwerte Miteinander-Umgehen,
- die Selbstverständlichkeiten im Alltag wie Händeschütteln, Umarmung, unmittelbare Köperberührungen,
- die Art und Weise der Kommunikation (Ferne statt Nähe, digital statt analog)
- sowie die festgelegten Routineabläufe auch in betrieblichen Prozessen veränderten.

Innerhalb kürzester Zeit machten sich auch bei den Lots*innen Verunsicherungen breit, wie mit dieser Situation angemessen umzugehen sei. Einerseits waren zahlreiche Begleitungssituationen entstanden, die in regelmäßigen Abständen von den gleichen Lots*innen und Kund*innen durchgeführt wurden, sodass sich aufgrund des persönlichen Bezugs und einer Vertrautheit eine hohe Motivation in der Umsetzung des Mobilitätsservice eingestellt hatte. Anderseits entstand die berechtigte Angst, ohne es eventuell zu spüren, mit dem Corona-Virus infiziert zu sein und dieses dann auf die Kund*innen zu übertragen oder im umgekehrten Fall sich im Rahmen einer Begleitung mit dem Erreger anzustecken.

Mit der hierdurch eintretenden Verunsicherung und teilweise auch Überforderung der Lots*innen entstanden Sicherheitsbedenken und Gedanken um die Schutzbedürftigkeit der Mitarbeitenden bei mobisaar, die bei den Maßnahmenträgern und auch im gesamten Projektverbund zu intensiven Auseinandersetzungen mit der Thematik führten. Da die verantwortlichen Träger aus den bestehenden arbeitsmarktpolitischen Maßnahmen heraus – unter anderem der „Teilhabe am Arbeitsmarkt" nach § 16i Sozialgesetzbuch II – grundsätzlich verpflichtet waren, die Lots*innen weiter zu beschäftigen (Kurzarbeit ist nicht möglich), mussten Überlegungen angestellt werden, für welche Tätigkeiten und in welchem Umfang eine Arbeit umgesetzt werden konnte, wenn der Mobilitätsservice in der bisher bekannten Form nicht mehr durchzuführen war. Aus gemeinsamen Gedanken heraus entstanden Konzeptideen, wie das Anbieten von Lieferdiensten oder die Erledigung von Einkäufen für vulnerable Personengruppen und das Nähen von Gesichtsmasken zum Schutz vor dem Corona-Virus. Diese alternativen Tätigkeiten erzeugten das vordergründige Gefühl bei den Lots*innen, eine sinnvolle Beschäftigung ausüben zu können und nicht zu Hause auf eine Beendigung der Maßnahmen eines Lockdowns warten zu müssen. Doch unabhängig von diesen befristeten und lediglich überbrückenden Maßnahmen stellen sich im Mobilitätsservice zahlreiche grundlegende Fragen, wie mit der Ansteckungsgefahr durch das Corona-Virus und den Auswirkungen der damit verbundenen Pandemie in Zukunft umgegangen werden kann:

- Wie ist es grundsätzlich möglich, den Servicegedanken bei mobisaar weiter umzusetzen, wenn durch gesundheitspolitische Erwägungen in Pandemiesituationen mit ausgeprägten Restriktionen für den Kontakt zwischen Menschen ein unmittelbares Miteinander verhindert werden muss?
- Wie wirkt es auf vulnerable Kund*innen, wenn man mit Gesichtsmaske und einem Sicherheitsabstand eine Begleitung umsetzen möchte, die unter Umständen keine Nähe und nur eine sehr eingeschränkte Kommunikation, wie zum Beispiel beim schlechteren Verstehen aufgrund des Mundschutzes bei hörgeschädigten Menschen, zulässt?
- Ist ein Mobilitätsservice aufgrund des Schutzes der Mitarbeitenden einerseits und der Kund*innen andererseits während einer Pandemie überhaupt unter ethischen Gesichtspunkten vertretbar und durchführbar?
- Welche Gefühle und Ängste müssen mit den Lots*innen aufgearbeitet werden und welche Handlungsvorgaben sind im Umgang mit dem Corona-Virus erforderlich, um den Mitarbeitenden für ihre Tätigkeiten die notwendige Fürsorge zukommen zu lassen und ihnen in einem möglichst sicheren und geschützten Rahmen eine Ausführung des Begleitservices zu ermöglichen?

3.3.5 Was sollte ein Mobilitäts-Begleitservice beachten?

Die angeführten Beispiele zeigen einige der möglichen Geschehnisse auf, die zwischen Lots*innen und den Kund*innen sowie zwischen den Begleitenden – auch in Verbindung mit einer innovativen Technik – Konflikte und emotional schwierige Situationen herbeiführen können. Hierbei wird deutlich, dass die

Anforderungen an die Mitarbeitenden in einem Mobilitätsbegleitdienst breit gefächert und vielschichtig sind, sodass eine kontinuierliche Auseinandersetzung mit unterschiedlichen Zielgruppen, die Anpassung personenzentrierter Konzepte sowie eine kritische Reflexion der täglichen Arbeitsprozesse für eine qualitativ anspruchsvolle Tätigkeit langfristig anzuraten sind.

Aus den Ausführungen bzw. den genannten Beispielen sowie den bereits an mehreren Stellen formulierten Fragen lassen sich folgende grundlegende Kriterien für einen Begleitdienst im ÖPNV ableiten, die weit über das Projekt mobisaar hinausreichen. Diese Aspekte und Bedingungen können dazu dienen, ein wertschätzendes, den Menschen zugewandtes und ein für möglichst alle Seiten transparentes Konzept zu entwickeln:

- Eine deutliche Bekennung zum Schutz der Lots*innen im Begleitdienst durch die Schaffung einer möglichst sicheren Arbeitsumgebung in öffentlichen Verkehrsmitteln und die Möglichkeit zum Rückzug in Sozialräume oder geschlossene Wartebereiche während der beruflichen Tätigkeit,
- eine menschenzentrierte und vorurteilsfreie Offenheit und Aufgeschlossenheit der Tätigkeit von Mobilitätslots*innen durch die beauftragten Bildungsträger der Maßnahmen sowie die Verkehrsunternehmen,
- die Etablierung fundierter Schulungen zum Umgang mit den Möglichkeiten und Bedürfnissen bei Menschen mit unterschiedlichen Behinderungen sowie zum sozio-emotionalen Erleben in der Lots*innen-Tätigkeit und zu deren Reflexion,
- die Umsetzung einer nutzer*innenzentrierten und für den Alltag gebrauchstauglichen Anwendungssoftware, die sich an den Bedürfnissen der Lots*innen-Tätigkeit orientiert und misst,
- der Aufbau einer nachhaltigen beruflichen Perspektive für die Lots*innen mit der Chance, durch die Erfahrungen im Begleitdienst wieder auf dem ersten Arbeitsmarkt Fuß zu fassen,
- die Initialisierung eines fortlaufenden Forums zum Austausch für Lots*innen mit dem Ziel, ihre Ideen, Erfahrungen und persönlichen Kompetenzen in die Gestaltung des Begleitdiensts einbringen und ausreichend Spielraum für ihre eigene Kreativität im Umgang mit den Kund*innen zu ermöglichen.

Die Umsetzung der genannten Ideen kann nur ein erster Schritt sein, um ein moralisch wertvolles Handeln im Rahmen eines Mobilitätsservices zu verwirklichen – und zwar in doppelter Hinsicht: eine den Menschen zugewandte, unterstützende Dienstleistung mit der Achtung der Souveränität des*der einzelnen Kund*in sowie eine wertschätzende, kompetente und kritisch reflektierte

Beschäftigung mit langfristigen Entwicklungsmöglichkeiten bei den Lots*innen im Begleitdienst.

Literatur

Manzeschke, A., Fangerau, H., Weber, K., & Rother, E. (2013). Ethische Fragen im Bereich altersgerechter Assistenzsysteme: Ergebnisse der Studie. https://www.researchgate.net/publication/256474089_Ethische_Fragen_im_Bereich_altersgerechter_Assistenzsysteme_Ergebnisse_der_Studie.

mobisaar (Hrsg.). (2016). Nutzungsbestimmungen mobisaar. iso-Institut. https://www.mobisaar.de/media/download-5d78b0de47dd5.

3.4   Das Qualifizierungskonzept für die Lots*innen in mobisaar – ein Überblick

Kathleen Schwarz, Ingrid Wacht und Kristina Lemke

Die selbstbestimmte Mobilität ist gleichzusetzen mit persönlicher Freiheit und ermöglicht die Teilhabe am gesellschaftlichen Leben. Dies gilt auch für Menschen mit besonderen Mobilitätsbedürfnissen. Die selbstständige Nutzung öffentlicher Verkehrsmittel stellt aber gerade diese Personen vor ganz unterschiedliche Herausforderungen. Viele von ihnen sind daher auf (persönliche) Unterstützung angewiesen. Ändern soll sich diese Situation durch den barrierefreien Ausbau des ÖPNV und die Digitalisierung mittels eines deutschlandweiten Informationssystems barrierefreier Reiseverbindungen von Tür zu Tür. Die Digitalisierung im öffentlichen Personennahverkehr erfährt im Zusammenhang mit einer neuen Informationsinfrastruktur eine positive Wende, insbesondere für Menschen mit besonderen Ansprüchen an Mobilität, die oft mit einem erhöhten Informationsbedarf einhergehen. Die Möglichkeiten, die sich daraus ergeben, sind vielfältig: So kann der Zugang zum ÖPNV für Personen mit besonderen Mobilitätsbedürfnissen durch das Buchen von App-Tickets, das online Abrufen von Fahrplänen bzw. per App, Fußgängernavigation über mobile Endgeräte, Echtzeitinformationen zur Fahrt- und Verkehrsmittelauswahl anhand individueller Bedarfe (Fahrstühle, Rolltreppen, Baustellen, Umsteigezeit, Hilfsmittelnutzung), elektronische Anzeigetafeln an Haltestellen und in Verkehrsmitteln erleichtert werden (DELFI, 2018). Das folgende Zitat der Journalistin und Bloggerin Christiane Link, selbst Rollstuhlfahrerin, bringt das eigentliche Problem des öffentlichen Raums und die oft „falsche" Wahrnehmung unserer Gesellschaft aufgrund der jahrzehntelangen Stigmatisierung von Menschen mit Handicap auf den Punkt:

> „Was mich behindert, ist nicht die Tatsache, dass ich nicht gehen kann, sondern mich behindern Stufen, schmale Türen, Treppen und Menschen... Behindert ist man nicht, behindert wird man."[3]

Digitale Lösungen für mobile Endgeräte wie Apps verringern zwar deutlich die Zugangsbarrieren, bieten aber keine unmittelbare Unterstützung für den Menschen, wie zum Beispiel beim Ein-, Um- und Ausstieg aus Verkehrsmitteln, an großen unübersichtlichen Straßenkreuzungen sowie komplexen (Umsteige-)Bahnhöfen mit unterschiedlichen Verkehrsmitteln. Die Mitarbeiter*innen der Begleitdienste in Deutschland schließen derzeit diese Lücke, indem sie dabei helfen, einige der Barrieren bei der Nutzung des ÖPNV zu überwinden. Um den komplexen und anspruchsvollen Anforderungen an die Tätigkeit gerecht zu werden, müssen die Begleiter*innen für ihren Einsatz entsprechend qualifiziert werden. Dazu gehören die Aneignung von Kenntnissen in den Bereichen: Tarif- und Beförderungsbedingungen, Linien- und Ortskunde, Fahrpläne, Bedienung von Fahrkartenautomaten, Handhabung beim Ein- und Aussteigen mit Rollator oder (Elektro-)Rollstuhl in Verkehrsmittel sowie die Sensibilisierung in Bezug auf die heterogene Kundschaft einhergehend mit den unterschiedlichen Kommunikationsstrategien.

Bei der Umsetzung des Qualifizierungskonzepts in mobisaar wurde besonders darauf geachtet, den Anforderungen und Bedürfnissen der Kund*innen zu entsprechen, die aufgrund ihrer heterogenen körperlichen, kognitiven und sensorischen Einschränkungen oder auch Mehrfacheinschränkungen sehr unterschiedlich sind und zum Teil auch verschiedenartige Hilfsmittel nutzen. Um diesen komplexen Anforderungen, vor allem in Bezug auf Kommunikation, Zielgruppenansprache und Konfliktmanagement, gerecht zu werden, erfolgt die Qualifizierung der Mitarbeiter*innen in mobisaar unter anderem durch Miteinander Leben Lernen e. V., Blinden- und Sehbehindertenverein für das Saarland e. V. sowie die Landesfachstelle Demenz Saarland – Demenz-Verein Saarlouis e. V.

Besonders wichtig ist es, im Rahmen der Qualifizierung zu vermitteln, dass Unterstützung nicht bevormunden darf und die Selbstständigkeit der Kund*innen erhalten bleiben muss, auch wenn die Begleiter*innen während der Fahrt einen Teil der Verantwortung übernehmen. Eine Begleitung muss auf „Augenhöhe" stattfinden. Wenn der*die Kund*in zu viel oder auch zu früh Hilfe durch den*die

---

[3] Siehe https://inklusion-erleben.lvr.de/de/nav_main/kinder/mitmaen_kreativ/mitmaen_krea tiv_1.html. Zugegriffen: 5. März 2021.

Lot*sin erfährt, wird ihm*ihr die Möglichkeit genommen, Neues auszuprobieren und sich weiterzuentwickeln. Diese Art der Unterstützung ist zudem nicht lösungsorientiert, da es die Kund*innen nicht dazu befähigt, vielleicht irgendwann selbstständig im ÖPNV unterwegs zu sein (Rau et al., 2019).

Ebenso wie die Kundschaft sind auch die Begleiter*innen eine heterogene Gruppe. So bringt jede Person eine andere Berufserfahrung und unterschiedlichen Bildungsstand sowie soziodemografische Unterschiede mit. Zudem besteht auch eine Divergenz in Bezug auf die Vermittlungschancen in den ersten Arbeitsmarkt, in Abhängigkeit der genannten Unterschiede sowie des Alters und der physischen und psychischen Gesundheit. Nicht zu unterschätzen sind auch die Folgen für den Einzelnen aufgrund von Arbeitslosigkeit – und im Falle der Lots*innen in mobisaar insbesondere Langzeitarbeitslosigkeit –, da diese oft „mit Erfahrungen von Ausgrenzung, Peinlichkeit und Scham verbunden sind, die das Selbstwertgefühl untergraben" (Epping et al., 2001, S. 45). Daher ist es im Rahmen der Qualifizierung besonders wichtig, das Vertrauen der Begleiter*innen in ihre eigenen Kompetenzen (wieder) zu stärken und sie genau an dem Punkt abzuholen, an dem sie gerade stehen. Aus diesem Grund wurde bei der Umsetzung des Qualifizierungskonzepts großer Wert auf die soziale Interaktion mit den Dozent*innen und innerhalb der Gruppe gelegt.

Der mobisaar-Service beinhaltet die direkte (unterstützende Begleitung im ÖPNV) und indirekte (Ansprechpartner bei Problemen oder für allgemeine Fragen) Arbeit mit Menschen, die gleichzeitig mit viel Verantwortung für die Begleiter*innen einhergeht. Dies kann bei dem einen oder anderen natürlich auch Unsicherheit und Ängste auslösen. Um dem entgegenzuwirken und den Mitarbeiter*innen entsprechende „Werkzeuge" zur Durchführung der Tätigkeit an die Hand zu geben, wurde ein ganzheitliches Qualifizierungskonzept in enger Zusammenarbeit mit den Betroffenenvereinen entwickelt (Abb. 3.2).

Das Qualifizierungskonzept wurde entsprechend den steigenden beruflichen Anforderungen der Lots*innen durch die verschiedenen Kundengruppen mehrfach angepasst und erweitert. Die Teilnahme an Qualifizierungen ist verpflichtend, das heißt, ohne Schulung ist der Einsatz in mobisaar nicht möglich. Insgesamt besteht das Qualifizierungskonzept aus neun Modulen, die im Folgenden kurz vorgestellt werden:

Modul I – Aufgabenbeschreibung eines mobisaar-Lotsen: Die Lots*innen in mobisaar sind bei vier verschiedenen Maßnahmenträgern beschäftigt: Neue Arbeit Saar gGmbH, Gemeinnützige kommunale Gesellschaft für Beschäftigung und Qualifizierung (GBQ), Diakonisches Werk an der Saar, Beschäftigungs- und Qualifizierungsgesellschaft im Landkreis Saarlouis (BQ). Zu Beginn werden zunächst

Die drei Dimensionen des mobisaar-Qualifizierungskonzepts

mobisaar-Service	ÖPNV	Sensibilisierung
• mobisaar-Konzept • Rechtliche Fragen • Unfall und Haftpflicht-versicherung • Ausstattung der Lots*innen • Nutzungsbedingungen • Funktionalität der Lots*innen-App	• mobisaar-Service • Begleitung von Kund*innen mit besonderen Mobilitäts-bedürfnissen • Anforderungen/Anwendung technischer Hilfsmittel • Sicherheit in Bus und Bahn • Tarif- und Beförderungs-bestimmungen, Linien- und Ortskunde	• Zielgruppenspezifische Bedarfe und Anforderungen • Antidiskriminierungsgesetz • Praktische Übungen mit besonderen Anzügen und Brillen zur Simulation von Alter und Einschränkungen • Kommunikationstraining und Kundenansprache • Konfliktmanagement

Abb. 3.2 Dimensionen des mobisaar-Qualifizierungskonzepts

die organisatorischen bzw. strukturellen Anforderungen an die Tätigkeit im Rahmen der Beschäftigung erläutert, dazu gehören unter anderem die Einführung in die Leitlinien der Maßnahmenträger, Ablauforganisation, wichtige Aspekte zum Arbeitsverhältnis (Urlaub, Krankheit etc.) und Unfallschutzbestimmungen, versicherungstechnische Fragen, Datenschutzschulung inklusive Vertraulichkeitserklärung für die Teamzusammenstellung und Einsatzplanung.

Die Qualifizierung für die ehrenamtlich Engagierten in mobisaar wurde bis zum Projektende von dem Sozialverband VdK Saarland e. V., der LAG Pro Ehrenamt e. V. sowie der Bahnhofsmission/Diakonisches Werk an der Saar gGmbH umgesetzt.

Modul II – Der mobisaar-Lotsenservice: Zunächst werden das mobisaar-Konzept und die Service-Idee unter Berücksichtigung der mobisaar-Nutzungsbestimmungen vorgestellt. Hierbei nehmen die Beschreibung des Aufgabenspektrums der Lots*innen, die Standorteinweisung sowie die Meldewege bei Abstimmungsprozessen oder auftretende Probleme während einer Begleitung einen wichtigen Stellenwert ein. Überdies erfolgt die Übergabe der Arbeitsmittel, wie zum Beispiel Dienstausweis, Dienst-Smartphone, Zugangsdaten zur mobisaar-Lots*innen-App, Dienstkleidung. Für dieses Modul sind ebenso die vier Maßnahmenträger sowie die drei Ehrenamtsorganisationen verantwortlich.

Modul III – ÖPNV-Schulung: Die mehrtägige Schulung wird von den verschiedenen Verkehrsunternehmen in den Landkreisen (Saarbahn GmbH, Neunkircher

Verkehrs [NVG] GmbH, Kreisverkehrsbetriebe Saarlouis [KVS GmbH]) für die Begleiter*innen kostenlos organisiert und durchgeführt. Dabei werden folgende Inhalte vermittelt: Kommunikation mit dem Fahrpersonal, Sicherheit und Sicherheitseinrichtungen, Ausstattungsmerkmale in Bus und Straßenbahn (Saarbahn), Bedienung der Fahrkartenautomaten (auch DB), Tarifbestimmungen und Beförderungsbedingungen, Linien- und Ortskunde, Ein- und Ausstiegstraining mit Rollstuhl und Rollator sowie richtiges Positionieren von Hilfsmitteln im Fahrzeug und Sensibilisierung für Gefahrenpotenziale für Kund*innen und Begleiter*innen.

Modul IV – Kommunikation und Zielgruppenansprache: Eine mehrtägige Schulung wird von dem Verein Miteinander Leben Lernen gGmbH mithilfe von Rollenspielen und Fallbesprechungen zum Training der Kommunikationsfähigkeit und zum Einüben von Konfliktbewältigungsstrategien umgesetzt (siehe Beitrag 3.5).

Modul V – Technische Schulung: Alle Begleiter*innen werden in mobisaar mit einem Smartphone und der mobisaar-Lots*innen-App ausgestattet. Damit können die Lots*innen untereinander sowie mit den Verantwortlichen der Maßnahmenträger kommunizieren. Die Aufträge für die Mobilitätsunterstützungen werden direkt auf das Smartphone mit allen entsprechenden Informationen zur Buchung gesendet. Da die Technikaffinität bei den Teilnehmenden unterschiedlich ausgeprägt ist, wird neben der Lots*innen-App auch die Funktionalität des Smartphones selbst erläutert. Bei Personen, die weniger technikaffin sind, stellen sich die Fragen der Bedienung erst während der täglichen Nutzung. Hier unterstützen sich die Lots*innen gegenseitig. Durchgeführt wird die Schulung von urban mobility solutions – B2M Software GmbH sowie vom Institut für Sozialforschung und Sozialwirtschaft e. V.

Modul VI – Hospitation: Ein wichtiger praktischer Schritt in der Qualifizierung ist die Begleitung durch erfahrene Lots*innen während der Einarbeitungsphase. Hierbei werden über einen Zeitraum von mindestens fünf Tagen Einblicke in den Alltag und den täglichen Arbeitsprozess bei den Mobilitätsunterstützungen gewährt.

Modul VII – Erste-Hilfe-Kurs: Um bei Notfällen, wie zum Beispiel Unfällen, kompetent helfen und im Bedarfsfalle lebensrettende Sofortmaßnahmen einleiten zu können, wird für die Lots*innen in regelmäßigen Abständen ein Erste-Hilfe-Kurs angeboten. Die Kurse werden von den Maßnahmenträgern selbst organisiert und finden zumeist außerhalb der vierwöchigen Schulungen statt.

Modul VIII – Schulung zu verschiedenen Krankheitsbildern: Dieses Modul ist in drei Qualifizierungsmaßnahmen unterteilt und erfolgt durch die Betroffenenvereine Miteinander Leben Lernen gGmbH, Blinden- und Sehbehindertenverein für das Saarland e. V. sowie die Landesfachstelle Demenz Saarland – Demenz-Verein Saarlouis e. V.:

- Sensibilisierung im Umgang mit Menschen, die seheingeschränkt oder blind sind: Dazu gehören die Vorstellung diverser Augenerkrankungen und Auswirkungen auf das Sehvermögen, ihrer Begleiterscheinungen wie Zwangshaltungen, Gleichgewichtsstörungen, Kopfschmerzen oder sensorische Kommunikation, die Schulung nicht visueller Handlungs- und Sozialkompetenz, Grundlagen für die Anwendung von Blindentechnik, Hinweise zur Gesprächsführung und spezielle Anforderungen an das Belastungs- und Konzentrationsvermögen.
- Schulung zu unterschiedlichen Krankheitsbildern: Dabei werden unter anderem Erkrankungen wie Epilepsie, Einschränkungen des Bewegungsapparats (beispielhaft die Besonderheit bei Glasknochen), Anzeichen von Schlaganfall sowie Herzinfarkt und die damit einhergehenden körperlichen Einschränkungen im Alltag beschrieben.
- Die Qualifizierungsmaßnahme beinhaltet insbesondere die Erläuterung von Symptomen einer Demenzerkrankung, des Krankheitsverlaufs sowie des Umgangs mit Demenzkranken.

Modul IX – Begleitung von Menschen mit kognitiven Einschränkungen: Ende 2019 wurden die bisherigen vorrangigen Zielgruppen (Ältere und Menschen mit Mobilitätseinschränkungen) um eine weitere ergänzt: Menschen mit kognitiven Einschränkungen. Gemeinsam mit dem Verein Miteinander Leben Lernen gGmbH wird sowohl die Schulung der Lots*innen als auch die Organisation der Begleitung durchgeführt (siehe Beitrag 3.5). Diese Schulung ist nur für die haupt- und ehrenamtlichen Lots*innen vorgesehen, die sich die Begleitung von Personen mit kognitiven Einschränkungen zutrauen.

Ebenso wie die hauptamtlichen werden auch die ehrenamtlich engagierten Lots*innen in mobisaar vor dem offiziellen Einsatz entsprechend qualifiziert (siehe Kap. 4) Die Qualifizierungsinhalte sind für alle Begleiter*innen gleich, Unterschiede ergeben sich lediglich in der zeitlichen Ausgestaltung. Während für die hauptamtlichen Lots*innen ungefähr zwanzig Arbeitstage für die *Module I* bis *VI* veranschlagt werden (die *Module VII* bis *IX* sind verpflichtende Zusatzqualifikationen, die zu einem späteren Zeitpunkt absolviert werden), wurden die Schulungen für die Ehrenamtlichen zum Teil reduziert und an das Thema Ehrenamt angepasst. Davon betroffen waren die *Module I, II* und *III*. Die Anpassungen wurden vorgenommen, damit diese Schulungen nachmittags und an Samstagen angeboten werden konnten, um jedem*r Interessent*in eine Teilnahme zu ermöglichen. An den *Modulen IV* bis *VI* haben die ehrenamtlich Engagierten zusammen mit den Hauptamtlichen teilgenommen. Die Ehrenamtlichen der Bahnhofsmission erhalten unabhängig von mobisaar weitere Qualifizierungen im Rahmen ihrer Tätigkeit.

Die Bereitschaft der haupt- und ehrenamtlichen Lots*innen, an Qualifizierungen teilzunehmen, war sehr hoch. Die Rückmeldungen nach den Schulungen verdeutlichten, dass die neu erworbenen Kenntnisse auch in anderen Lebensbereichen angewandt werden können.

Literatur

DELFI (Hrsg.). (2018). Handbuch. Barrierefreie Reiseketten in der Fahrgastinformation. Grundlagen und Umsetzungsempfehlungen zur Bereitstellung einheitlicher Informationen zur Barrierefreiheit im Öffentlichen Personenverkehr (1. Aufl.). https://www.delfi.de/media/delfi_handbuch_barrierefreie_reiseketten_1._auflage_mai_2018.pdf.

Epping, R., Klein, R., & Reutter, G. (2001). Langzeitarbeitslosigkeit und berufliche Weiterbildung. Didaktisch-methodische Orientierungen. W. Bertelsmann-Verlag. https://www.die-bonn.de/id/415/about/html/.

Rau, H., & Herrmann, M. (2018). *Von Nutzerbedürfnissen zu einem Schulungs- und Dienstleistungskonzept* (1. Auflage; Dokumentation: Zweite bundesweite Fachtagung der Begleitservices im Öffentlichen Personennahverkehr. Wie ältere und mobilitätseingeschränkte Menschen durch Begleitung mobiler werden., S. 14–17). iso-Institut. https://www.mobisaar.de/media/download-5b30b39b99cba.

3.5 Der Weg in den Begleitdienst – Theoretische und praktische Aspekte zur Schulung und Motivierung von Lotsinnen und Lotsen

Andrea Becker

Die Lots*innen bei mobisaar sind erste Ansprechpartner*innen für ihre Kund*innen. Sie unterstützen bei Bedarf und werden mitunter als Vertrauensperson um Rat gefragt. Dadurch übernehmen die im Begleitdienst Tätigen eine sehr verantwortungsvolle gesellschaftliche Aufgabe, möglicherweise ohne sich deren Komplexität bewusst zu sein, da sie möglicherweise keine oder kaum Vorerfahrungen hinsichtlich der Zielgruppe mitbringen. Zum einen müssen die

Mitarbeitenden auf die Dienstleistung im Umgang mit älteren und erkrankten Menschen sowie auch Menschen mit Behinderungen vorbereitet werden, um langfristig eine gute Arbeitsqualität in dem Service zu erbringen. Zum anderen gilt es, die Lots*innen individuell zu fördern und deren Kompetenzen so zu stärken, dass sie für diese Tätigkeit gut vorbereitet sind und diese den Anforderungen entsprechend umsetzen können.

Unerlässlich ist deshalb die Entwicklung eines Qualifizierungskonzepts, das die Lots*innen zum einen praktisch in Bezug auf die unterschiedlichen Unterstützungssysteme schult, ihnen zum anderen gleichzeitig Möglichkeiten und Grenzen professioneller Distanz in ihrer Tätigkeit aufzeigt. Beispielhaft für eine Schulung und Vorbereitung der Lots*innen im Umgang mit Menschen mit Behinderung werden in diesen Ausführungen die Konzepte und das Vorgehen von Miteinander Leben Lernen (MLL) vorgestellt.

3.5.1 Aspekte des Schulungskonzepts von Miteinander Leben Lernen

Ausgangspunkt für die Lots*innen-Schulung bei MLL ist die Idee, ein individuelles Angebot zu entwickeln, das sich an den konkreten Erfordernissen in einem Begleitdienst orientiert. Als Schwerpunkte der Schulung wurden die Sensibilisierung der Lots*innen für die Bedürfnisse von Menschen mit Mobilitätseinschränkungen sowie ein auf die Zielgruppe angepasstes Training von Kommunikations- und Konfliktbewältigungsstrategien identifiziert. Dieses sollte in einer verständlichen Sprache gegenüber den im Begleitdienst Tätigen sowie mit einer hohen Praxisorientierung umgesetzt werden.

Daher wurde bereits frühzeitig der Entschluss gefasst, ein niedrigschwelliges und grundlegendes Schulungskonzept anzubieten, das die Lots*innen bei ihrem Wissensstand und den Kenntnissen aus vorherigen beruflichen Erfahrungen abholt.

Das Unterrichtsmodul „Mobilität für alle" besteht aus einer Basisschulung für alle Lots*innen im Begleitdienst sowie einer darauf aufbauenden Qualifizierung, die freiwillig absolviert werden kann und unter anderem die Unterstützung von Menschen mit geistiger Behinderung oder Menschen aus dem autistischen Spektrum umfasst. Ziel der Basisschulung ist es, in 18 Unterrichtsstunden den Teilnehmenden das Thema Umgang mit Menschen mit Mobilitätseinschränkungen im öffentlichen Nahverkehr zu vermitteln.

Folgende Inhalte stehen bei der Basisschulung im Mittelpunkt:

- Kennenlernen wichtiger Aspekte einer Lots*innen-Rolle:
  - Sensibilisierung für das Thema Behinderung/Beeinträchtigung einschließlich praktischer Transferleistungen hinsichtlich der Nutzung von Bus, Straßenbahn und Regionalzug sowie Hinweise auf gesetzliche Regelungen,
  - Kennenlernen von Möglichkeiten und Grenzen von Unterstützungsleistungen in Alltagssituationen;
- Kommunikationstraining:
  - Grundmerkmale der Kommunikation nach Watzlawick,
  - „Türöffner" für die Kommunikation: Kund*innenansprache und -freundlichkeit,
  - Leitfaden für eine Gesprächsführung,
  - Anwendung passender Fragetechniken in verschiedenen Unterstützungssituationen;
- Konfliktbewältigung:
  - Konfliktmerkmale und Lösungsstrategien,
  - aktive Stressbewältigung im beruflichen Alltag.

Die darauf aufbauende Schulung „Mehr Mobilität für Menschen mit geistiger Behinderung" verfolgt eine Annäherung an die Zielgruppe „Menschen mit geistiger Behinderung". Hierzu gehören sowohl das Herstellen einer Kommunikation „auf Augenhöhe" sowie der professionelle Umgang mit Menschen mit einer geistigen Behinderung, der auch die Möglichkeit der Selbsterfahrung durch einen Perspektivenwechsel beinhaltete. Im Rahmen von zwölf Unterrichtsstunden werden

- die Schulung der eigenen Wahrnehmung,
- das Kennenlernen von Möglichkeiten und Grenzen, von Unterstützungsleistungen in Alltagssituationen sowie
- Selbsterfahrungsübungen in Praxistests

für den Umgang bei Menschen mit geistiger Behinderung eingeübt.

3.5.2 Wertschätzendes Ankommen – Eisbrecher in der Basisschulung

Die Basisschulung ist für alle Lots*innen verpflichtend und beinhaltet Situationen, die für die meisten neu, für einige aufregend, für manche aber auch erschreckend sind. Somit gilt es, von Beginn an eine angenehme Lernatmosphäre herzustellen, um die Teilnehmenden zur aktiven Mitarbeit zu motivieren und ihre Abwehrhaltungen und Ängste aufzulösen.

Erfahrungen aus früheren Schulungen zeigen, dass für Menschen in heterogenen Gruppen mit recht unterschiedlichen (beruflichen) Vorerfahrungen eine wertschätzende Einstiegsphase notwendig ist, um eine Lernatmosphäre herzustellen, in der sich alle respektiert fühlen und zu aktiver Mitarbeit motiviert sind.

Für die Phase des Ankommens wurden zunächst zwei Fragen gestellt:

- Was will ich hier?
- Was will ich auf keinen Fall hier?

Mit einem „Teaser", einer bunten Auswahl an Bildern aus verschiedenen Begleitservices, die Fahrgäste unterschiedlichen Alters, Hautfarbe mit und ohne Behinderung unterstützten, sowie einer Vielzahl an Situationsdarstellungen an Bahnsteigen und in Nah- und Fernzügen sollte ein erstes Sich-Gedanken-Machen angeregt werden. Dabei wurde bis zum eigentlichen Beginn der Schulung für ca. zwanzig Minuten ausreichend Zeit gegeben, sich mit anderen Lots*innen auszutauschen und einen eigenen Platz im Raum einzunehmen. Durch eine anschließende Diskussion konnte die Teamerin die Eindrücke, Statements und Erlebnisse auf einem Flipchart erfassen.

Die Methode des „wertschätzenden Ankommens" erlaubt einen niedrigschwelligen Einstieg ins Thema und die Gruppenaktivität. Dadurch verringern sich eine mögliche Abwehrhaltung und die Ängste vor den kommenden Schulungsinhalten. Die erfassten Eindrücke und Statements blieben während der gesamten Schulung in Sichtweite, sodass bei verschiedenen Punkten darauf zurückgegriffen werden konnte.

3.5.3 Beispielhafte Inhalte der Schulungen

Für das Erfahrbarmachen verschiedener Arten von Behinderung wurde ein Rollstuhlparcours aus diversen Bodenuntergründen, Schrägen, Türen, Stufen und

Hindernissen errichtet. Dieser musste zunächst von den Lots*innen mit Rollstuhl, Rollator, Gehhilfen und Blindenstock bewältigt werden. Anschließend erhielten die Teilnehmenden einen Alterssimulationsanzug mit unterschiedlichen Gewichten, der angezogen verschiedene Altersstufen und Einschränkungen für die Teilnehmenden simulierte.

Bei allen Übungen übernahmen die Lots*innen zunächst die Aufgabe, mögliche Kund*innen durch den Parcours zu führen. Wie bewege ich Rollstuhlfahrer*innen sicher über verschiedene Untergründe? Wie führe ich Erblindete über die Straße? Wie unterstütze ich eine alte Frau am Rollator, die eine Stufe hochgehen will? Diese Fragestellungen wurden in den praktischen Übungen immer wieder reflektiert. Ebenso ist erarbeitet worden, wie man Rollstuhlfahrer*innen anspricht, während man neben ihm*ihr geht oder ihn*sie vor sich schiebt. Auch Strategien und Ideen konnten erörtert werden, wie beispielsweise der Kontakt zu älteren Menschen geknüpft werden kann, die mit Stock und Einkaufstüte an der Haltestelle stehen, ohne sie zu erschrecken oder zu „überrumpeln".

Ein Übungs-Beispiel
*Jeweils zwei Lots*innen erhalten folgenden Arbeitsauftrag:*
Sie sitzen gemeinsam im Zug. Eine*r von Ihnen spielt Person A, der*die andere Person B.
Rolle von Person A: Sie freuen sich darauf, auf der Zugfahrt mit ihrem*r Gegenüber in Kontakt zu treten, und sprechen ihn*sie an.
Rolle von Person B: Sie hatten eine sehr anstrengende Woche hinter sich und wollen auf ihrer Zugfahrt aus dem Fester schauen und einfach nur ihre Ruhe haben.
Versetzen Sie sich bitte in Ihre Rollen und beginnen Sie!
Nach ein paar Minuten werden die Rollen gewechselt. Nach dem Spiel kommen alle zur Reflexion in den Stuhlkreis und der*die Teamer*in stellt nachfolgende Fragen und moderiert den Austausch:

- In welcher Rolle ging es ihnen besser? Warum?
- Was haben Sie gemacht, um ins Gespräch zu kommen?
- Was haben Sie getan, um zu signalisieren, dass Sie kein Gespräch möchten?

Im Anschluss an dieses Rollenspiel wurden die Hintergründe mit Bezug auf die Axiome von Paul Watzlawick (Watzlawick 2013, 2015) sowie mit Blick auf den Aufgabenbereich der Lots*innen in ihrem Alltag erörtert.

Eine der Herausforderungen in dieser praktischen Übung bestand darin zu erlernen, dass das Verhalten der Lots*innen im Begleitdienst immer auch auf andere eine Wirkung erzeugt, die mit der eigenen Körpersprache beeinflusst werden kann. Diese Erkenntnisse aus dem Bereich der nonverbalen Kommunikation der Körpersprache waren den meisten Lots*innen bisher nicht bekannt. Ferner wurden die Wirkungen von Gestik und Mimik auf Menschen wie auch das Einschätzen-Lernen alltagssprachlicher Aussagen nach dem Theoriemodell Friedemann Schulz von Thuns (Bay 1988, S. 91 f.) analysiert. Auch die Bedeutung von Körperhaltung, Sprechgeschwindigkeit, Wortwahl oder Tonhöhe im Rahmen einer Gesprächssituation wurden genauestens betrachtet und für mögliche daraus folgende Handlungen wie auch die Wahrnehmung und Wirkung bei dem*der Gegenüber eingeschätzt.

Beispielhaftes Kommunikations-Dilemma
Im Rahmen seiner Dienstleistung merkt ein Lotse, der einen älteren Mann von zu Hause bis zur nächsten Haltestelle begleitet, dass dieser gerne ein Gespräch beginnen möchte. Er beginnt einen zwanglosen Austausch über das Wetter und der Lotse antwortet auch zuerst. Danach jedoch schwenkt der Kunde zu seinen Krankheiten über und verwickelt den Begleiter in ein Gespräch über seinen Tagesablauf mit seinen Krankheiten. Der Lotse will höflich sein. Er hört aktiv zu, denn dies hat er ja in der Schulung gelernt. Nach und nach wird der Kunde jedoch immer aufgeregter, er steigert sich immer weiter in seine Krankheiten hinein. Er fordert den Lotsen auf, ihm Ratschläge zu erteilen. Der Begleiter ist mittlerweile überfordert. Sein Arbeitsfeld ist die Begleitung, auch noch der Smalltalk. Soll er dem Kunden Ratschläge erteilen?

Wie kann in dieser oder einer ähnlich festgefahrenen Kommunikationssituation ein Ausweg gefunden werden, ohne dass der*die Kund*in enttäuscht oder verärgert ist? Wie kann man seinem*r Gegenüber auf freundliche, aber auch bestimmte Art deutlich machen, dass hier für einen selbst eine persönliche Grenze überschritten wird? Das Beispiel steht stellvertretend für ein typisches Kommunikations-Dilemma, das es in der Schulung zu bearbeiten bzw. aufzulösen galt.

3.5.4 Von der Basisschulung zur Lehreinheit „Mobilität für Menschen mit geistiger Behinderung"

Mit den im Training erworbenen Kenntnissen, den praktischen Fähigkeiten und den Erfahrungen aus der Basisschulung starteten die Lots*innen in den Begleitdienst. Es zeigte sich jedoch im Alltag anhand der großen Vielfalt an Kund*innen, dass es neben Auffrischungskursen und Weiterbildungen auch einen Bedarf an Unterrichtseinheiten zur Diversität von Menschen mit Behinderungen gab. Hierzu wurde 2019 ein Konzept zu „Mehr Mobilität für Menschen mit geistiger Behinderung" von MLL erstellt, das bei den Lots*innen ein deutliches Interesse weckte. Dieses mündete im Februar 2020 in eine erste Schulung für 33 Haupt- und Ehrenamtliche aus dem Begleitdienst.

Da geistige Behinderung für eine nicht ausgebildete Fachkraft erst einmal nicht einfach zu erfassen ist, wurde versucht, bereits in der Informationsveranstaltung für die Lots*innen eingängige Beispiele aus dem alltäglichen Straßenverkehr zu wählen, um die Wahrnehmung und Auffassung von Menschen mit geistiger Behinderung zu veranschaulichen. Für den Mobilitätsservice war zusammen mit den Projektpartner*innen bei mobisaar entschieden worden, zunächst nur Menschen aus dem Spektrum der geistigen Behinderung aufzunehmen, deren Begleitung von den Lots*innen auch zu leisten ist. Zunächst wurden also nur wenige Menschen mit geistiger Behinderung ausgewählt, für die eine Abstimmung mit den Erziehungsberechtigten oder Betreuungspersonen vonnöten war. Bisher wurden die jungen Menschen von ihren Eltern oder einem Fahrdienst zur Schule oder zu privaten Zwecken „transportiert". Mit dem Begleitdienst durch die Lots*innen bot sich den Menschen mit geistiger Behinderung eine gänzlich neue Option, die Eltern zu entlasten und Kosten für zusätzliche Fahrdienste zu sparen. Auch das persönliche Miteinander, der Austausch von Lots*innen und begleiteter Person sowie die Verwendung öffentlicher Verkehrsmittel offenbarte eine völlig neue Perspektive zur Teilnahme am gesellschaftlichen Leben.

3.5.5 Was ist eine Wahrnehmungsstörung und wie zeigt sie sich im Alltag?

Menschen mit geistiger Behinderung zu verstehen, bedeutet in erster Linie, die andere Form ihrer Wahrnehmung zu ergründen. Um die Vielfalt von Einschränkungen zu verdeutlichen, wurden drei Beeinträchtigungsformen ausgewählt:

- Menschen mit Wahrnehmungsstörungen,

- Menschen mit kognitiven Beeinträchtigungen,
- Menschen aus dem autistischen Spektrum.

Die Vorgehensweise und die konzeptionelle Gestaltung in der Schulung werden im Folgenden beispielhaft für Menschen mit Wahrnehmungsstörungen erläutert.

Übungsbeispiel
Zunächst recherchieren mehrere Arbeitsgruppen mit Smartphone, Laptop und Literatur unabhängig voneinander zu folgender Frage bzw. Impulsaussage:

- Was ist Wahrnehmung?
- Die Wahrnehmung ist gestört. Welche Arten dieser Störungen gibt es?

Die Ergebnisse werden auf einem Flipchart festgehalten und im Anschluss an die Gruppenarbeit zusammen mit der Teamerin präsentiert. Anschließend wird eine Diskussion angestoßen, wie man mit Menschen, die eine Wahrnehmungsstörung haben, im Alltag umgeht. Hierbei wird ein Bezug zu dem Arbeitsalltag der Lots*innen aufgebaut und im Rahmen einer Diskussion nach Beispielen gesucht, welche Form der Wahrnehmungsstörungen die Mitarbeitenden im Begleitdienst antreffen können und welche Handlungsmöglichkeiten ihnen zur Verfügung stehen.

Auch bei dieser Übungseinheit offenbart sich der notwendige Spagat zwischen Theorie und Praxis. Die Recherche am Smartphone fiel den Lots*innen leicht, da sie den Umgang mit dem Gerät durch ihre tägliche Arbeit gewohnt sind. Verständnis und Zuordnung der Angaben aus dem Internet zu Beispielen aus dem üblichen Berufsalltag im Begleitdienst waren zunächst aber mit einigen Schwierigkeiten verbunden. Nach und nach gelang es jedoch, bei den meisten Teilnehmenden ein Bewusstsein dafür zu erzeugen, was Wahrnehmung bedeutet. Sie erkannten, dass jeder einzelne Mensch Dinge auf seine eigene Art aufnimmt und kognitiv verarbeitet, je nachdem wie stark und schnell sich verschiedene Bilder und Eindrücke im Kopf festsetzen können.

Die wichtigsten Erkenntnisse konnten die Lots*innen aber ganz praktisch in einer Diskussionsrunde mit Jugendlichen mit geistiger Behinderung erlangen, die auch zu einem späteren Zeitpunkt für die ersten Begleitungen bei mobisaar vorgesehen waren. Für den Austausch stellten die Lots*innen mehrere Leitfragen zusammen, die sie den Jugendlichen stellen wollten. Die Jugendlichen waren zwei junge Frauen, eine davon mit Wahrnehmungsstörungen, die andere mit kognitiver Beeinträchtigung und ein junger Mann mit Down-Syndrom. Bereits zu Beginn war es für die Lots*innen sehr überraschend, dass sie ihre vorbereiteten Fragen nicht stellen konnten bzw. diese nicht so wie geplant beantwortet wurden. So nannte der auf seinen Namen angesprochene junge Mann zwar diesen, schloss daran jedoch nahtlos eine ganze Geschichte über sich als „Superman" an, der in Zukunft nicht *in*, sondern auch *auf* der Straßenbahn fahren würde. Nur wenig später suchte eine junge Frau sich aus der Runde direkt *ihren* Lotsen aus, der sie begleiten solle, und hatte ab diesem Zeitpunkt viele Lacher auf ihrer Seite. In diesem spannenden und freundlichen Miteinander war das Eis schnell gebrochen, auch wenn die vorbereiteten Fragen nicht beantwortet wurden. Das direkte Aufeinandertreffen hat aber den Lots*innen verdeutlicht, dass man in einem gemeinsamen Gespräch nicht immer gradlinig und wie geplant kommuniziert, sondern auch immer wieder unerwartete Momente auftreten können.

3.5.6 Von der Theorie in die Praxis: erste Erfahrungen aus dem Begleitservice für Menschen mit geistiger Behinderung

Nach der Lots*innenschulung konnten mit den Eltern und dem familienunterstützenden Dienst des MLL gut 30 Personen für eine Begleitung bei mobisaar ausgewählt werden. Die Umsetzung der Begleitung erfolgte in mehreren Schritten:

- Für eine zu begleitende Person wurden zwei Lots*innen für den Mobilitätsservice ausgewählt. Eine sollte immer für den Vertretungsfall zur Verfügung stehen.
- Vor der ersten Begleitung wurden mit den Klient*innen die notwendigen Abläufe wie Streckenplan, Uhrzeiten, Häufigkeit der Begleitung, Prozedere der weiteren Buchungen etc. besprochen und abgestimmt.
- Die ersten Begleitungen wurden konkret terminiert.

Über die Lots*innen-App konnten die zu begleitenden Personen direkt eingebucht und Eingaben zu Person, Kontaktdaten, Handicaps/Hilfsmitteln sowie eine Notfallnummer unmittelbar in das System eingepflegt werden. Über diesen direkten

Zugang konnte auch erreicht werden, dass nur die geschulten und vorgesehenen Lots*innen für die Auswahl einer Begleitung angezeigt und berücksichtigt werden.

Die ersten Rückmeldungen aus der Alltagspraxis zeigen, dass die Lots*innen zuverlässig sind und pünktlich an ihrem Ziel ankommen. Trifft man die jungen Kundinnen und fragt sie nach dem Begleitservice, äußern sie sich sehr zufrieden über die Unterstützung. Als Fazit kann daraus im Hinblick auf ein Mobilitätskonzept für Menschen mit geistiger Behinderung abgeleitet werden, dass neben der Qualität der Schulung das persönliche und direkte Kennenlernen ein wichtiger Garant für eine Vertrauensbasis und eine erfolgreiche Begleitung darstellt. Das Vertrauen kann wachsen, da immer dieselben Lots*innen die Begleitung übernehmen. Auch wenn beim Kennenlernen zwei Begleiter*innen aus dem Mobilitätsservice dabei sind, von denen letztendlich nur eine Person aktiv mitfährt, ist es gut für alle Beteiligten zu wissen, dass immer jemand zur Verfügung steht.

3.5.7 Ausblick

Lots*innen übernehmen eine gesellschaftlich wichtige Aufgabe. Sie ermöglichen mit ihrem Wirken eine gewisse Form der Chancengleichheit. Die Lots*innen bauen Barrieren ab und fördern Mobilität. In erster Linie sind sie jedoch Wegbegleiter*innen für den einzelnen Menschen vor Ort. Hauptamtliche erhalten durch ihre Tätigkeit im Lots*innenservice nach oft längeren Zeiten der Arbeitslosigkeit die Gelegenheit, wieder verstärkt an der Gesellschaft teilzuhaben. Über ihre Aufgaben hinaus üben sie eine soziale Dienstleistung aus, bei der es nicht nur um den Ausbau von Hilfsstrukturen geht, sondern um Stärkung der Selbsthilfekompetenz der Kund*innen. Lots*innen ermutigen zu Eigeninitiative und geben durch den Begleitservice ihren Kund*innen das Gefühl, wieder stärker an der Gesellschaft partizipieren zu können. Von ihren Kund*innen werden die Lots*innen wertgeschätzt, auch im Rahmen des Projekts werden sie respektiert.

Trotzdem berichten die Mitarbeitenden im Begleitdienst auch von mangelnder Akzeptanz an Haltestellen oder Bahnhöfen, da sie als Mitarbeitende im Mobilitätsservice nicht immer erkannt werden. Wünschenswert wäre es, mehr gesellschaftliche Wertschätzung für die Lots*innen zu erreichen. Ein wichtiger Bestandteil dessen ist ein weiterer Ausbau der Öffentlichkeitsarbeit, die auch durch die Träger*innen der Begleitdienste erfolgt. Darüber hinaus gilt es, das Arbeitsfeld sowie die zu erbringende Dienstleistung durch den Mobilitätsservice nach außen hin noch deutlicher positiv darzustellen.

Hilfreich für alle Lots*innen könnten vor diesem Hintergrund regelmäßige Fallbesprechungen und eine Fortführung der bereits etablierten Supervision sein. Für diejenigen, die erste Erfahrungen im Umgang mit dem Begleitservice für Menschen mit geistigen Behinderungen gesammelt haben, wäre darüber hinaus eine Fortbildung zum Thema „Professionelle Distanz im Lotsen*innen-Service" hilfreich, um die verantwortungsvollen Aufgaben dauerhaft bewältigen zu können. Für die Zukunft erscheint die aufgezeigte Vorgehensweise ein guter Weg zu sein, um die Begleiter*innen auf den Umgang mit der Vielfalt der Kund*innen vorzubereiten und ihnen Strategien an die Hand zu geben, die verschiedenen Bedarfe und Anforderungen kompetent einzuordnen.

Sinnvolles und notwendiges Gedankengerüst in diesem Zusammenhang kann die gemeinsame Entwicklung einer Kultur der Achtsamkeit sein – ein Thema, das noch stärker als bisher in Teams oder Schulungen einfließen sollte. Damit ließe sich die Herausforderung zwischen Nähe und Distanz noch besser ausgestalten und dieser Ansatz ist gleichzeitig mit einer echten Chance für die Lots*innen verbunden, sich einerseits mit hoher Motivation und Engagement in die Arbeit im Mobilitätsservice einzubringen und sich anderseits mit einer professionellen Distanz vor Eingriffen in die Privatsphäre und der Selbstbestimmung zu schützen.

Literatur

Bay, R. H. (1988). Erfolgreiche Gespräche durch aktives Zuhören. expert.

Schulz von Thun, F. (1981). *Miteinander reden 1: Störungen und Klärungen: Allgemeine Psychologie der Kommunikation.* Rowohlt.

Watzlawick, P. (2013). *Anleitung zum Unglücklichsein.* Piper

Watzlawick, P., & Schulz von Thun, F. (2015). *Man kann nicht nicht kommunizieren: Das Lesebuch.* Hogrefe.

Ehrenamtliches Engagement in mobisaar – ein Konzept für ÖPNV-Begleitdienste?

4

Kristina Lemke, Ingrid Wacht und Kathleen Schwarz

4.1 Die Idee für mobisaar

Bundesweit engagieren sich zunehmend mehr Menschen ehrenamtlich. Im Jahr 2014 waren es 43,6 % der Wohnbevölkerung ab 14 Jahre, also 30,9 Mio. Menschen (Deutscher Freiwilligensurvey 2014, S. 22). Zwischen 1999 und 2014 zeigte sich in allen Bundesländern ein Anstieg des Engagements. Der Zuwachs ist allerdings unterschiedlich ausgeprägt.

Auch im Saarland spielt das Ehrenamt eine wichtige und lebensbegleitende Rolle. Fast 461 000 Saarländer*innen sind freiwillig engagiert. Damit liegt das Saarland prozentual auf dem 4. Platz im Bundesländer-Vergleich (Landtag des Saarlands, Drucksache 16/897 vom 25.06.2019) und mit 46,4 % der Bevölkerung über dem Bundesdurchschnitt. Hinzu kommt, dass das Saarland im Vergleich mit anderen Bundesländern über stark ausgeprägte Vereins- und Verbandsstrukturen verfügt. Bereits seit mehreren Jahren weist das Saarland die höchste Vereinsdichte in Deutschland auf. Männer gehen im Saarland anteilig häufiger einer freiwilligen Tätigkeit nach als Frauen (ein Plus von 6,3 Prozentpunkten). Altersbezogen

K. Lemke (✉)
Landesarbeitsgemeinschaft PRO EHRENAMT e. V., Saarbrücken, Deutschland

I. Wacht
Sozialverband VdK Saarland e. V., Saarbrücken, Deutschland
E-Mail: saarland@vdk.de

K. Schwarz
Institut für Sozialforschung und Sozialwirtschaft, Saarbrücken, Deutschland
E-Mail: schwarz@iso-institut.de

J. Alexandersson et al. (Hrsg.), *Mobilität und Teilhabe – Begleitdienste im öffentlichen Personennahverkehr,*
https://doi.org/10.1007/978-3-658-35781-8_4

engagieren sich jüngere stärker als ältere Menschen. Wie im Saarland sind Personen ab 65 Jahren (34 %) auch im Bundesdurchschnitt anteilig am seltensten freiwillig engagiert.

Aufgrund der hohen Anzahl an Personen, die sich im Saarland ehrenamtlich engagieren, ging man bei der Entwicklung der Projektidee davon aus, dass sich auch für den mobisaar-Service viele Freiwillige melden würden, um Menschen mit besonderen Mobilitätsbedürfnissen bei der Nutzung öffentlicher Verkehrsmittel zu unterstützen. Der Einsatz von Ehrenamtlichen in mobisaar war dabei auch mit dem Gedanken verbunden, einen Lots*innen-Dienst im Saarland flächendeckend – vor allem auch in den ländlichen Regionen – und mit kurzen Anmeldezeiten anzubieten und somit eine nachhaltige Angebotsverbesserung für Kund*innen im ÖPNV durch ehrenamtliches Engagement zu schaffen. Es sollte daher unter anderem eruiert werden, welche Potenziale das freiwillige Engagement bietet, welche Zielgruppen diese Form der Unterstützung adressiert und wie Ehrenamtliche motiviert im Sinne einer Anerkennungskultur betreut werden können.

Während der Projektlaufzeit zeigte sich ein durchaus reges Interesse am Projekt im Allgemeinen und auch an einer ehrenamtlichen Tätigkeit im Speziellen. In der Regel wurde nach dem ersten Kontakt ein persönliches Treffen mit verantwortlichen Projektbeteiligten vereinbart, bei dem das Vorhaben und die damit verbundene ehrenamtliche Tätigkeit konkret erläutert wurden. So wurden bei der LAG und dem VdK über 100 persönliche Beratungsgespräche mit Interessierten geführt. Leider hat sich im Anschluss der Großteil der ehrenamtlichen Anwärter*innen gegen eine Tätigkeit in mobisaar entschieden bzw. nach kurzer Zeit die Tätigkeit wieder aufgegeben. Insgesamt waren bei der LAG und dem VdK 23 Lots*innen im Einsatz, elf davon gaben ihr Ehrenamt wieder auf. Da die ursprüngliche Annahme, dass es ein reges ehrenamtliches Interesse an mobisaar geben würde, nicht zutraf, stellte sich natürlich schnell die Frage nach den entsprechenden Gründen. Diese sollen anhand der besonderen Rahmenbedingungen für Ehrenamtliche und der damit einhergehenden Herausforderungen in mobisaar sowie für ÖPNV-Begleitdienste generell in den folgenden Unterkapiteln näher erläutert werden.

4.2 Die besonderen Rahmenbedingungen ehrenamtlichen Engagements in mobisaar

Bei mobisaar waren drei unterschiedliche Organisationen mit der Akquise und Betreuung ehrenamtlicher Lots*innen befasst: der Sozialverband VdK Saarland e. V., die Landesarbeitsgemeinschaft (LAG) Pro Ehrenamt e. V. und die Bahnhofsmission/Diakonisches Werk.

Die Bahnhofsmission übernahm im Projekt eine Sonderrolle, denn sie verfügt bereits über aktive Ehrenamtliche, die Bahnreisenden vielfältige Unterstützung und Hilfe anbieten, unter anderem beim Ein-, Um- und Aussteigen. Die Bahnhofsmission bietet auch Begleitungen durch die Mitarbeiter*innen bei Fahrten im Zug selbst an.

Im Rahmen dieser Tätigkeit wurde die Bahnhofsmission als Partner in das mobisaar-Buchungssystem integriert und entsprechende Buchungsanfragen, bei denen Regionalzüge Teil der Verbindung sind, über das mobisaar-Backend an die Lots*innen der Bahnhofsmission weitergegeben. Auch innerhalb von mobisaar fand eine Unterstützung und Begleitung der Bahnhofsmission weiterhin nur am Bahnhof bzw. an direkt vor Ort befindlichen Haltestellen statt. Konkret sah das so aus, dass mobisaar-Kunden*innen, die mit dem Zug reisten, von den Ehrenamtler*innen der Bahnhofsmission beim Ein- und Ausstieg sowie während der Fahrt unterstützt wurden und dann zur Weiterfahrt mit Bus oder Saarbahn (Straßenbahn im Saarland) von den mobisaar-Lotsen*innen in Empfang genommen wurden.

Der VdK Saarland sowie die LAG Pro Ehrenamt betraten mit dieser Aufgabe quasi Neuland. Da aber beide Organisationen über große und vielfältige Erfahrungen in der Arbeit mit Ehrenamtlichen verfügen, konnten sie dieses Wissen in die Akquise von Ehrenamtlichen, die speziell Interesse an einem Begleitservice in Bus und Saarbahn haben, einbringen. Bei der Suche nach Lots*innen gingen beide Organisationen vor allem auf Menschen zu, die schon an anderer Stelle ehrenamtlich tätig waren und dann über ihre Organisation eingebunden und betreut werden konnten.

Die Suche nach am Projekt interessierten Ehrenamtlichen erfolgte in den jeweils eigenen Organisations- und Verbandsstrukturen. Die LAG arbeitete vorrangig mit den jeweiligen Ehrenamtsbörsen zusammen und der VdK versuchte, in den eigenen Orts- und Kreisverbänden ehrenamtliche mobisaar-Mitarbeiter*innen zu gewinnen.

Der Aufgabenbereich der ehrenamtlichen Lots*innen unterscheidet sich nicht wesentlich von dem der Hauptamtlichen. Auf den verschiedenen mobisaar-Informationsveranstaltungen in den Gemeinden, organisiert durch die Projektpartner*innen selbst, wurden die Projektidee und das Thema freiwilliges

Engagement ausführlich vorgestellt: Ehrenamtliche unterstützen Ältere und Menschen mit Mobilitätseinschränkungen bei der Fahrt mit Bus und Bahn. Je nach Kund*innenwunsch werden die Fahrgäste an der Haltestelle oder Wohnungstür abgeholt und an den Wunschort begleitet.

Das Service-Angebot durch die Ehrenamtlichen wurde zudem auf externen Veranstaltungen, wie Sitzungen von Senior*innenbeiräten, Ortsverbänden und Senior*innensicherheitsberatenden, vorgestellt.

Mit den Interessent*innen, die sich ehrenamtlich engagieren wollten, wurden ausführliche persönliche Gespräche geführt. Dabei wurden die vorhandenen Kompetenzen, wie zum Beispiel Erfahrung im Umgang mit Älteren bzw. Menschen mit Mobilitätseinschränkungen oder Handicap oder auch Fremdsprachenkenntnisse, berücksichtigt.

Wichtige Voraussetzung für die Lots*innen-Tätigkeit war die Teilnahme an den verschiedenen Qualifizierungsmaßnahmen. Die Ehrenamtlichen wurden ebenso wie die Hauptamtlichen zur Vorbereitung auf ihre Tätigkeit umfangreich geschult. Die Schulungsinhalte stimmten für alle Lotsen*innen überein, Unterschiede gab es nur in der zeitlichen Ausgestaltung. Hintergrund war, dass die für Ehrenamtliche konzipierten Qualifizierungs-Module nachmittags und an Samstagen durchgeführt werden konnten, um jeder*m Interessierten eine Teilnahme zu ermöglichen (Informationen zum Schulungskonzept siehe Beitrag 3.4). Die Bereitschaft der ehrenamtlichen Lots*innen, an Qualifizierungen teilzunehmen, war insgesamt recht hoch. Eine Rückmeldung lautete, dass die neu erworbenen Fähigkeiten auch für andere Lebensbereiche der Ehrenamtlichen wichtig seien. Diese Erkenntnisse passen zu den Befunden des Freiwilligensurveys 2014. Die Erwartung, Kenntnisse und Erfahrungen erweitern zu können, ist ein zentrales Motiv für freiwilliges Engagement. Auch der Nachweis der persönlichen Eignung durch ein erweitertes polizeiliches Führungszeugnis gehörte zu den Prüfkriterien, bevor ein Ehrenamt bei mobisaar begonnen werden konnte.

Sich zu engagieren, ist aber auch mit Risiken verbunden. Auch Unfälle oder Schäden Dritter können während einer ehrenamtlichen Tätigkeit passieren. Deshalb war ein häufig angesprochener Aspekt die Frage nach Unfall- und Haftpflichtversicherung. Im Saarland besteht seit 2005 eine Landesversicherung in den Bereichen Unfall und Haftpflicht für das Ehrenamt, um Lücken im Versicherungsschutz zu schließen. Die Kosten für die Versicherungen werden vom Land übernommen.

4.3 Was unterscheidet den mobisaar-Begleitservice von anderen Ehrenamtsorganisationen?

Warum engagieren sich Menschen und was veranlasst sie, eine bestimmte freiwillige Tätigkeit aufzunehmen? Das sind zwei der Kernfragen, die gestellt werden müssen, wenn man Menschen für ehrenamtliche Tätigkeiten gewinnen will. Grundlegend engagieren sich Menschen, weil sie helfen wollen. Und dies ist auch eine zentrale Motivation für die ehrenamtliche Betätigung in mobisaar. Aber viele Menschen sind nicht nur engagiert, weil sie anderen helfen wollen, sondern auch weil ihnen die Tätigkeit Freude macht (93,9 %), weil sie andere Menschen treffen können (82 %) und weil sie die Gesellschaft mitgestalten wollen (81 %) (Deutscher Freiwilligensurvey 2014).

Diese Ergebnisse spiegeln sich auch in der Befragung „Motivation zum ehrenamtlichen Engagement" wider, die im Rahmen von mobisaar[1] durchgeführt wurde. Anderen Menschen zu helfen und damit einen Beitrag zum Gemeinwohl zu leisten, ist der wichtigste Grund für ein Engagement. Etwa ein Drittel der Befragten gab dies als Antwort an. Relevant sind zudem Freude und innere Zufriedenheit wie auch eine Tätigkeit, bei der man gesellschaftliche Kontakte knüpfen und Gleichgesinnte treffen kann.

Genau an diese Motivationslagen knüpfte die Marketingstrategie bei der Suche nach ehrenamtlichen Lots*innen an. Dennoch gibt es gewichtige Unterschiede zwischen dem ehrenamtlichen mobisaar-Engagement und anderen ehrenamtlichen Tätigkeiten. Diese Unterschiede könnten letztendlich bewirkt haben, dass sich weniger ehrenamtliche Lots*innen als geplant für den mobisaar-Begleitdienst motivieren ließen. Im Folgenden soll anhand der fünf Dimensionen aufgezeigt

[1] Im Rahmen des Projekts mobisaar wurde im Jahr 2019 eine standardisierte Befragung ehrenamtlich Tätiger zu ihrer Motivation, ein Ehrenamt auszuüben, durchgeführt (n = 103). Der Fragebogen wurde über die Kanäle der für das Ehrenamt verantwortlichen Institutionen (VdK, LAG, BM) per E-Mail verschickt und war nur an bereits ehrenamtlich Tätige adressiert. Die Empfänger*innen der E-Mail hatten die Möglichkeit, über ein Online-Portal (n = 100) an der Befragung teilzunehmen oder sich den Fragebogen aus dem Anhang auszudrucken und ausgefüllt zurückzuschicken (n = 3). Der standardisierte Fragebogen umfasste insgesamt drei Themenkomplexe mit offenen und geschlossenen Fragen, jeweils in mehrere Kategorien unterteilt. Neben allgemeinen Fragen zum Bereich, in dem die Befragten ehrenamtlich tätig waren, welche Aufgaben sie hatten und welche Anforderungen die Tätigkeit an sie stellte, ging es natürlich vor allem darum herauszufinden, was Menschen motiviert, ehrenamtlich tätig zu sein, und welche dieser Aspekte auf den mobisaar-Lots*innenservice übertragbar waren. Die Fragen wurden teilweise mittels des Fragebogens zum Freiwilligensurvey 2009 „Ehrenamt, Freiwilligenarbeit, Bürgerschaftliches Engagement" (Gensicke und Geiss 2009) erstellt.

werden, welchen besonderen Rahmenbedingungen ehrenamtliches Engagement in mobisaar unterliegt:

- Hauptamt versus Ehrenamt,
- strukturelle Herausforderungen,
- organisatorische Herausforderungen,
- Planbarkeit und Verlässlichkeit sowie
- Anreize und Motivation.

4.3.1 Hauptamt versus Ehrenamt

Im Projekt mobisaar sind – entgegen der üblichen Praxis anderer Begleitdienste – sowohl hauptamtliche als auch ehrenamtliche Lots*innen im Einsatz. Die hauptamtlich tätigen Begleiter*innen sind über arbeitsmarktpolitische Beschäftigungsmaßnahmen angestellt. Ihre Servicekernzeiten liegen von Montag bis Freitag zwischen 8:00 und 18:00 Uhr. Erweitert wurde das Angebot mithilfe freiwilliger Personen, die bei Bedarf zu den Tagesrandzeiten, an Wochenenden, Feiertagen und bei besonders hoher Auslastung der hauptamtlich Tätigen (zum Beispiel in der Urlaubszeit oder bei hohem Krankenstand) angefragt werden konnten.

Die Tätigkeit von Ehrenamtlichen soll im eigentlichen Sinne eine Abgrenzung zur Arbeit der Hauptamtlichen sein. „Hauptsächlich geht es darum, hauptamtlich zu bearbeitende Kernaufgaben von (auch) ehrenamtlich zu bearbeitenden Zusatzaufgaben zu unterscheiden" (BMFSJ 2015). Ein reales Problembeispiel aus dem Lots*innenalltag in diesem Zusammenhang war die Angst der Hauptamtlichen, dass sie durch den Einsatz von Ehrenamtlichen weniger Aufträge erhalten. Gerade zu Beginn des Begleitangebots in einem neuen Bediengebiet (Landkreis) war die Auftragslage zunächst noch gering, da es einige Zeit dauerte, bis die Marketingstrategien umgesetzt und das Service-Angebot etabliert werden konnte. Daher waren die hauptamtlichen Lots*innen zum Start des Services in einem neuen Bediengebiet nicht ganztägig mit gebuchten Begleitungen ausgelastet und die Bereitschaft gering, „ihre" Einsätze noch mit Ehrenamtler*innen zu teilen.

Um Konfliktsituationen zwischen den Mitarbeitenden im Haupt- und Ehrenamt zu vermeiden, sollte eine Abgrenzung der Tätigkeitsbereiche auf Basis der folgenden drei Dimensionen erfolgen (BMFSJ 2015; BMFSJ 2016). Die Rahmenbedingungen in mobisaar ließen eine entsprechende Umsetzung jedoch nicht zu:

- *Tätigkeitsbezogen:* Da beide Lots*innengruppen grundlegend mit den gleichen Aufgaben betraut sind, ließ sich eine tätigkeitsbezogene Trennung nur bedingt erreichen. Für hauptamtlich Mitarbeitende wurde der Tätigkeitsbereich für spontane Hilfen an festgelegten, hochfrequentierten Haltestellen ausgeweitet. Hier hatten auch die Ehrenamtlichen die Möglichkeit, sich einzubringen, was aber nur von wenigen genutzt wurde. Zudem sollte es bei Einsätzen, bei denen mehrere Lots*innen angefordert werden (zum Beispiel bei Kund*innen mit Rollstuhl), eine klare Trennung zwischen Haupt- und Ehrenamt geben, sodass entweder nur hauptamtliche oder nur ehrenamtliche Begleiter*innen für diese Aufträge gebucht wurden.
- *Zeitlich:* Eine zeitliche Trennung der Lots*innentätigkeiten war bei der Projektplanung generell angedacht. Ehrenamtlich Engagierte sollten zu Tagesrandzeiten und an Wochenenden bzw. Feiertagen zur Verfügung stehen. Um eine garantierte Begleitung außerhalb der Kernzeiten jedoch konsequent zu bewerben, bedarf es grundsätzlich eines großen Pools ehrenamtlicher Lots*innen. Im Laufe des Projekts zeigte sich allerdings, dass die entsprechende Anzahl nicht erreicht werden konnte. Zudem haben einige Freiwillige aufgrund der geringen Zahl an Aufträgen ihre Tätigkeit in mobisaar wieder aufgegeben. So ergab sich ein Teufelskreis: Der mobisaar-Service konnte für die Tagesrandzeiten bzw. Wochenenden aufgrund der geringen Zahl an Ehrenamtler*innen im Projekt nicht beworben werden. Daraufhin wurde der Service für diese Zeiten nicht angefragt, was wiederum dazu führte, dass Begleiter*innen, die nicht zum Einsatz kamen, dieses Ehrenamt schnell wieder aufgaben.
- *Räumlich:* Geplant war, ehrenamtliche Lots*innen vorwiegend für den ländlichen Raum einzusetzen. So sollte dem grundlegenden Problem des unzureichenden Ausbaus des öffentlichen Personennahverkehrs in ländlichen Regionen entgegengewirkt werden. Aber die geringe Anzahl der zur Verfügung stehenden Freiwilligen verhinderte die Umsetzung, sodass hier vorwiegend die Hauptamtlichen im Einsatz waren.
- Auch wurde versucht, die zwei Lots*innengruppen über eine persönliche Kontaktherstellung miteinander bekannt zu machen. Dies wurde einerseits im Rahmen der Qualifizierung umgesetzt. Andererseits wurden im Projekt verschiedene Veranstaltungen, wie Lots*innen-Stammtische, Sommerfeste und Weihnachtsfeiern, durchgeführt, die ebenso als eine Plattform zum Austausch genutzt werden konnten, um gegenseitige Vorurteile abzubauen. Diese Strategie war grundlegend erfolgreich. Anfängliche Vorbehalte spielten im weiteren Projektverlauf lediglich noch eine untergeordnete Rolle.

4.3.2 Strukturelle Herausforderungen

Das Saarland weist die höchste Autodichte aller deutschen Bundesländer auf (640 Pkw pro 1000 Einwohner*innen gegenüber 569 im Bundesdurchschnitt [Statistisches Bundesamt 2020]). Auch wenn die Gründe der Pkw-Nutzung individuell sind, spielt der unzureichend ausgebaute öffentliche Personennahverkehr (ÖPNV) – insbesondere in den ländlichen Regionen – eine entscheidende Rolle bei der Verkehrsmittelwahl der Saarländer*innen. Zudem wird der ÖPNV als teuer und das Tarifsystem als unübersichtlich wahrgenommen. Diese infrastrukturelle Situation wirkt sich auf alle Bevölkerungsgruppen aus. Insbesondere benachteiligt sie jedoch diejenigen, die aufgrund ihres Alters bzw. einer körperlichen Einschränkung auf ein barrierearmes bzw. barrierefreies Reisen angewiesen sind.

Diese Aspekte haben auch Auswirkungen auf die Begleitung von mobisaar-Kunden*innen durch die (ehrenamtlichen) Begleiter*innen. Insbesondere in den Abendstunden bzw. an Wochenenden können Begleitungen, vor allem in ländlichen Regionen, nicht durchgeführt werden, wenn Lots*innen nach Beendigung des Auftrags gar nicht oder nur nach sehr langen Fahrten wieder an den Ausgangspunkt zurückkommen.

Menschen mit besonderen Mobilitätsbedürfnissen zu unterstützen, wurde von allen Lots*innen als sinnstiftend und als wichtiger gesellschaftlicher Beitrag erachtet. Allerdings scheint der Umstand, dass diese Hilfe vorrangig im ÖPNV zu leisten ist, eher negative Auswirkungen auf den „Spaßfaktor" beim Helfen zu haben. Eine Rückmeldung von Personen, die Interesse an dem mobisaar-Service gezeigt hatten, lautet, dass gerade die Nutzung öffentlicher Verkehrsmittel als Hauptaufgabe der Ehrenamtler*innen als eher unattraktiv empfunden worden sei – vor allem da genug andere Auswahlmöglichkeiten für eine ehrenamtliche Tätigkeit bestehen. Einer der ersten ehrenamtlichen Lots*innen, der gleich zu Beginn von mobisaar äußerst engagiert dabei war, hat das ehrenamtliche Engagement gegen eine Tätigkeit in einem Altenwohnheim in Saarbrücken eingetauscht. Die Begleitung unterstützungsbedürftiger Menschen im ÖPNV habe ihm bei Weitem nicht so viel Freude bereitet wie älteren Menschen in einem Altenheim Gesellschaft zu leisten.

Ein weiterer Aspekt, der die Tätigkeit in mobisaar von anderen Ehrenamtsorganisationen unterscheidet, sind die allgemeinen Rahmenbedingungen. Die mobisaar-Lots*innen haben keinen festen Einsatzort, da sie vorwiegend im ÖPNV, das heißt in Bussen, Saarbahn (Straßenbahn im Saarland) und Regionalzügen, unterwegs sind. Im Gegensatz dazu haben die Ehrenamtlichen der

Bahnhofsmission den entscheidenden Vorteil, mit dem Hauptbahnhof in Saarbrücken über einen festen Bezugspunkt ihrer Tätigkeit zu verfügen. Diese „Rückzugsmöglichkeiten" sind für die Ehrenamtler*innen vom VdK oder der LAG nicht vorhanden, was als unbefriedigend erlebt wird. Besonders das regelmäßige Treffen in einem geschützten Raum, um sich auszutauschen, gemeinsam Pausen zu machen, oder auch nur die Möglichkeit, eine Toilette zu besuchen, fehlt bei den ehrenamtlich Tätigen.

Zudem sind die Begleiter*innen in der Regel alleine unterwegs und auf sich gestellt und das unter Umständen auch bei Hitze oder schlechtem Wetter mit Wartezeiten an Haltestellen ohne Überdachung. Hinzu kommt, dass an Werktagen nach 18 Uhr und an den Wochenenden das Callcenter des saarVV nicht besetzt ist und auch die Ansprechpartner*innen der Ehrenamtlichen nicht im Einsatz sind. Sollte es während des Einsatzes zu unerwarteten Ereignissen kommen (zum Beispiel Kund*in wird nicht angetroffen, geplante Routen können nicht gefahren werden etc.), sind die Lots*innen auf sich allein gestellt, da es keine Möglichkeit gibt, Unterstützung anzufordern bzw. Rücksprache zu halten. Die ehrenamtlich Engagierten wurden zwar in den Schulungen auf diese Szenarien vorbereitet, jedoch ist die Umsetzung in der Praxis immer mit besonderen Belastungen und Unsicherheiten verbunden und es ist davon auszugehen, dass diese strukturellen Gegebenheiten abschreckend für die Aufnahme eines ehrenamtlichen Engagements bei mobisaar wirkten.

4.3.3 Organisatorische Herausforderungen

Im Gegensatz zu den hauptamtlichen Mitarbeiter*innen, die vor allem zeitlich und räumlich in klar strukturierten Tätigkeitsbereichen agieren, war die Arbeit von Ehrenamtlichen deutlich offener gestaltet. Zum einen bot dies viele Möglichkeiten, Angebote und Leistungen bei mobisaar zu verbessern. Andererseits kam es durch die verschiedenen Herangehensweisen an die Aufgaben und die sich unterscheidenden organisatorischen Abläufe auch zu Problemen, sie sich auf unterschiedliche Weise auf die tägliche Arbeit auswirkten. Beispielsweise war man bei der Planung von Begleitungen immer auf die zeitnahe Rückmeldung und positive Zustimmung der Ehrenamtler*innen angewiesen, um den Kund*innen eine Begleitung zu bestätigen.

Um die Einsätze zeiteffektiv zu planen und möglichst wenig Vorlauf zwischen Buchung und Auftrag zu gewährleisten, werden die Begleiter*innen über das in mobisaar entwickelte Buchungsportal „mobisaar-Cockpit" direkt zugewiesen. Dies funktioniert jedoch nur, wenn die verfügbaren Lots*innen in dem Kalender in der Cockpit-Anwendung für den gewünschten Zeitraum als „frei" hinterlegt sind. Diese Möglichkeit konnten auch die ehrenamtlichen Kolleg*innen nutzen, wenn sie über ein Smartphone mit installierter Lots*innen-App verfügten. Da aber nicht alle Ehrenamtlichen im Besitz eines Smartphones waren oder dies für die Tätigkeit nicht nutzen wollten, erfolgte die Einsatzplanung meist per E-Mail oder Telefon. Eine Buchungsanfrage sollte dann durch den*die Ehrenamtliche*n innerhalb kurzer Zeit bestätigt oder abgelehnt werden. Bei den hauptamtlichen Mitarbeitenden wird im Gegensatz dazu sofort eine entsprechende Fahrt durch den*die Callcenter-Mitarbeiter*in ausgewählt und über die Lots*innen-App eine Nachricht zum Auftrag gesendet. So erhielten die Kund*innen bereits während der Buchung die Bestätigung, dass die gewünschte Begleitung auch tatsächlich stattfinden kann. Werden jedoch zuerst die Freiwilligen angefragt, kann es bis zu 48 h dauern, um den Fahrtwunsch der Kund*innen final festzumachen. Somit wird deutlich, dass der Prozess einer Begleitung mit ehrenamtlichen Mitarbeiter*innen für das Callcenter organisatorisch deutlich aufwendiger ist als eine Begleitung durch die hauptamtlichen Kräfte. Dies führte in der Praxis dazu, dass die Ehrenamtler*innen generell seltener angefragt wurden.

4.3.4 Verlässlichkeit und Planbarkeit

Vielfach wird das Vorurteil verbreitet, dass ehrenamtliche Tätigkeit nicht zuverlässig planbar sei. So würden sich viele Ehrenamtler*innen nicht „vor den Karren eines Dienstplanes spannen" (Dietz et al. 2015, S. 108) lassen. Diese Erfahrung konnte im Projekt mobisaar nicht gemacht werden. Hier war es ein elementarer Bestandteil des Services, dass die Begleitungen terminlich fixiert wurden. Auch mithilfe einer schriftlichen Vereinbarung ähnlich derjenigen eines Arbeitsvertrags konnte eine zusätzliche Verbindlichkeit des Engagements erreicht werden.

Als Schwierigkeit stellte sich jedoch heraus, dass das Gefühl, gebraucht zu sein, ein maßgebliches Kriterium für die Motivation zum ehrenamtlichen Engagement war (BMFSFJ 2015). Da die ehrenamtlichen Lots*innen zu Hause auf den Einsatz warten mussten – und dies in vielen Fällen erfolglos –, hat ein Großteil der Engagierten diese Wartezeit auch zunehmend als „verlorene" Zeit empfunden. Demzufolge war die Motivation, sich für einen längeren Zeitraum ohne einen konkreten Auftrag zur Verfügung zu halten, relativ gering. Klar ist: Wenn die Ehrenamtlichen keine Begleitanfragen erhalten, sinkt die Bereitschaft, die freie Zeit weiterhin für eine freiwillige Unterstützung im Projekt mobisaar zur Verfügung zu stellen. Daher sollte den Ehrenamtlichen vermittelt werden, dass ihre Hilfe benötigt wird und eine zeitnahe Einbindung in aktive Begleitungen erfolgt.

4.3.5 Anreize und Motivation

Ein Ergebnis der durchgeführten Ehrenamtsbefragung „Motivation zum ehrenamtlichen Engagement" lautete, dass ehrenamtlich Tätige für ihre Arbeit keine Aufwandsentschädigung erwarten. Den Engagierten geht es in erster Linie um Hilfe für das Gemeinwohl, Freude an der Tätigkeit, gesellschaftliche Kontakte und Anerkennung des Geleisteten.

Bei mobisaar erhielten die Begleiter*innen einen materiellen Anreiz für ihre Tätigkeit in Form einer Tageskarte, die sie an dem Tag ihres Einsatzes für den gesamten saarländischen ÖPNV auch privat nutzen konnten. Darüber hinaus bestand die Möglichkeit der Kostenerstattung für Fahrten mit dem eigenen Pkw oder ÖPNV zu Schulungen, Stammtischen, sonstigen Gesprächen etc. von den Trägern. Diese Möglichkeit wurde jedoch nur selten von den Ehrenamtlichen in Anspruch genommen. Da den ehrenamtlich Tätigen keine Dienstkleidung zur Verfügung gestellt wurde, erhielten diese mobisaar-Rucksäcke als Erkennungszeichen und für den Transport ihrer persönlichen Dinge. Zusätzlich wurden für eine bessere Identifizierung mit dem Projekt Gesprächsrunden zum gemeinsamen Austausch angeboten.

Ein bemerkenswerter Aspekt im Hinblick auf ehrenamtliches Engagement im Projekt war, dass es über die Projektlaufzeit hinweg immer wieder hauptamtliche Lots*innen gab, die sich auch nach Beendigung der Beschäftigungsmaßnahme oder sogar zusätzlich zu ihrer Tätigkeit noch als Ehrenamtliche für mobisaar einbringen wollten. Dies lässt vermuten, dass praktische Erfahrung und das konkrete Wissen um die Anforderungen und Gegebenheiten der Arbeit die Motivation, dies auch unentgeltlich zu unterstützen, noch steigern.

4.4   Ehrenamtliches Engagement als Chance für Begleitdienste – Handlungsempfehlungen aus den Erfahrungen in mobisaar

Schlussfolgernd aus den vorangegangenen Darstellungen zur Arbeit mit haupt- und ehrenamtlichen Lots*innen sowie basierend auf den Ergebnissen der in mobisaar durchgeführten Befragung zur „Motivation zum ehrenamtlichen Engagement" lassen sich exemplarisch folgende Empfehlungen und Hinweise für eine zielführende Konzeption der Rahmenbedingungen ehrenamtlichen Engagements für Begleitdienste im ÖPNV formulieren:

Auslastung: Bevor Ehrenamtler*innen akquiriert werden und zum Einsatz kommen, ist es sinnvoll, einen Service mit Hauptamtlichen so weit zu etablieren, dass ein gewisses Maß an Auslastung gegeben ist. So kann vermieden werden, dass eine geringe Auftragslage zum Streitpunkt zwischen den Lots*innengruppen wird oder dazu führt, dass Ehrenamtliche ihr Engagement schnell wieder aufgeben. So gab bei der Befragung der im Ehrenamt Tätigen mehr als die Hälfte der Teilnehmer*innen an, jede Woche ehrenamtlich im Einsatz zu sein. Die Zahl der geleisteten Stunden sei dabei zwar gering, aber es bestehe eine Regelmäßigkeit in der Ausführung. Genau diese Kontinuität war bei mobisaar mangels Auslastung der Hauptamtlichen nicht gegeben und dies war höchstwahrscheinlich einer der Gründe, weshalb mobisaar vielen Interessent*innen unattraktiv erschien. Gleiches gilt auch für den Zeitaufwand. Dieser betrug im Monat (n = 84) bei 38 Befragten bis zu fünf Stunden, bei 27 Personen bis zu zehn Stunden, bis zu zwanzig Stunden leisten zehn Teilnehmer*innen, bis zu dreißig Stunden vier Personen und darüber hinaus waren fünf Personen tätig.

Trennung von Haupt- und Ehrenamt: Die in Unterkapitel 4.3.1 beschriebene Trennung von Haupt- und Ehrenamt auf Basis der drei Dimensionen sollte, soweit es die Bedingungen zulassen, angestrebt werden. Konzeptionell kann es förderlich sein, den beiden Lots*innengruppen unterschiedliche Zeiten (reguläre Geschäftszeiten versus Abendstunden/Wochenenden) für die Begleitungen zuzuweisen. In erster Linie sollten gemeinsame Einsätze von Haupt- und Ehrenamtlichen vermieden werden, auch wenn beide Gruppen zu den regulären Geschäftszeiten im Einsatz sind. Die Ergebnisse der Befragung verdeutlichten, dass eine Trennung von haupt- und ehrenamtlich Tätigen für Ehrenamtsorganisationen nicht allzu leicht umsetzbar scheint. Es zeigt sich anhand der Auswertungen, dass die ehrenamtliche Tätigkeit bei thematisch ähnlich gelagerten anderen Arbeitsfeldern bei fast der Hälfte der Teilnehmer*innen auch von Hauptamtlichen gegen eine reguläre Bezahlung ausgeübt wird.

Erweiterung des Aufgabenspektrums: Um einen Abbruch bei ehrenamtlich Tätigen möglichst zu vermeiden, kann bei unzureichender Auslastung eine Erweiterung des Serviceangebots, beispielsweise in Form der Begleitung von Menschen mit kognitiven Einschränkungen, sinnvoll sein. Auch die Erschließung weiterer Beschäftigungsmöglichkeiten, wie die Unterstützung bei Spontanhilfen an hochfrequentierten Haltestellen oder bei Marketingveranstaltungen durch das Verteilen von Flyern in Geschäften und ärztlichen Praxen, kann die Motivation sowie die langfristige Etablierung der Beschäftigung im Ehrenamt verbessern bzw. erst ermöglichen. Was mobisaar im Rahmen des Aufgabenspektrums jedoch nicht bieten kann, ist eine Leitungs- bzw. Vorstandsfunktion. Ein Ergebnis der Erhebung war jedoch, dass fast die Hälfte der Teilnehmer*innen eine leitende Funktion ausgeübt hat und daher davon ausgegangen werden kann, dass diesbezüglich großes

Interesse besteht. Auch diese Tatsache könnte ein Grund für die geringe Anzahl an Ehrenamtlichen im Projekt sein.

Qualifizierungsangebote: Der mobisaar-Service umfasst neben der unterstützenden Begleitung im ÖPNV auch das adäquate Reagieren-Können in schwierigen Situationen oder bei persönlichen Problemen der zu Begleitenden. Mit der Tätigkeit gehen eine hohe Verantwortung der Lots*innen und ein ausgeprägtes Gespür für soziale Belange einher. Aus diesem Grund sollte das Thema Qualifizierung eine hohe Priorität genießen und der Entwicklung eines ganzheitlichen Qualifizierungskonzepts viel Raum gegeben werden. Bereits bei Einstellungsgesprächen ehrenamtlich Tätiger sollte darauf geachtet werden, dass fundierte und umfassende Qualifizierungsmaßnahmen angeboten werden, um den Ehrenamtlichen die nötige Kompetenz und Sicherheit im Umgang mit größtenteils vulnerablen Menschen zu geben. Auch der zeitnahe praktische Einsatz unmittelbar nach den Qualifizierungsmaßnahmen stellt einen bedeutungsvollen Schritt dar, um die freiwillig Engagierten nicht wieder zu verlieren. Überraschend war an dieser Stelle das Ergebnis der Ehrenamtsbefragung zum Thema Qualifizierung. Fast ein Viertel der Teilnehmer*innen gab an, bis dato keine Weiterbildung bzw. Fortbildung erhalten zu haben. Positiv zu bewerten ist hingegen, dass fast drei Viertel zum Start ihrer Tätigkeit an entsprechenden Maßnahmen teilgenommen haben. Mehr als die Hälfte konnte sogar mehrmals weiterführende Schulungsangebote besuchen.

Anreiz- und Entlohnungssysteme: Bei der Schaffung von Anreiz- und Entlohnungssystemen wäre es sinnvoll, dass diese für alle Ehrenamtlichen bestmöglich gestaltet werden. Wichtig ist, dass den Lots*innen durch ihre ehrenamtliche Tätigkeit keine Zusatzkosten, wie durch den Kauf eigener Fahrkarten, entstehen. Bei der Auswahl von Arbeitsmitteln, wie zum Beispiel Dienstkleidung, ist zu prüfen, ob diese überhaupt gewünscht ist oder in der Praxis genutzt wird. In mobisaar fehlten entsprechende finanzielle Mittel, um die Freiwilligen mit Dienstkleidung auszustatten. Daher gab es die Überlegung, Accessoires wie Mützen, Caps etc. mit Logo anzuschaffen. Schlussendlich hat man sich für Rucksäcke entschieden, die aber auch nicht von allen getragen wurden. Die Auswertung ergab an dieser Stelle, dass monetäre Anreize kaum eine Rolle bei der Entscheidung für ein ehrenamtliches Engagement spielten. Selbst die Erstattung von Ausgaben war für die meisten Befragten in diesem Zusammenhang unwichtig.

Geschützte Räume: Am Beispiel von mobisaar zeigt sich, dass die ehrenamtlich tätigen Lots*innen vorwiegend im öffentlichen Raum sowie in öffentlichen Verkehrsmitteln im Einsatz sind. Aspekte, wie „in einem Team arbeiten", das Gefühl, „Teil eines Ganzen zu sein", „neue Kontakte knüpfen können" oder „eigenverantwortlich handeln", treffen bei den Ehrenamtler*innen nur im geringen

Maße zu, wie sich aus der bereits oben angeführten Umfrage entnehmen ließ. Genau diese Erwartungen an die Tätigkeit wurden jedoch von den Befragten im Rahmen der Ehrenamtsumfrage am häufigsten genannt. Das Fehlen dieser bedeutsamen Rahmenbedingungen im Begleitservice scheint daher auf potenzielle Ehrenamtler*innen eher abschreckend zu wirken. Daraus schließend könnte über das Angebot von Aufenthaltsräumen, zudem mit der Möglichkeit einer Toilettennutzung, ein direkter Austausch mit anderen ehrenamtlich Tätigen oder den Projektverantwortlichen ermöglicht und somit der Zusammenhalt und das Gemeinschaftsgefühl gestärkt werden.

Belastbarkeit der Ehrenamtlichen: Vor allem ältere Menschen (55 +) engagieren sich, zumindest in mobisaar, ehrenamtlich. Leider nehmen mit steigendem Alter auch körperliche Einschränkungen zu und die Belastbarkeit geht sukzessive zurück. Die Lots*innen-Tätigkeit bei mobisaar erfordert eine gute körperliche Fitness. Einerseits begleitet man Kund*innen, die ihrerseits physisch teils stark eingeschränkt sind und entsprechende Unterstützung benötigen. Andererseits kann auch die Begleitung in öffentlichen Verkehrsmitteln – und dies bei Wind und Wetter, über mehrere Stunden und unter den unterschiedlichsten Gegebenheiten (Treppen, Fußwege, Anstiege, Gefälle) – hohe Anstrengungen mit sich bringen. Einer der am häufigsten genannten Punkte in der mobisaar-Ehrenamtsbefragung, weshalb eine Tätigkeit in mobisaar eher unattraktiv sei, waren altersbedingte bzw. gesundheitliche Gründe. Dies ist in der Umfrage auch eine der am häufigsten genannten Ursachen, weshalb Teilnehmer*innen schon einmal ein Ehrenamt beendet haben. Daher sollten für eine ehrenamtliche Tätigkeit eine grundlegende Fitness und zumindest ein stabiler gesundheitlicher Zustand vorliegen, um sich und andere auch in Belastungssituationen nicht zu gefährden.

Austausch gewährleisten: Auch wenn die Begleiter*innen keinen festen Einsatzort haben, sollte die Möglichkeit zum regelmäßigen Austausch mit den Verantwortlichen sowie unter den Ehrenamtlichen*innen selbst gewährleistet sein. Wie beispielhaft in mobisaar durchgeführte „Stammtische" zeigen, könnten regelmäßige Treffen und ein geselliges Beisammensein den Austausch fördern und somit die Moral stärken. Mit der Möglichkeit, in diesem Rahmen positives und negatives Feedback zu den Einsätzen zu geben sowie Probleme und Bedenken zu thematisieren, wird über das soziale Miteinander auch die Bedeutung der Rolle der Ehrenamtler*innen gestärkt.

Feedback berücksichtigen: Da die ehrenamtlich Tätigen über den besten Einblick in ihre Aufgaben verfügen, ist es sinnvoll, Rückmeldungen und Verbesserungsvorschläge zu sammeln und diese im Rahmen der Möglichkeiten auch in der Praxis umzusetzen. Zum einen können wichtige Impulse in das Projekt einfließen und die Konturen des Begleitdiensts auf diese Weise weiter geschärft werden.

Zum anderen zeigt man den Ehrenamtler*innen, dass sie die Möglichkeit zur Mitgestaltung haben und ihre Sichtweisen ernst genommen werden. Auch in diesem Zusammenhang bieten sich Stammtische oder ähnlich gelagerte Veranstaltungen an.

Beteiligung mehrerer Organisationen: Sofern die Möglichkeit besteht, können mehrere Ehrenamtsorganisationen in die Akquise und Betreuung der ehrenamtlich Tätigen einbezogen werden. Durch den Rückgriff auf unterschiedliche Strukturen in den Organisationen können mehr potenziell Interessierte angesprochen und das Projekt besser beworben werden. Zu berücksichtigen ist im Rahmen der Akquise von Freiwilligen der damit verbundene hohe Zeitaufwand.

Führungszeugnis: Der Nachweis der persönlichen Integrität durch das erweiterte polizeiliche Führungszeugnis ist unbedingt zu empfehlen und sollte in der Arbeit mit vulnerablen Menschen grundsätzlich erfolgen. Die Kund*innen eines Begleitservices müssen sich darauf verlassen können, dass die Lots*innen vertrauenswürdig sind. Dies ist eine unentbehrliche Voraussetzung für den guten Ruf des Projekts und damit die Annahme des Begleitservices in der allgemeinen Öffentlichkeit.

Der mobisaar-Lots*innenservice geht nach Projektende im Januar 2021 in den Regelbetrieb über. Da für die drei Ehrenamtsorganisationen in mobisaar keine Weiterfinanzierung möglich ist, werden sie ihre Tätigkeit einstellen. Die ehrenamtlichen Lotsen*innen werden mit Unterstützung des saarVV (Saarländischer Verkehrsverbund) weiterhin für den Begleitservice im Saarland im Einsatz sein.

Literatur

BMFSFJ (Hrsg.). (2009). *Hauptbericht des Freiwilligensurveys 2009. Zivilgesellschaft, soziales Kapital und freiwilliges Engagement in Deutschland 1999–2004–2009.* Bundesministerium für Familie, Senioren, Frauen und Jugend.

BMFSFJ. (2015). Kooperation von Haupt- und Ehrenamtlichen als Gestaltungsaufgabe – Ein Leitfaden für die Praxis auf Grundlage der Ergebnisse der Studie „Kooperation von Haupt- und Ehrenamtlichen in Pflege, Sport und Kultur". https://www.bmfsfj.de/blob/94176/11267bd21daff5b30dd44dcf967cd280/koo peration-von-haupt-und-ehrenamtlichen-als-gestaltungsaufgabe-leitfaden-data.pdf.

BMFSFJ. (2016). *Freiwilliges Engagement in Deutschland – Der Deutsche Freiwilligensurvey 2014.* Bundesministerium für Familie, Senioren, Frauen und Jugend.

Dietz, B., Frevel, B., & Toens, K. (2015). *Sozialpolitik kompakt* (3., überarb. Aufl.). Springer VS.

Gensicke, T., & Geiss, S. (2009). Fragebogen. Freiwilligensurvey 2009: Ehrenamt, Freiwilligenarbeit, Bürgerschaftliches Engagement (*Hauptbericht des Freiwilligensurveys 2009. Zivilgesellschaft, soziales Kapital und freiwilliges Engagement in Deutschland 1999–2004–2009*, S. 38–77). Bundesministerium für Familie, Senioren, Frauen und Jugend.

Krausmann, C., Simonson, J., Ziegelmann, J. P., Vogel, C., & Tesch-Römer, C. (2016). Länderbericht zum Deutschen Freiwilligensurvey 2014 (S. 139–144). https://www.ehrenamtsstiftung-mv.de/export/sites/ehrenamtstiftung/downloads/FWS_Laenderbericht_ges_2016-09-13.pdf.

Landtag des Saarlandes. (2019). Drucksache 16/897 vom 25.06.2019. https://www.landtag-saar.de/file.ashx?FileId=12529&FileName=Aw16_0897.pdf.

Simonson, J., Vogel, C., & Tesch-Römer, C. (2016). Freiwilliges Engagement in Deutschland – Der Deutsche Freiwilligensurvey 2014. BMFSJ.

Sozialverband VdK Saarland. (2020). Geschäftsbericht 2016–2019.

Spiegel, J., & Becker, M. (2018). *Erhebung zum caritativen ehrenamtlichen Engagement in der Caritas: Abschlussbericht*.

Statistisches Amt Saarland. (2015). *Saarland heute 2015* (Statistische Kurzinformationen).

Statistisches Bundesamt. (2020). Pressemitteilung Nr. N005. https://www.destatis.de/DE/Presse/Pressemitteilungen/2020/09/PD20_N055_461.html.

Wehner, T., & Güntert, S. T. (Hrsg.). (2015). *Psychologie der Freiwilligenarbeit: Motivation, Gestaltung und Organisation*. Springer.

Technische Lösungen zum selbstbestimmten Fahren im ÖPNV

5

Jan Alexandersson, Daniel Tabellion und Moritz Wolf

5.1 Einleitung

Die Teilhabe am gesellschaftlichen Leben setzt die Fähigkeit zur Mobilität voraus. Um zu Apotheken, ärztlichen Praxen, Einzelhandelsgeschäften, Theatern und Kinos zu gelangen, muss jede*r Einzelne in der Lage sein, unterschiedliche Distanzen zu überwinden. Auch wenn die Formel von der Gleichheit der Lebensbedingungen zunehmend infrage gestellt wird, ist der Staat dazu verpflichtet, für die Mobilität seiner Bürger*innen zu sorgen. Diese Verpflichtung kann auf Dauer nicht ausschließlich durch den Neubau oder den Erhalt von Straßen gewährleistet werden, sondern muss – nicht zuletzt auch aus ökologischen Gründen – durch den ÖPNV (öffentlicher Personennahverkehr) überall und insbesondere auf dem Land gesichert werden. In unserer Gesellschaft müssen alle mobil sein können, vor allem auch dann, wenn sie über kein Auto verfügen. Dabei geht es um Menschen mit Mobilitätseinschränkungen jeglicher Art: Sie haben alle einen Anspruch auf die Teilnahme am öffentlichen Verkehr, und sie haben einen Anspruch auf Barrierefreiheit im öffentlichen Raum und im öffentlichen Personennahverkehr.

J. Alexandersson (✉) · D. Tabellion · M. Wolf
Deutsches Forschungszentrum für Künstliche Intelligenz (DFKI), Saarbrücken,
Deutschland
E-Mail: Jan.Alexandersson@dfki.de

D. Tabellion
E-Mail: Daniel.Tabellion@dfki.de

M. Wolf
E-Mail: Moritz_Jonathan.Wolf@dfki.de

© Der/die Autor(en), exklusiv lizenziert durch Springer Fachmedien
Wiesbaden GmbH, ein Teil von Springer Nature 2022
J. Alexandersson et al. (Hrsg.), *Mobilität und Teilhabe – Begleitdienste
im öffentlichen Personennahverkehr,*
https://doi.org/10.1007/978-3-658-35781-8_5

Insbesondere für mobilitätseingeschränkte Menschen ist es wichtig zu wissen, ob eine Fahrt für sie machbar ist oder nicht. Dabei stellt sich die Frage: Sind die voraussichtlichen körperlichen Herausforderungen und die einzelnen Abschnitte der Fahrstrecke – sei es innerhalb von Bus, Zug, Straßenbahn oder an Haltestellen – für sie an diesem Tag zu bewältigen oder nicht? Die Antwort gestaltet sich bisher schwierig, vor allem auf für die Fahrgäste unbekannten Strecken, da diese Informationen nur selten öffentlich oder aktuell vorliegen. Im Saarland sind je nach Verkehrsbetrieb längst nicht alle Busse rollstuhlgerecht oder wenigstens barrierefrei. Da es keine öffentlichen Informationen dazu gibt, welches Fahrzeug barrierefrei ist und zum jeweiligen Zeitpunkt auf welcher Strecke fährt, stellen manche Fahrgäste erst beim Einsteigen fest, dass die Fahrt für sie gar nicht möglich ist (siehe Abb. 5.1, 5.2).

Bei Bushaltestellen stellt neben lückenhaften öffentlichen Informationen die Definition von Barrierefreiheit selbst eine weitere Herausforderung dar. Verkehrsbetriebe klassifizieren Haltestellen meist in drei Kategorien: *barrierefrei, bedingt barrierefrei* und *nicht barrierefrei*. Diese Darstellung wird von Nutzer*innenverbänden teilweise als zu stark vereinfachend kritisiert. Oft wird dabei die Umgebung der Haltestelle nicht berücksichtigt. Auch wenn eine Haltestelle selbst tatsächlich von jedem Menschen nutzbar ist, muss außerdem auch der Weg dorthin ohne Einschränkungen und Hindernisse beschaffen sein.

Beim Bau von Haltestellen im ÖPNV gibt es mehrere Standards zum Thema Barrierefreiheit, nach denen Haltestellen barrierefrei gebaut werden. Verbreitete Beispiele sind DELFIplus, DIN 18040-3 oder die ältere DIN 18024-1, der aktuelle Baustandard für Bushaltestellen im Saarland (Ministerium für Wirtschaft, Arbeit, Energie und Verkehr, 2020). In diesen Standards richten sich die Vorgaben nach dem, was für die *meisten* Personen als barrierefrei angenommen wird. Für Haltestellen, auf die dies nicht zutrifft, wird eine Fahrt für die Fahrgäste nie barrierefrei sein, sondern bestenfalls barrierearm. Beispielsweise wird auch in anderen Standards die Höhe der Bordsteinkante an Überquerungsstellen von drei Zentimetern vorgeschrieben – für viele Rollstuhlfahrerende eine unüberwindbare Hürde.[1] Die Einteilung in die oben genannten drei Kategorien ist also nicht ausreichend. Eine Lösung stellt die Bereitstellung detaillierter und breitgefächerter Informationen zur Barrierefreiheit dar, aufgrund derer jede*r Kund*in individuell entscheiden kann, ob die jeweilige Strecke für ihn*sie machbar ist oder nicht. Auf mobisaar bezogen dient das Bereitstellen dieser Daten für die Fahrgäste als Entscheidungsgrundlage, ob ein*e Lots*in gebucht werden soll oder nicht. Wenn die Strecke allein zu bewältigen ist, wird unter Umständen überhaupt keine

---

[1] Das gleiche Problem gibt es beim Hausbau, zum Beispiel bei Türschwellen.

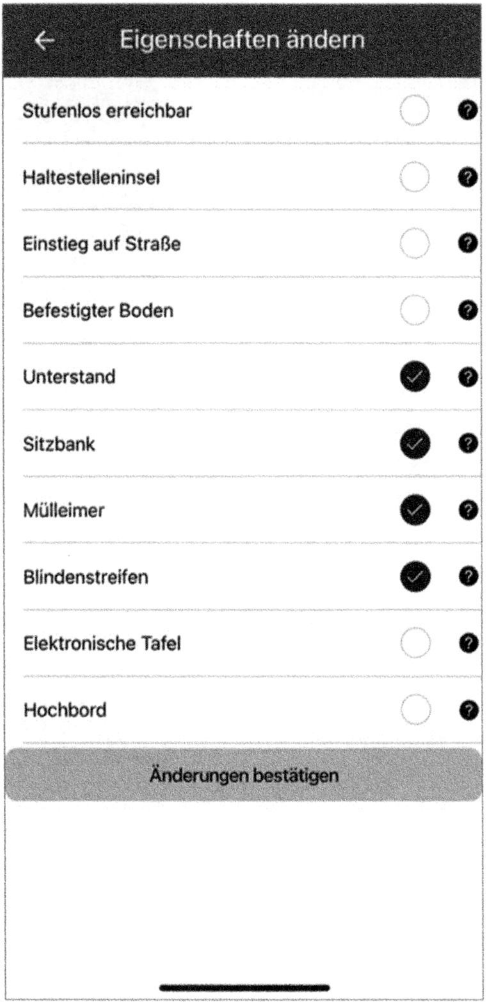

Abb. 5.1 Ansicht zum
Hinzufügen eines Bilds in
der App

Hilfe gebraucht, wenn nicht, kann auch punktuell für schwierige Abschnitte eine Begleitung angefordert werden.

Das automatisierte Berechnen individuell barrierefreier Strecken ist das *möglichst barrierearme Routing* – ein wichtiges Ziel von mobisaar. Dadurch sollen Routen so ausgewählt werden, dass Fahrgäste eine möglichst barrierearme Fahrt

Abb. 5.2 Auswahl der
Attribute der Haltestelle

hinsichtlich des Ein-, Aus- oder Umsteigens angeboten wird, wobei Lots*innen wenn nötig, punktuell oder über die gesamte Fahrt hinweg als Unterstützung verfügbar sind. Dies setzt eine ausreichend informative Datengrundlage voraus. Diese lag jedoch beim Start des Projekts mobisaar für das Saarland nicht vor. Vor allem müssen die genannten Informationen möglichst barrierearm zur Verfügung gestellt werden. Im Kontext von mobisaar bedeutet dies, dass die Schnittstellen zum System – Callcenter, Website und Fahrgäste-App – diese Informationen für alle zugänglich machen müssen.

5.2 Barrierefreiheit und deren Datengrundlage in verwandten Projekten

Unter anderem wurden folgende Lösungsansätze zur Sammlung von Informationen über ÖPNV-Infrastrukturen und deren Attribute bei der Entwicklung von mobisaarWorld betrachtet:

OpenStreetMap[2] (OSM) ist eine Alternative zu Google Maps, die auf Crowdsourcing beruht. Beim Crowdsourcing werden, konträr zu herkömmlichen Datenerhebungsstrategien, Informationen von freiwilligen Helfenden über eine Plattform wie OSM gesammelt und anschließend zu einem Gesamtbild zusammengetragen. Bei OSM werden, neben der Sammlung und Anpassung des reinen Kartenmaterials, Informationen öffentlicher Infrastruktur erfasst und gewartet. Erfasst werden können ganz verschiedene Informationen zu Knotenpunkten auf der Karte, seien es Bushaltestellen, Restaurants, Sehenswürdigkeiten oder andere öffentlich zugängliche Plätze. Jedoch sind in Deutschland zum jetzigen Zeitpunkt nur teilweise Informationen zu Bushaltestellen und nur sehr sporadisch zur Barrierefreiheit von Haltestellen verfügbar. Neben unvollständig erfassten ÖPNV- und Barrierefreiheit-relevanten Daten ist die Genauigkeit nicht immer ausreichend.

Zunehmend mehr Services, die diese Lücke füllen sollen, werden auf Basis von vorhandenen OSM-Daten und Crowdsourcing realisiert. Mirri et al. (2014) bieten einen solchen Service an. Dabei handelt es sich um einen Routingservice, der auf Informationen zu Barrierefreiheit und Echtzeitdaten von Bussen spezialisiert ist. Ziel ist eine individuelle Routenerstellung für Personen mit eingeschränkter Mobilität. Dazu werden Informationen zur Barrierefreiheit und verschiedenen Hindernissen im öffentlichen Netz von Nutzer*innen der Plattform kartiert. Um die individuellen Einschränkungen in die Routenberechnung einzubeziehen, wird von den Nutzer*innen ein persönliches Profil angelegt, das die individuellen Einschränkungen nach eigenem Ermessen widerspiegelt.

Bei Wheelmap.org[3] handelt es sich um einen Service, der die Erreichbarkeit von öffentlichen Plätzen ausschließlich für Rollstuhlfahrer*innen festhält.

---

[2] Siehe https://www.osm.org.
[3] Siehe https://wheelmap.org.

Zwar stellt die Plattform einen großen Fortschritt dar, aber Orte werden hier in nur drei Kategorien unterteilt: *Rollstuhlfahrergerecht, teilweise gerecht* und *nicht gerecht*. Da es gerade bei Menschen, die auf einen Rollstuhl angewiesen sind, sehr unterschiedliche Ansprüche und Bedürfnisse gibt, ist diese Kategorisierung nicht immer aufschlussreich.

Der Zweckverband Personennahverkehr Saarland (ZPS) inventarisiert im Auftrag des Landes seit 2017 alle Bushaltestellen im Saarland. Die bei der händischen Erfassung entstehenden Daten umfassen Fotos, eine Skizze des Lageplans und detaillierte Ausmessungen der Haltestellen, ihrer direkten Umgebung und des anliegenden Straßennetzes. Dieser Erfassungsprozess ist, wenn auch sehr genau, aufwendig und kostspielig, wodurch erfasste Informationen abhängig von der Anzahl der Beschäftigten, nur in einem Zyklus von mehreren Monaten oder sogar Jahren aktualisiert werden können. Da Haltestellen und deren Umgebung aber regelmäßig umgebaut oder erweitert werden und sich dabei deren Attribute bezüglich Barrierefreiheit verändern, sind solche statischen Daten für zuverlässige Auskünfte für Fahrgäste nicht durchweg geeignet. Dazu kommt, dass die erfassten Informationen oftmals zu komplex sind, um effektiv von Fahrgästen in den Entscheidungsprozess mit eingebunden werden zu können. Diese Daten bieten jedoch eine perfekte Grundlage, auf der aufbauend ein Service geschaffen werden kann, der die gegebenen Informationen aktuell hält und in aufbereiteter Form zur Verfügung stellt, um die Fahrgäste beim Entscheidungsprozess zu unterstützen.

5.3   mobisaarWorld – technische Umsetzung der Datenerhebung für einen barrierefreien ÖPNV

Um die notwendigen Daten für die Umsetzung eines möglichst barrierearmen Routings zu ergänzen und zu warten, wurde die Datenbank mobisaarWorld entwickelt. Der Kerngedanke hinter mobisaarWorld ist – ähnlich wie bei Mirri (Mirri et al. 2014) – eine Plattform, die aufbauend auf vorhandenen Daten aus OSM zur Erhebung weiterer Daten für die Umsetzung eines barrierefreien Routings beitragen soll. Im Gegensatz zu ähnlichen Ansätzen zur Verbesserung von Barrierefreiheit im ÖPNV stehen bei der mobisaarWorld die Autonomie der Endnutzer*innen und somit die vereinfachte Darstellung von gesammelten Informationen im Vordergrund. Die zu sammelnden Attribute sollen also zum einen einfach verständlich sein, um eine angepasste Auswahl von Routen nach eigenem Ermessen für alle zu ermöglichen, und zum anderen verständlich genug sein, um die Erhebung und Wartung der Daten für die breite Masse zu ermöglichen, wie unten noch ausgeführt wird.

Um auf möglichst viele Ansprüche von Menschen mit unterschiedlichen Mobilitätseinschränkungen einzugehen, wurde ein breites Spektrum an Attributen aus dem DELFIplus-Katalog in vereinfachter Form abgeleitet. Hierzu zählen unterschiedliche Kriterien, wie das Vorhandensein von Unterstand, Sitzgelegenheiten, Blindenstreifen, Hochboard, Stufen, befestigtem Boden und elektronischen Fahrplänen usw. Dieser Katalog enthält eine Fülle von Attributen für die korrekte Erfassung von Barrierefreiheit in der öffentlichen Infrastruktur, die leider nicht alle intuitiv greifbar sind. Aus diesem Grund wurde in mobisaarWorld auf jegliche Art von Messungen verzichtet und (fast) ausschließlich auf kurze Ja/nein-Fragen und Bilder gesetzt (siehe Abb. 5.3).

Ziel der Plattform ist es also, für die rund 7500 (Saarländischer Verkehrsverbund 2019) (ca. 6500 in OSM erfassten) saarländischen Haltemasten und deren direkte Umgebung Attribute, die eine individuell angepasste Beförderung im öffentlichen Straßennetz ermöglichen, zu erheben und in einfach verständlicher Form bereitzustellen. Bei den Attributen handelt es sich zu einem großen Teil um dynamische Informationen, wie zum Beispiel neu gebaute Bushaltestellen oder Haltestellen, die während einer Straßenreparatur durch eine Ersatzhaltestelle ersetzt werden. Es wird deutlich, dass eine einmalige Datenerhebung weder praktikabel noch eine auf Dauer haltbare Lösung darstellt. Um eine Datenbank mit aktuellen Informationen zu gewährleisten, ist stattdessen eine kontinuierliche Anpassung der Datenbankeinträge notwendig.

5.4 Erhebung und Aktualisierung der Daten: Crowdsourcing

Nicht nur aus diesem Grund setzt mobisaarWorld auf ein sogenanntes Crowdsourcing-Verfahren. Hierbei werden Informationen von Freiwilligen in ihrer Umgebung gesammelt. Durch die hohe Anzahl an Beteiligten – die sogenannte Crowd – ist es über den Sammlungsprozess möglich, erfasste Informationen schneller einzupflegen und somit die Datengrundlage aktuell zu halten. Auf Änderungen, wie bei temporären Baustellen an Haltestellen, kann dadurch schneller reagiert und die individuellen Routenvorschläge schneller und besser an die Gegebenheiten der Infrastruktur angepasst werden.

Ein weiterer Vorteil eines solchen Verfahrens ist, dass die Nutzer*innen des Mobisaar-Diensts eine Plattform haben, auf der sie sich aktiv am Erfassungsprozess beteiligen können. Bei anderen erfolgreichen Crowdsourcing-Projekten,

Abb. 5.3 Der
Verifizierungsprozess eines
Bilds in der App

wie der OpenStreetMap, wird deutlich, dass ein solches Konzept auf Dauer sehr gut realisierbar ist, hochwertige Daten gesammelt werden können und es genügend freiwillige Nutzer*innen gibt, die sich enthusiastisch am Prozess beteiligen. Gerade im Falle eines Projekts im öffentlichen sozialen Bereich, wie es bei mobisaar der Fall ist, hat die Einbindung der Nutzer*innen eine große Bedeutung, da sie als Mensch selbstbestimmt am Projekt teilnehmen können und nicht als Objekt ohne Mitgestaltungsmöglichkeit betrachtet werden.

5.5 Umsetzung in der Fahrgäste-App und auf der Website

Um die Mitwirkung bei der mobisaarWorld zu ermöglichen, wurde eine Benutzer*innenschnittstelle entwickelt und in die Fahrgäste-App und Website integriert. Eine Mitwirkung ist nur für registrierte Benutzer*innen möglich – eine Registrierung kann direkt in der App oder auf der Website vorgenommen werden. Große Sorgfalt wurde auf DSGVO-relevante[4] Fragestellungen, wie Sicherheit, Privatheit und Anonymisierung gelegt (Tabellion et al. 2020).

Besonders wichtig ist die Korrektheit der Daten. Haltestellen werden deshalb in mehreren Schritten erfasst. Zunächst wird die Haltestelle fotografiert. Die Attribute der Haltestelle werden dann vor Ort oder später anhand der Bilder durch einfache Ja/nein-Fragen erfasst und zusammen mit den Bildern hochgeladen. Hochgeladene Bilder müssen frei von wiedererkennbaren Informationen wie Gesichtern und Kfz-Kennzeichen sein. Dadurch soll verhindert werden, dass kritische private Daten übernommen werden. Im zweiten Schritt – der *Verifikation* – wird im Sinne der Datensicherheit und Korrektheit eingetragener Informationen ein Mehrheitsentscheid für jeden eingetragenen Datensatz durchgeführt. Bei diesem Entscheid beschließt die Mehrheit von drei Helfer*innen, ob ein Datensatz endgültig in der Datenbank aufgenommen werden soll oder nicht. Wie auch beim Berichten der Attribute werden hier einfache Ja/nein-Fragen gestellt. Fragen können auch übersprungen werden, sollten sich die Nutzer*innen unsicher sein. Bestätigte Daten stehen sofort nach erfolgreichem Verifizierungsprozess in der Karte und im Buchungsprozess der Nutzer*innenoberfläche zur Verfügung (Abb. 5.4).

Falls sich die Gegebenheiten einer Haltestelle ändern oder neue Haltestellen sowie temporäre Ersatzhaltestellen hinzukommen sollten, können diese wieder wie im ersten Schritt flexibel angepasst und anschließend erneut mit Mehrheitsentscheid geprüft werden. Dieser Kreislauf stellt eine sichere, aber flexible und einfach zu benutzende Möglichkeit zur Sammlung von Attributen von Haltestellen dar. Damit dieser Vorgang auch von den Nutzer*innen verstanden und genutzt wird, wurde bei der Entwicklung der mobisaar-Plattform auf die sogenannte User-Centered-Design-Methodik zurückgegriffen.

---

[4] Die europäische Datenschutzgrundverordnung, siehe https://dsgvo-gesetz.de/.

Abb. 5.4 Verifizierte
Informationen zu einer
Haltestelle auf der Karte

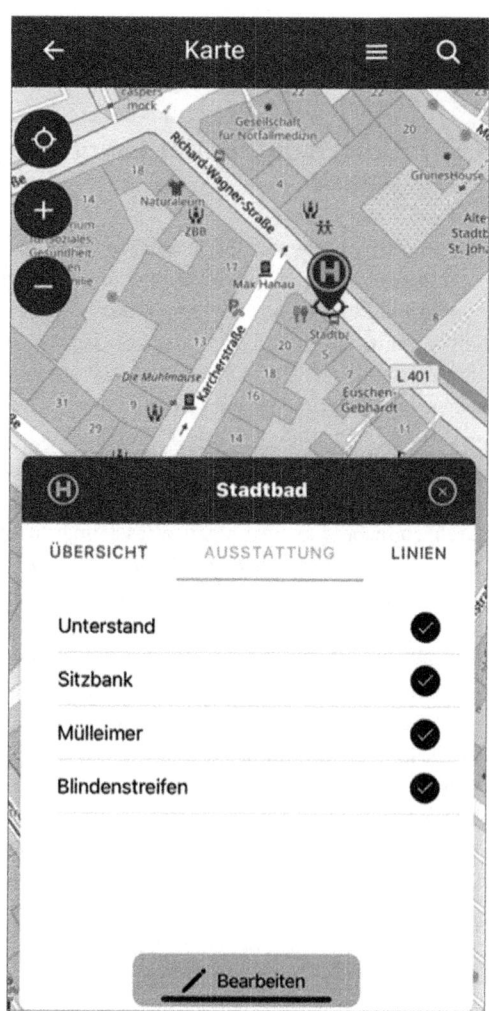

5.6   User-Centered Design und Co-Creation

Um die Nutzer*innen aktiv in den Entwicklungsprozess einzubinden, werden oft benutzer*innenzentrierte Forschungs- und Entwicklungsmethoden (*User-Centered Design* – UCD) oder Aktivitäten sogenannter *Co-Creation* (CC) angewendet. Diese Verfahren setzen die Benutzer*innen ins Zentrum der Entwicklung: bei UCD eher als passive, bei CC als aktive Stakeholder*innen. Da neue Hightech-Produkte und besonders Software-Produkte schnell weiterentwickelt werden, ist die Gebrauchstauglichkeit bzw. Nutzer*innenfreundlichkeit, die sogenannte *Usability,* zu einem wichtigen Thema für deren Entwickler*innen geworden. Insbesondere bei Menschen mit besonderen Anforderungen ist aus technologischer Perspektive sehr schwierig vorhersagbar, ob bei dem Produkt eine gute *Usability* gewährleistet ist. Um im Entwicklungsprozess zu vermeiden, dass die am Ende rein technologieorientierte Lösung am eigentlichen Bedarf der Zielgruppe vorbeigeht, wurde in diesem Kontext eine benutzer*innenzentrierte Entwicklung verwendet. Somit werden die Nutzer*innen zum treibenden Faktor für einen iterativen Design- und Entwicklungsprozess, der in diesem Falle für die Entwicklung der Mensch-Maschine-Schnittstelle angewendet wurde. Bei diesem durch ISO-Normen standardisierten Prozess werden durch eine holistische Analyse mithilfe verschiedener Methoden, wie Persona und Szenarien, realistische Lösungsansätze auf mehreren Ebenen entwickelt. Dieser Ansatz wurde bereits im Mobia-Projekt erfolgreich verfolgt (Bieber und Schwarz 2016).

Auf mobisaar bezogen erlaubt dieser Ansatz, alle Prozesse möglichst barrierefrei zu entwickeln. Auch die CC-Methode wurde im mobisaar-Projekt angewandt. Als Co-Entwickler*innen konnten die Nutzer*innen so bei Design und Entwicklung selbst mitentscheiden, wie Fahrgäste-App und Website funktionieren und aussehen sollen. Dazu fanden regelmäßige Treffen statt, bei denen Vorschläge für neue Funktionen und Designänderungen diskutiert und beschlossen wurden. Durch diese Treffen wurde sichergestellt, dass App und Website möglichst leicht zu bedienen sind und den Anforderungen der Kund*innen gerecht werden. In einem speziellen Workshop mit sehbeeinträchtigten Menschen wurde ein Konzept erarbeitet, um die Bedienung der App und der Website mit Vorlese-Anwendungen (sogenannte *Screenreader*) zu ermöglichen. Des Weiteren wurden regelmäßige Stammtische veranstaltet, bei denen Nutzer*innen und Lots*innen ihr Feedback zur Fahrgäste-App und Website sowie zum allgemeinen Ablauf des Lots*innenservices gaben.

5.7 Statistiken

mobisaarWorld wurde im Jahr 2018 öffentlich zugänglich gemacht. Zunächst wurden nur einzelne Attribute gesammelt, wie das Vorhandensein von Unterstand und Mülleimer, die übrigen sukzessive hinzugefügt. Abb. 5.5 veranschaulicht den Stand der bestätigten Attribute im Saarland im Frühjahr 2021.

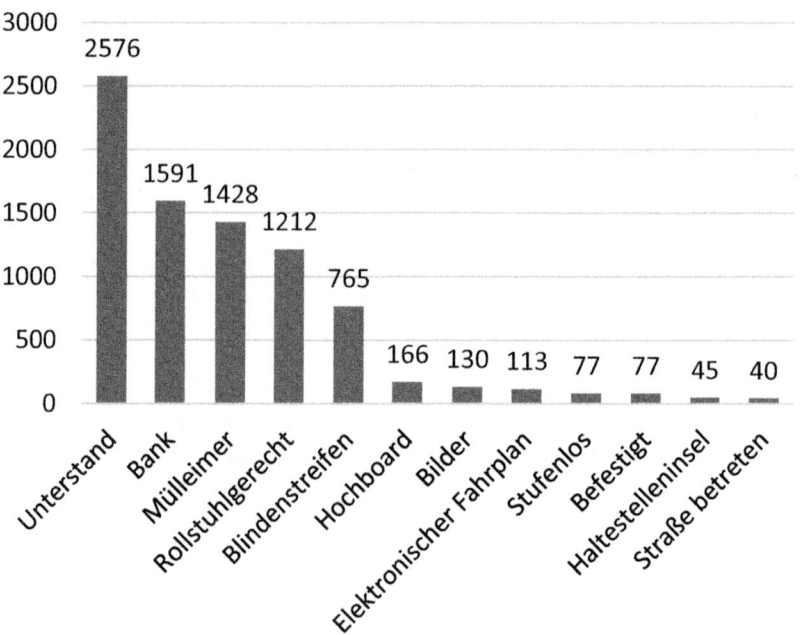

Abb. 5.5 Anzahl Haltestellen mit verifiziertem Attribut

Aus den Statistiken ist ersichtlich, dass bei Weitem noch nicht jede Haltestelle erfasst wurde, was mehrere Gründe hat. Zum einen gibt es insgesamt bislang nur wenige Nutzer*innen der Fahrgäste-App und Website und dementsprechend auch wenige Nutzer*innen von mobisaarWorld. Der Grund liegt darin, dass die Kernzielgruppe älterer Menschen oder anderweitig mobilitätseingeschränkter Menschen tendenziell wenig technikaffin ist – der Großteil der gesammelten Informationen wurde bisher von den mobisaar-Lots*innen zusammengestellt. Zum anderen wird in ländlichen Regionen aufgrund der geringeren Populationsdichte insgesamt weniger berichtet. Abb. 5.6 legt offen, dass sich die Spannweite der gesammelten Informationen hauptsächlich auf die Hauptstadt Saarbrücken, deren direkte Umgebung und auf Städte mit vergleichbar hoher Populationsdichte konzentriert.

Literatur

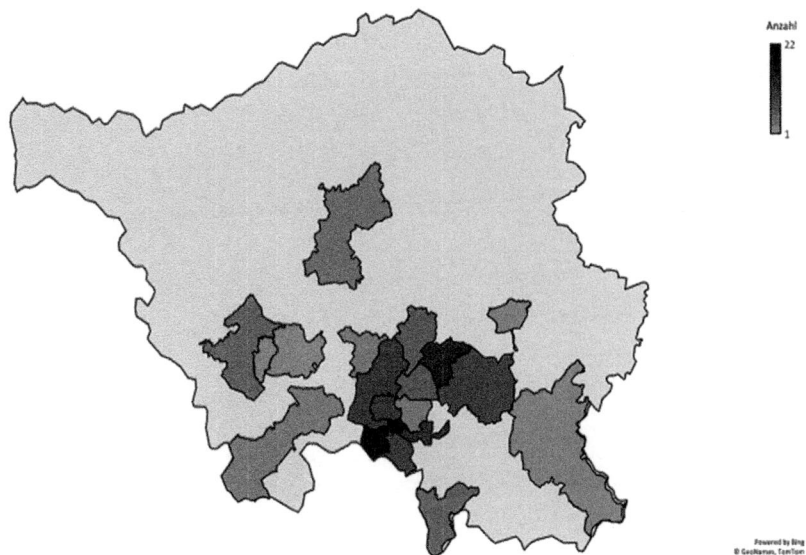

Abb. 5.6 Von Nutzer*innen verifizierte Bilder nach Postleitzahlen

Bartz, M. M., Stegemann, M., Feldmann, B., Holz, P., Wittke, M., Speck, B., Kundel, J.-M., Rühr, R., Franzen, J., Wallbruch, R., Heck, H., Engelhardt, S., Wuppermann, T., Weik, F., & Neugebauer, J. (2018). *Barrierefreie Reiseketten in der Fahrgastinformation* (1. Auflage). Rhein-Main-Verkehrsverbund Servicegesellschaft mbH.

Bieber, D., & Schwarz, K. (2016). *Mobilität für Ältere – Dienstleistungen für den ÖPNV im demografischen Wandel.* iso-Verlag.

Ministerium für Wirtschaft, Arbeit, Energie und Verkehr (2020). *Verkehrsentwicklungsplan ÖPNV (VEP ÖPNV) Saarland.* Saarland.

Mirri, S., Prandi, C., Salomoni, P., Callegati, F., & Campi, A. (2014, September). On combining crowdsourcing, sensing and open data for an accessible smart city. In *2014 eighth international conference on next generation mobile apps, services and technologies* (S. 294–299). IEEE.

Saarländischer Verkehrsverbund (2019). Verbundbericht. https://saarvv.de/wp-content/uploads/2019/01/saarVV_Verbundbericht_2019.pdf.

Tabellion, D., Wolf, M., Britz, J., Rekrut, M., & Alexandersson, J. (2020). Security, Privacy and Trust for a Crowd-Sourced Semantic Accessibility Database for Public Transport. HCI International 2020 – Late Breaking Papers: Universal Access and Inclusive Design, 712–727. https://doi.org/10.1007/978-3-030-60149-2_54.

Optionen mobilitätseingeschränkter Menschen im ländlichen Raum

6

Jana Rößler und Sascha Roder

6.1 Ridesharing – eine Perspektive für den ländlichen Raum?

Jana Rößler

Ländliche Räume sind durch eine niedrige Bevölkerungsdichte gekennzeichnet. Als wesentliche Merkmale gelten eine lockere Wohnbebauung und eine Prägung der Landschaft durch land- und forstwirtschaftliche Flächen. Größere Zentren mit entsprechenden Infrastruktureinrichtungen liegen weiter entfernt (Küpper 2016, S. 4). Der Anteil an Ein- und Zweifamilienhäusern mit relativ viel Wohnfläche pro Einwohner*in und ein hoher Anteil an selbstgenutztem Wohneigentum werden als charakteristisch für ländliches Leben wahrgenommen und positiv bewertet. Andererseits gilt der ländliche Raum als Problemraum, der durch Abwanderung und den Abbau von Infrastruktur geprägt ist. Infolge der geringen und geringer werdenden Bevölkerungsdichte wird der Erhalt von Infrastruktureinrichtungen erschwert. Geschäfte, Buslinien und Schulen werden aufgegeben. Eine ganztägige Kinder- oder professionelle Altenbetreuung wird meist gar nicht angeboten. Der Ausbau leistungsfähiger Telekommunikationsdienste ist verzögert. Durch die geringe Auslastung der Infrastruktur sind andererseits die anteiligen Kosten pro

J. Rößler (✉)
Institut für Sozialforschung und Sozialwirtschaft, Saarbrücken, Deutschland
E-Mail: roessler@iso-institut.de

S. Roder
Institut für Allgemeinmedizin der Universitätsmedizin Göttingen, Göttingen, Deutschland

Nutzer*in erhöht und steigen mit dem Bevölkerungsrückgang weiter. Dienstleistungen verteuern sich, während die Quantität, die Erreichbarkeit und oft auch die Qualität wegen wachsender Kosten und Entfernung abnehmen. Dies kann wiederum eine weitere Abwanderung der Menschen befördern (Reichert-Schick 2015, S. 75–77).

Ländliche Räume haben außerdem ein charakteristisches Mobilitätsverhalten durch die größeren Wegstrecken vom Wohnort zum Arbeitsplatz, zur Ausbildungsstätte, zu Versorgungsmöglichkeiten oder Freizeitangeboten. So legen Bewohner*innen ländlicher Räume täglich größere Distanzen zurück als Einwohner*innen von Großstädten, um ihren Tätigkeiten nachgehen zu können. Die geringere Bevölkerungsdichte führt dazu, dass die Bündelung von Fahrgästen im im liniengebundenen öffentlichen Personennahverkehr (ÖPNV) schwierig oder kaum möglich ist, sodass dieser sich häufig nur noch auf den (zurückgehenden) Schülerverkehr konzentriert (Küpper 2016, S. 6). Der private Pkw dominiert nicht nur, sondern er ist nahezu das einzige genutzte und mögliche Verkehrsmittel.

6.1.1 Mobilitätsprobleme im ländlichen Raum – doppelte Barrieren für mobilitätseingeschränkte Menschen

Damit entsteht in ländlichen Gebieten ein doppeltes Teilhabeproblem: Der Zugang zu Versorgungsstrukturen, wie medizinischen Angeboten, Einkaufsmöglichkeiten oder auch kulturellen Einrichtungen, ist erschwert. Für Menschen mit Mobilitätseinschränkungen macht sich dies aber besonders deutlich bemerkbar. Sobald es für diese nicht (mehr) möglich ist, mit dem eigenen Pkw zu fahren, sind die Möglichkeiten der Fortbewegung erheblich eingeschränkt. Denn das Führen eines eigenen Pkw ist nicht nur an den Besitz eines Führerscheins geknüpft, sondern auch an einen entsprechenden Gesundheitszustand. Es ist also nicht gerechtfertigt, Automobilität als allgemein verfügbar zu betrachten. Sie schließt bestimmte Gruppen aufgrund ihres Alters oder ihres Gesundheitszustands aus (Altenburg et al. 2009, S. 37). Durch die unzureichenden Angebote des ÖPNV sind in diesem Sinne ausgeschlossene Personen auf Pkw-Mitnahmen durch Familie oder Freunde angewiesen, um Besorgungen zu erledigen oder an kulturellen Veranstaltungen teilzunehmen. Zwar gibt es die Tendenz, dass so lange wie möglich selbst Auto gefahren wird. Damit verschiebt sich dieses Problem aber lediglich.

Dass die wenigen Überlandbusse oft keine Niederflurbusse sind (siehe Beitrag 2.1) und damit kein barrierefreier Zugang im ÖPNV besteht, kommt erschwerend hinzu. Auch Begleitdienste können nur dort unterstützen, wo Bus und Bahn noch fahren. So stellt sich in ländlichen Räumen die Frage nach den Möglichkeiten für eine barrierefreie Verkehrsinfrastruktur.

In den letzten Jahren wurden viele Ansätze beschrieben, die die Versorgungsproblematik im ländlichen Raum angehen sollen. Innovative Mobilitätsangebote, wie Carsharing oder E-Mobility-Angebote, stehen hauptsächlich in Regionen mit hoher Bevölkerungsdichte zur Verfügung. Sie stellen bisher also keine Entwicklung dar, die dem Infrastrukturrückgang in ländlichen Regionen entgegenwirken könnte (Gipp et al. 2014, S. 8).

Es existieren aber verschiedene Ansätze, wie durch neue Mobilitätsangebote mit überschaubaren Kosten auch in ländlichen Regionen Lösungen geschaffen werden könnten. Flexible Bedienformen und On-Demand-Angebote innerhalb des ÖPNV, die eine Abkehr vom Linienverkehr hin zur Flächenversorgung bedeuten, sind durchaus möglich. Dabei ist nicht mehr die Bündelung einer Mindestzahl an Fahrgästen zu festgelegten Abfahrtzeiten vorgesehen. Vielmehr bleiben Fahrzeugeinsatz, Streckenführung und angefahrene Haltepunkte flexibel und passen sich dem Bedarf der Fahrgäste an. Ziel bei On-Demand-Angeboten ist es, sehr kurzfristig auf Fahrtwünsche reagieren und Kund*innen auf Abruf befördern zu können (Riesner 2014, S. 43 f.).

Außerdem wird verschiedenen Formen von Mitfahrgelegenheiten ein hohes Potenzial zugeschrieben, sei es, dass sie über Plattformen im Internet organisiert werden oder als Zusteige-Mitnahme-Systeme, wie zum Beispiel Mitfahrer*innenbänke. Ridesharing-Angebote gehören ebenfalls dazu. Privat organisiert oder eingebunden in den ÖPNV sollen sie sich zu einer wichtigen Mobilitätsoption im ländlichen Raum entwickeln (Ahrend et al. 2012, S. 49 f.; Heinrichs et al. 2017, S. 44 f.; Küpper 2011, S. 163).

6.1.2 Ridesharing als Option

Als *Ridesharing* wird eine öffentlich zugängliche Mitfahrgelegenheit mit dem Pkw bezeichnet, die eine Privatperson anderen zur Verfügung stellt. Das heißt, ein*e Pkw-Fahrer*in bietet an, für eine Fahrt, die er*sie ohnehin unternehmen will, jemanden mitzunehmen, in der Regel zum Selbstkostenpreis. Damit bestimmt der*die Fahrer*in Fahrtroute und Zeitpunkt der Fahrgemeinschaft. *Ridesharing* kann spontan oder auch regelmäßig erfolgen und über eine Ridesharing-Plattform vermittelt werden (Doll et al. 2019, S. 20, 25, 30). *Ridesharing* unterscheidet sich durch seine öffentliche Zugänglichkeit von privaten bzw. privat organisierten Mitnahmemöglichkeiten (BMVI 2016, S. 29). Auch klassische Angebote über Mitfahrzentralen zählen zum *Ridesharing*.

Mittlerweile existieren verschiedenste Angebote, in denen es um das Teilen von Fahrzeugen oder Fahrten geht, da eine Organisation wegen der technischen Entwicklung der letzten Jahre deutlich einfacher geworden ist. Der voranschreitende Breitbandausbau, die ständig wachsende Dichte von Smartphones und Tablets und deren Verbreitung und Verfügbarkeit in der Bevölkerung gelten als eine äußerst wertvolle Ressource für intelligente Mobilität. Für Ridesharing-Dienste bedeutet dies nicht nur, dass keine zusätzlichen Verwaltungskosten anfallen (beispielsweise für ein Callcenter). Sie können außerdem dynamisch gestaltet, das heißt, Fahrtenangebote und -gesuche können in Echtzeit abgeglichen werden (Schreieck et al. 2016, S. 284 f.).

Allerdings fristet *Ridesharing* derzeit noch ein Nischendasein. Bisher wird es überwiegend auf Arbeitswegen genutzt, obwohl es neben solchen Routinefahrten auf eine spontane Nutzung abzielt (Heinrichs et al. 2017, S. 13). Das liegt möglicherweise auch daran, dass sich verschiedene Plattformen gezielt an Unternehmen wenden und Vermittlungslösungen für innerbetriebliche Fahrgemeinschaften in Ballungsräumen anbieten, beispielsweise TwoGo, MatchRiderGo oder flinc (Heinitz 2020, S. 17). Im Bereich der betrieblichen Mobilität können so Unternehmen gemeinsame Pendelverkehre ihrer Mitarbeiter*innen zukünftig (noch) stärker unterstützen und damit die Nachfrage erhöhen. Auch auf langen Strecken, zur Verbindung von Städten, wird *Ridesharing* weiteres Potenzial zugeschrieben (Doll et al. 2019, S. 36 f.).

Warum sollen aber Ridesharing-Angebote nun die Lösung für ländliche Räume sein?

Man geht davon aus, dass sich das Auto wegen der hohen Autodichte und der höheren Zahl der täglich zurückgelegten Streckenkilometer im Vergleich zu städtischen Räumen als Fortbewegungsmittel anbietet und ein *Matching* möglich ist. Das heißt, dass sich Fahrer*in und Mitfahrer*in für eine gemeinsame Fahrt finden, scheint wegen des großen „Angebots" zunächst einmal möglich. Außerdem wird die Anzahl möglicher Routen im Vergleich zur Stadt als geringer eingeschätzt, insbesondere wenn man bedenkt, dass sich Infrastruktureinrichtungen (ärztliche Praxen, Einkaufsmöglichkeiten oder Behörden) an bestimmten Orten konzentrieren (Hofmann et al. 2019, S. 40 f.). Und *Ridesharing* komme dem stark auf den Pkw fokussierten Mobilitätsverhalten im ländlichen Raum entgegen. Außerdem fänden gerade in ländlichen Räumen bereits heute schon viele Pkw-Mitnahmen statt, wenn auch eher im Familien- und Bekanntenkreis. Von öffentlichen Mitnahmeverkehren – so die Vorstellung – könnten auch alleinstehende Ältere profitieren (Gipp et al. 2014, S. 59). Viele Personen vor Ort kennen sich, sodass Sicherheitsbedenken möglicherweise eine geringere Rolle spielen als in der Stadt (Hofmann et al. 2019, S. 41). Darüber hinaus erfolgen beim *Ridesharing* die Fahrten idealerweise von Tür zu Tür, sodass davon ausgegangen wird, dass die Routenführung eher den Bedürfnissen der Mitfahrenden entsprechen als beim Linienverkehr (Heinitz 2020, S. 21).

6.1.3 Besondere Herausforderungen

Trotz großer Erwartungen, die mit Ridesharing-Angeboten verknüpft sind, treten die Hemmnisse und Schwierigkeiten bei der Nutzung deutlich hervor. Zwar gibt es mittlerweile viele Entwicklungen bezüglich ausgefeilter Algorithmen, um ein *Matching* zwischen Fahrer*in und potentiellem*r Mitfahrer*in für eine einzelne Fahrt herzustellen. Doch schwierig bleibt die Abstimmung der Fahrten trotzdem.

Am ehesten gelingt dies, wenn bei Fahrer*in und Mitfahrer*in Ziel und Anliegen übereinstimmen. Dies wäre zum Beispiel bei Berufspendler*innen mit gleichem Arbeitsort bzw. Wohnort der Fall. Aber auch hier müssen Arbeitszeiten übereinstimmen, sodass auch die gemeinsame Rückfahrt gesichert ist. Ridesharing-Angebote müssen eine ausreichende Anzahl von Fahrenden und Mitfahrenden gewinnen, sodass genügend strecken- und zeitmäßig übereinstimmende Mitnahmeangebote und Mitfahrwünsche zu gemeinsamen Fahrten gebündelt werden können (Daskalakis et al., 2019, S. 37). Dieser Unsicherheitsfaktor, ob ein passendes Fahrtangebot besteht und ein Fahrtwunsch tatsächlich realisiert werden kann, gilt als wichtiges Hemmnis bei der Durchsetzung von Ridesharing-Angeboten (Heinitz 2020, S. 23; Daskalakis et al. 2019, S. 36).

Junge Männer, die kein eigenes Auto zur Verfügung haben, sind besonders affin gegenüber neuen Mobilitätsdiensten und nutzen diese in urbanen Räumen schon jetzt (Krauss et al. 2020, S. 22). Auch das Institut für Verkehrsforschung des DLR kam in seinen Erhebungen zu der Erkenntnis, dass *Ridesharing* eher junge Menschen bis 35 Jahre anspricht. Diese sind außerdem multimodal erfahren, das heißt, sie nutzen bereits verschiedene Mobilitätsangebote und sind offen gegenüber neuen Technologien (Heinrichs et al. 2017, S. 25; Heinitz 2020, S. 44 f.). Eine weitere Schwierigkeit liegt daher in der demografischen Entwicklung der ländlichen Regionen. Die Zahl der Bewohner*innen geht nicht nur seit Jahren zurück, das Durchschnittsalter erhöht sich auch stärker als in den Städten. Für Menschen im fortgeschrittenen Lebensalter muss also ein Angebot in ländlichen Räumen gefunden werden, das diese mobil hält. Hier liegt die besondere Herausforderung darin, dass gerade Ältere nur träge auf neue Angebote umschwenken. Sie sind außerdem nicht so technikaffin, was schließlich bedeutet, dass ein Ridesharing-Angebot, das ausschließlich digital buchbar ist, schlechter angenommen wird.

Darüber hinaus ist die Wahl des Verkehrsmittels gewöhnlich über lange Zeiträume stabil. Sie ist geprägt von Gewohnheiten und Routinen und ändert sich nur sehr behäbig. Selbst wenn sich Personen vornehmen, ein bestimmtes Angebot zu nutzen, spielen diese Intentionen bei gewohnheitsgeprägtem Verkehrsverhalten oft nur eine untergeordnete Rolle (Doll et al. 2019, S. 83 f.). Die Wahl eines Verkehrsmittels wird auch durch die Anstrengungen und den Aufwand zur Erreichung des gewünschten Ziels bestimmt (Verhaltenskosten). Damit sind nicht nur Fahrtdauer und -kosten oder physische Anstrengungen (zum Beispiel beim Fahrradfahren), sondern auch der kognitiv-organisatorische Aufwand gemeint, der bei der Wahl eines bestimmten Verkehrsmittels entsteht. Dieser ist individuell unterschiedlich und insbesondere bei neuen Mobilitätsangeboten erst einmal hoch, da die Erfahrung mit dem Verkehrsmittel fehlt (Doll et al. 2019, S. 84 f.). Das macht es insgesamt schwierig, neue Optionen in den Blick zu nehmen, solange die Nutzung des eigenen Autos noch möglich ist. Dies erklärt auch einen Teil der Schwierigkeiten, die Personen nach jahrelangem Pkw-Fahren mit dem Umstieg auf den ÖPNV haben. Für eine Änderung des Mobilitätsverhaltens haben daher Veränderungen der persönlichen Situation des*der Nutzer*in den größten Einfluss. Erst mit einem Berufswechsel, der Geburt von Kindern oder dem Verlust des Führerscheins wird es notwendig, andere Mobilitätsangebote zu nutzen (Doll et al. 2019, S. 87).

Die Chancen, die mit neuen Mitfahrkonzepten verbunden werden, nämlich auf einen eigenen Pkw verzichten zu können und sich damit auch nicht um das Auto kümmern zu müssen (Doll et al. 2019, S. 85), kommen außerdem nicht zum Tragen, wenn trotz eines solchen Angebots nicht auf den privaten Pkw verzichtet werden kann. Steht aber ein eigenes Auto zur Verfügung, so werden hier die Verhaltenskosten als so günstig wahrgenommen, dass kein anderes Verkehrsmittel genutzt wird. Mit dem fahrbereiten Auto vor der Tür kann insbesondere im ländlichen Raum kein anderes Mobilitätsangebot mithalten.

Weitere Hemmnisse sind psychologische Barrieren. Die Nutzer*innen von *Ridesharing* fahren bei Personen mit, die sie nicht kennen. Mitnehmende müssen dagegen fremden Personen in ihren privaten Raum – nämlich das eigene Auto – lassen. Auch Sicherheitsbedenken können dazu führen, dass *Ridesharing* nicht infrage kommt (Daskalakis et al. 2019, S. 37). Außerdem wird die Flexibilität des Angebots als zu gering bewertet (Heintze 2020, S. 27).

Bisher liegen keine Überlegungen zur Barrierefreiheit von Ridesharing-Angeboten vor. Zwar wird hervorgehoben, dass immer dann, wenn die Handhabung digitaler Medien vorausgesetzt wird, der allgemeine barrierefreie Zugang problematisch ist (Heinitz 2020, S. 52). Gerade bei älteren Menschen nehmen aber auch körperliche Einschränkungen zu. Der Gesundheitszustand kann nicht nur dazu führen, dass das Selbstfahren eines Pkw nicht mehr funktioniert. Auch die Mitfahrt in einem normalen Pkw kann erschwert sein. Spätestens wenn jemand auf einen Rollstuhl angewiesen ist, wird eine Mitnahme im Pkw unmöglich. Aber auch die Begleitung durch einen Blindenführhund oder die Mitnahme eines Rollators können eine Fahrt im fremden Pkw erschweren.

Insgesamt sind gerade für den im ländlichen Raum besonders relevanten Adressat*innenkreis der Älteren die Hemmnisse groß.

6.1.4 Nutzungspotenziale von Ridesharing in ländlichen Regionen

Das IGES-Institut untersuchte das Mobilitätsverhalten Älterer im ländlichen Raum mittels telefonischer Befragung von 999 Personen über 55 Jahren (Gipp et al. 2014, S. 16). Bei 71 % der befragten Personen zeigte sich kein Interesse an neuen Mobilitätsformen, was zum einen auf fehlende Kenntnis, zum anderen auf fehlenden Bedarf zurückführt wurde. Denn die meisten haben einen Pkw und benötigen keine anderen Angebote. Zwar fahren immer mehr Menschen immer länger selbst Pkw. Trotzdem sehen sie, je älter sie werden, den Bedarf an Alternativen für mobilitätseingeschränkte Personen. Von den über 65-Jährigen gaben über 90 % an, dass Mobilitätsangebote auch von Mobilitätseingeschränkten nutzbar sein müssen (Gipp et al. 2014, S. 50 f.). Bei der Erhebung zeigte sich, dass Mitnahmeverkehre nicht sehr bekannt, jedoch für Ältere im ländlichen Raum interessant sind. Sie kommen aber als Option nur in Betracht, wenn besondere Anforderungen für Ältere berücksichtigt werden und beispielsweise eine telefonische Buchung möglich ist (Gipp et al. 2014, S. 54).

Andere Befragungen ergaben eine deutlich positivere Einstellung älterer Menschen in ländlichen Räumen gegenüber Ridesharing-Angeboten, wonach sie ein solches Angebot nutzen würden, wenn es eines in ihrer Gemeinde gäbe.

Dies bestätigt auch eine Umfrage des iso-Instituts bei 1045 Personen über 50 Jahren in den 14 Gemeinden des Saarlands mit der niedrigsten Bevölkerungsdichte (siehe Beitrag 2.1).[1] Bei der Befragung gaben 80 % an, ein solches Mitfahrangebot in ihrer Gemeinde sinnvoll oder sehr sinnvoll zu finden

---

[1] Bei der Konzeption der Fragen zum *Ridesharing* konnte an die telefonische Bevölkerungsbefragung im Rahmen des Projekts GetMobil angeknüpft werden, in der es ebenfalls darum ging, die Bereitschaft zur Teilnahme an einem Ridesharing-Angebot zu ermitteln (Daskalakis, 2019, S. 172–184). Hier bewerteten 91,4 % der Befragten die Einrichtung einer lokalen

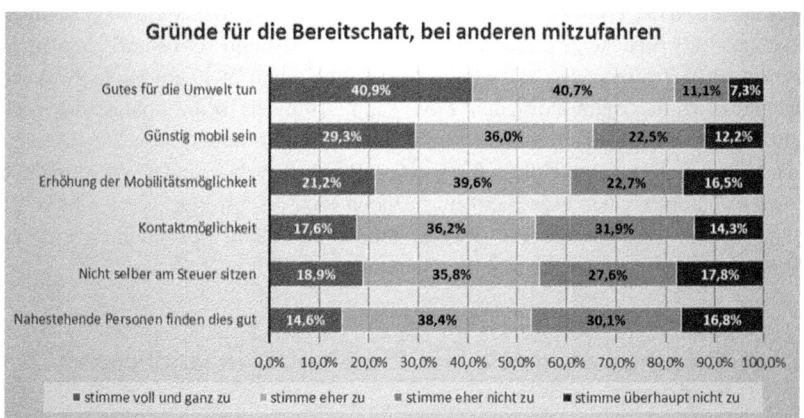

Abb. 6.1 Gründe für die Bereitschaft, bei anderen mitzufahren

(n = 932). 62 % gaben an, sie könnten sich vorstellen, ein solches Angebot als Mitfahrende*r zu nutzen (n = 931). Immerhin zwanzig Personen hielten ein Ridesharing-Angebot in ihrer Gemeinde für nicht sinnvoll, würden es aber eventuell nutzen wollen. Die Bereitschaft, ein Mitfahrangebot zu nutzen, nimmt sogar im Alter zu. Bei den über 80-Jährigen gaben 67 % an (n = 103), sich vorstellen zu können, ein Mitfahrangebot in der Gemeinde als Mitfahrende*r zu nutzen. Keinen Einfluss scheint die Verfügbarkeit eines Pkw im eigenen Haushalt auf die Einstellung zu haben. Allerdings machten nur 39 Personen aus Gruppe derer ohne Pkw eine Angabe hierzu. 63 % der Personen ohne eigenes Auto im Haushalt können sich vorstellen, ein Ridesharing-Angebot zu nutzen.

Zwischen 825 und 859 Personen gewichteten jeweils Gründe für ihre Bereitschaft, bei anderen mitzufahren. Der wichtigste Grund für die Befragten wäre, damit etwas Gutes für die Umwelt zu tun. Mehr als 80 % stimmten dieser Aussage zu. Günstig mobil sein zu können, ist der zweitwichtigste Grund. An dritter Stelle gaben die Befragten an, dass sich für die Mitfahrenden die Möglichkeiten erweitern würden, mobil zu sein (Abb. 6.1). Dies deckt sich mit den Ergebnissen von GetMobil. Auch hier sprachen für die Nutzung eines Mitfahrangebots an erster Stelle der Umweltschutz, danach die niedrigen Kosten. Gegen eine Mitfahrt sprachen bei GetMobil in erster Linie die damit verbundene Einschränkung der

---

Mitfahrinitiative im eigenen Ortsteil als zumindest eher sinnvoll, 77,3 % fanden sie sinnvoll oder sehr sinnvoll (Daskalakis, 2019, S. 133).

Abb. 6.2 Hinderungsgründe für die Mitfahrt

Flexibilität und Zeitmangel, aber auch das Bedürfnis, anderen nicht zur Last zu fallen (Daskalakis 2019, S. 123).

Dies deckt sich mit den Ergebnissen der Mobilitätsbefragung im ländlichen Raum im Saarland. Zwischen 818 und 868 Personen nannten dabei Hinderungsgründe, ein Mitfahrangebot zu nutzen. Die Einschränkung der eigenen Flexibilität spielte hier die größte Rolle. Insgesamt halten sich zustimmende und ablehnende Angaben die Waage. Lediglich der Aussage, dass die Nutzung einer Mitfahrinitiative als Mitfahrende*r aus gesundheitlichen Gründen nicht in Betracht komme, wurde im Durchschnitt „eher nicht" zugestimmt (Abb. 6.2). Mit zunehmendem Alter betonten die befragten Personen aber gesundheitliche Gründe als Hinderungsgründe für eine Mitfahrt etwas stärker. Bei den über 80-Jährigen gaben 49 % an (n = 86), dass eine Nutzung eines Mitfahrangebots als Mitfahrende*r (eher) nicht möglich sei.

Von den Menschen mit einer Gehbehinderung gaben 53 % an, dass für sie eine Mitfahrgelegenheit aus gesundheitlichen Gründen (eher) nicht in Betracht komme (n = 107), bei den Menschen mit Sehbehinderung waren es 55 % (n = 38). Dies bedeutet aber auch, dass fast die Hälfte dieser Personen *Ridesharing* für sich als Option in Betracht zieht.

Insgesamt zeigt sich, dass eine deutliche Bereitschaft besteht, ein Mitfahrangebot vor Ort zu nutzen, und die Hinderungsgründe dabei nicht im Fokus stehen. Die positiven Gründe für die Bereitschaft einer Mitfahrt überwiegen. Für einzelne Personengruppen, beispielsweise für Menschen mit einer Geh- oder

Sehbehinderung ist aber die Mitnahme in einem Pkw aus gesundheitlichen Gründen schwieriger. Insbesondere Personen, die auf einen Rollstuhl angewiesen sind, bedürfen besonderer Fahrzeuge. Auch im hohen Alter sehen sich Menschen aus gesundheitlichen Gründen nicht mehr so gut in der Lage, Mitfahrangebote zu nutzen. Ridesharing-Angebote können hier nur bedingt eine Lösung sein und werden nicht als ein generell barrierefreies Angebot wahrgenommen. Zwar war die Einstellung der Befragten zu Mitfahrinitiativen in ihrer Gemeinde sehr positiv und solche Angebote wurden gewünscht. Es können damit aber gerade diejenigen Gruppen nur bedingt angesprochen werden, die auf Mobilitätsangebote angewiesen wären.

6.1.5 Erfahrungen aus der Praxis

Trotz der positiven Einstellung zu Ridesharing-Angeboten sind diese in ländlichen Räumen selten, und auch räumlich breiter angelegte Angebote hatten bisher noch keinen dauerhaften Erfolg. Ein bekanntes Beispiel ist hier sicherlich flinc. Bis zur Einstellung des Betriebs war flinc[2] einer der größten Anbieter von Mitfahrangeboten. 2015 waren 250 000 Mitglieder in Deutschland registriert, die monatlich ca. 650 000 Fahrtangebote generierten (Harz et al. 2019, S. 260). Bei einer Befragung von flinc-Kund*innen im Jahr 2016 zeigte sich die Mehrheit zufrieden mit dem Angebot. Über ein Drittel der Kund*innen war aber mit dem Angebot unzufrieden, weil sehr oft kein passendes Fahrtangebot oder Mitfahrgesuch gefunden werden konnte. Von den befragten Mitgliedern gaben nur 37 % der Fahrenden und 40 % der Mitfahrenden an, überhaupt schon einmal eine erfolgreiche Buchung durchgeführt zu haben (Harz et al. 2019, S. 272). Die Untersuchung von Mitfahrnetzwerken im Rahmen von flinc zeigte ein noch deutlicheres Bild. Zwar wurden über einen Untersuchungszeitraum von mehreren Jahren mehrere Tausend Angebote für Fahrten und Mitfahrten eingestellt. Das System schlug in der Regel für jedes Angebot mehrere passende Fahrten *(Matchings)* vor, letztlich waren aber bei lediglich 0,7 % die Verhandlungen über die Mitnahme zwischen eine Fahrt anbietender und eine Mitfahrt suchender Person erfolgreich (Harz et al. 2019, S. 278). Bei weniger als einem Prozent konnte also tatsächlich eine Fahrt stattfinden.

Auch mobilfalt, das von GetMobil untersuchte Ridesharing-Projekt in Hessen, zeigt, dass die praktische Etablierung eines Ridesharing-Angebots im ländlichen

---

[2] Dieses Ridesharing-Angebot existiert jetzt nur noch als Plattform zur Koordinierung betrieblicher Pendlerprozesse.

Raum sehr schwierig ist. Zwar wird mobilfalt im Ergebnis als Erfolg gewertet, aber genaue Zahlen, wie viele Fahrten über dieses Angebot mit privaten Fahrer*innen zustande kommen, existieren nicht. 2018 wurde jedoch in einem Zwischenbericht erwähnt, dass über 95 % der Fahrten, die über mobilfalt gebucht werden, letztlich von einem Taxi übernommen werden, weil sich kein*e Privatfahrer*in findet. Die Taxifahrten dienen dabei als Garantie, um eine gewünschte Fahrt stattfinden zu lassen und damit die Akzeptanz des Angebots zu erhöhen. Dabei stellt sich natürlich die Frage, ob es sich bei einer solch hohen Quote von Taxifahrten noch um ein Ridesharing-Angebot handelt. Insgesamt zeigte sich auch bei Mobilfalt, dass zwar eine hohe Bereitschaft zur Teilnahme an Ridesharing vorliegt und sich auch entsprechend Nutzer*innen bei Mobilfalt registrierten. Die Zahl der tatsächlichen Teilnehmer*innen war aber letztlich sehr niedrig (Daskalakis 2019, S. 154).

Ein weiteres Angebot in Hessen ist odenwaldmobil.de, ein ÖPNV-Angebot, das auch private Mitfahrgelegenheiten vermittelt. Dabei steht hier Ridesharing gleichberechtigt neben anderen Angeboten des ÖPNV, insbesondere dem Ruftaxi (taxOMobil), dem dabei die eigentliche Bedeutung zukommt. Private Mitfahrangebote spielen nur eine untergeordnete Rolle, weil die Nachfrage zu gering ist. Personen, die Fahrten anbieten, springen außerdem nach einiger Zeit wieder ab, wenn ihr Angebot nicht nachgefragt wird (Interview mit „garantiert mobil!" am 15.11.2018).

6.1.6 Fazit

Trotz der generell hohen Bereitschaft, Ridesharing-Angebote auch im ländlichen Raum zu nutzen, bleibt das Matching-Problem bestehen. Es entstehen zu wenige Fahrten zu ähnlichen Zeiten und auf ähnlichen Strecken. Auch wenn die meisten zunächst einmal angeben, hier Umwege in Kauf zu nehmen oder sich bei der Fahrzeit an andere Personen anzupassen, wird wahrscheinlich unterschätzt, wie stark die Fahrer*innen und Mitfahrer*innen aufeinander zukommen müssen. Dies ist letztlich auch der Grund, warum in ländlichen Räumen mit wenig ÖPNV-Angebot der klassische Linienverkehr nicht funktioniert. Das Angebot lässt sich nicht so bündeln, dass es genügend Fahrgäste erreicht, sodass am Ende die wenigen Busse (fast) leer ihre Ziele ansteuern. Beim *Ridesharing* müssen zwar nur zwei Personen „gebündelt" werden, aber auch hier besteht das Problem, ein passendes Angebot zu finden.

Letztlich steht auch *Ridesharing* in Konkurrenz zum eigenen Pkw. Denn ein Angebot, das nur manchmal funktioniert, kann diesen nicht ersetzen. Wenn aber ohnehin ein eigener Pkw zur Verfügung steht, dann wird er auch genutzt. Im Ergebnis sind Ridesharing-Angebote im ländlichen Raum nur in kleinräumigen Strukturen denkbar, wo die Zahl der möglichen Wegstrecken begrenzt und damit ein Matching wahrscheinlicher ist. Es bleibt wohl eher ein mögliches Angebot für verdichtete Strukturen mit vielen Einwohnern, für Berufspendler mit gleichem Arbeitgeber bzw. Wohnort oder für große Entfernungen. In bisherigen Angebotsformen spricht es außerdem eher junge, technikaffine Menschen an. Für die ältere, ländliche Bevölkerung scheint es keine Lösung und schon gar kein Ersatz für den eigenen Pkw zu sein.

Insgesamt kommt daher auch eine vom Bundesministerium für Verkehr und digitale Infrastruktur in Auftrag gegebene Studie zu dem Ergebnis, dass selbst bei einem umfassenden Mobilitätswandel mit einer intensiven politischen Förderung alternativer Mobilitätsangebote und dem Abbau von Privilegien für den Privat-Pkw der Anteil von Ridesharing-Angeboten am motorisierten Verkehr im ländlichen Raum bis zum Jahr 2050 nur ein Prozent betragen wird (Doll et al., 2019, S. 99, 122). Für Großstädte wird immerhin an Anteil von 3,1 % prognostiziert (Doll et al. 2019, S. 111).

Literatur

Ahrend, C., & Herget, M. (Hrsg.). (2012). *Umwelt- und familienfreundliche Mobilität im ländlichen Raum. Handbuch für nachhaltige Regionalentwicklung.* Technische Universität Berlin.

Altenburg, S., Gaffron, P., & Gertz, C. (2009). *Teilhabe zu ermöglichen bedeutet Mobilität zu ermöglichen. Diskussionspapier des Arbeitskreises Innovative Verkehrspolitik der Friedrich-Ebert-Stiftung (WISO-Diskurs).* Friedrich-Ebert-Stiftung.

Bundesministerium für Verkehr und digitale Infrastruktur (BMVI). (2016). *Mobilitäts- und Angebotsstrategien in ländlichen Räumen. Planungsleitfaden für Handlungsmöglichkeiten von ÖPNV-Aufgabenträgern und Verkehrsunternehmen unter besonderer Berücksichtigung wirtschaftlicher Aspekte flexibler Bedienungsformen.*

Daskalakis, M. (2019). Teilnahmebereitschaft an lokalen, organisierten Ridesharing-Angeboten – Eine Analyse aus verhaltensökonomischer Perspektive. In M. Daskalakis, C. Sommer, A. Roßnagel, & J. Kepper (Hrsg.), *Ländliche Mobilität vernetzen. Ridesharing im ländlichen Raum und dessen Integration in den öffentlichen Nahverkehr* (S. 91–188). oekom Verlag.

Daskalakis, M., & Hofmann, D. (2019). Potentiale und Hemmnisse von Ridesharing. In M. Daskalakis, C. Sommer, A. Roßnagel, & J. Kepper (Hrsg.), *Ländliche Mobilität vernetzen. Ridesharing im ländlichen Raum und dessen Integration in den öffentlichen Nahverkehr* (S. 36). oekom Verlag.

Doll, C., Krauss, K., Luchmann, I., Niemeier, E., Quante, N., Ritschny, J., Scherf, C., Schuler, J., & Schürmann, R. (2019). *Verlagerungswirkungen und Umwelteffekte veränderter Mobilitätskonzepte im Personenverkehr. Wissenschaftliche Beratung des BMVI zur Mobilitäts- und Kraftstoffstrategie.*

Gipp, C., Nienaber, P., & Schiffhorst, G. (2014). *Mobilitätsoptionen Älterer im ländlichen Raum. Ergebnisbericht.* IGES Institut GmbH.

Harz, J., & Sommer, C. (2019). Systemanalyse Flinc. In M. Daskalakis, C. Sommer, A. Roßnagel, & J. Kepper (Hrsg.), *Ländliche Mobilität vernetzen. Ridesharing im ländlichen Raum und dessen Integration in den öffentlichen Nahverkehr* (S. 260–290). oekom Verlag.

Heinitz, F. (2020). *Potenziale und Hemmnisse für Pkw-Fahrgemeinschaften in Deutschland. Teilbericht (Nr. 2016; Texte).* Umweltbundesamt.

Heinrichs, D., Thomaier, S., & Parzonka, R. (2017). *Arbeitsberichte zur Verkehrsforschung. Ko-Automobilität. Heutige Nutzungsformen und Nutzungsmuster in Deutschland und Verbreitungspotenziale als alternatives Mobilitätsangebot.* Abschlussbericht (Nr. 1; Arbeitsberichte zur Verkehrsforschung). Institut für Verkehrsforschung.

Hofmann, D., & Daskalakis, M. (2019). Ridesharing im ländlichen Raum. In M. Daskalakis, C. Sommer, A. Roßnagel, & J. Kepper (Hrsg.), *Ländliche Mobilität vernetzen. Ridesharing im ländlichen Raum und dessen Integration in den öffentlichen Nahverkehr* (S. 40–44). oekom Verlag.

Krauss, K., Scherrer, A., Burghard, U., Schuler, J., Burger, A., & Doll, C. (2020). *Sharing Economy in der Mobilität – Potenzielle Nutzung und Akzeptanz geteilter Mobilitätsdienste in urbanen Räumen in Deutschland* (WP S Nr. 6). Fraunhofer-Institut für System- und Innovationsforschung (Fraunhofer ISI).

Küpper, P. (2011). Auf dem Weg zu einem Grundangebot von Mobilität in ländlichen Räumen: Probleme, Ursachen und Handlungsoptionen. In H.-P. Hege, Y. Knapstein, R. Meng, K. Ruppenthal, A. Schmitz-Veltin, & P. Zakrzewski (Hrsg.), *Schneller, öfter, weiter? Perspektiven der Raumentwicklung in der Mobilitätsgesellschaft;* 13. Junges Forum der ARL, 13. bis 15. Oktober 2010 in Mannheim (S. 152–168). Akademie für Raumforschung und Landesplanung.

Küpper, P. (2016). *Abgrenzung und Typisierung ländlicher Räume* (Thünen Working Paper Nr. 68). Thünen-Institut für Ländliche Räume. http://literatur.thuenen.de/digbib_extern/dn057783.pdf.

Reichert-Schick, A. (2015). Infrastruktur im ländlichen Raum. In J. Lempp, G. van der Beek, & T. Korn (Hrsg.), *Aktuelle Herausforderungen in der Wirtschaftsförderung* (S. 75–86). Springer Fachmedien Wiesbaden. https://doi.org/10.1007/978-3-658-08960-3.

Riesner, A. (2014). Bedeutung und Förderung von Mobilität in ländlichen Räumen. *zfv – Zeitschrift für Geodäsie, Geoinformation und Landmanagement,* 1/2014, 41–49. https://doi.org/10.12902/zfv-0007-2014.

Schreieck, M., Safetli, H., Siddiqui, S. A., Pflügler, C., Wiesche, M., & Krcmar, H. (2016). A Matching Algorithm for Dynamic Ridesharing. *Transportation Research Procedia,* 19, 272–285. https://doi.org/10.1016/j.trpro.2016.12.087.

6.2 Alternative Konzepte der Mobilitätsversorgung in ländlichen Räumen – Erkenntnisse aus einer qualitativen Erhebung bei acht Projekten aus der Bürgerschaft

Sascha Roder

„Man braucht das Problem, das ist wichtig. Und man muss Leute mobilisieren […]." (MobiLäRe 1; Z. 274–275)[3]

Egal an welchem Ort und mit welchem Ehrgeiz Mobilitätsprojekte initiiert werden: Ohne erhebliche Versorgungslücken im ÖPNV (öffentlicher Personennahverkehr) und ohne ein tatkräftiges Miteinander der ortsansässigen Bewohner*innen ist ein aus der Bürger*innenschaft organisiertes Verkehrsvorhaben nicht umsetzbar. Selbst die Einbindung privater Fahrzeuge in regional abgestimmte Mobilitätsangebote, wie es beim *Ridesharing,* der kostenfreien Mitnahme von Fahrgästen in privaten Pkw der Fall ist, verlangt nach einem strukturierten und von allen akzeptierten Konzept, um eine solche Projektidee langfristig zu etablieren.

Im Folgenden werden in einem Überblick die Ergebnisse aus der im Juni 2020 durchgeführten Befragung der Hauptverantwortlichen bei acht beispielhaften Mobilitätsprojekten im ländlichen Raum im Süden und im Westen Deutschlands

[3] Die durchgeführten Interviews wurden anhand der im Anschluss erstellten Transkripte nummeriert, also „MobiLäRe 1" steht für Transkript Nummer 1. „MobiLäRe" ist das Kürzel für die durchgeführte wissenschaftliche Studie „Mobilitätsprojekte ländliche Regionen". Die Zuordnung „Z." bedeutet Zeile und verweist auf die Textstelle im Transkript.

zusammenfassend dargestellt. Bei der qualitativen Erhebung mithilfe leitfadenge-stützter Expert*innen-Interviews konnten nach der Transkription und Auswertung die wichtigsten Aussagen, übergreifende Merkmale sowie förderliche und hin-derliche Faktoren in der Umsetzung der einzelnen Vorhaben herausgearbeitet werden. Folgende Mobilitätsprojekte wurden in die Erhebung einbezogen:

- Dachverband ProBürgerbusse NRW e. V.,
- MobilAgenten im ländlichen Raum e. V.,
- Mobiles Bürgerbüro „Ratzuhaus",
- Nachbarschaftsnetzwerk in Jesberg – Mit + Für Einander,
- Mitfahrbänkle Schuttertal,
- Mitfahrgemeinschaft HÖRI-MIT,
- Bürgerbusverein Kirkel e. V.,
- Bürgerbusverein Püttlingen e. V.

Alle Projekte eint, dass es sich um ehrgeizige und von Bürger*innen initiierte Vorhaben handelt,[4] um einen besseren Einbezug besonders mobilitätseinge-schränkter oder älterer Menschen wie auch Menschen mit Behinderungen in das gemeinschaftliche Leben zu ermöglichen. Die Versorgung mit öffentlichen Ver-kehrsangeboten in ländlichen oder abgelegen Regionen stellt grundlegend eine große Herausforderung dar, „denn die komplizierten Wegeketten, die in den weit-maschigen Siedlungsstrukturen notwendigerweise entstehen, können durch den starr getakteten ÖV [öffentlicher Verkehr; S. R.] kaum bewältigt werden" (Schwe-des 2014, S. 16). So zeigt sich, dass in „vielen Kreisen Deutschlands oftmals mehr als drei Viertel des Fahrgastaufkommens" (Kagermeier 2004, S. 21) mit dem Transport von Schüler*innen bestritten werden und durch den Ausbau von Straßen und Zufahrtswegen selbst in abseits gelegenen Regionen die Nutzung des eigenen Automobils systematisch und nachhaltig gefördert wird. Im Hinblick auf Menschen, die über kein eigenes Auto verfügen oder gesundheitlich nicht in der Lage sind, eines zu bedienen, haben die oben aufgeführten Mobilitätsprojekte kreative Ideen und Konzepte entwickelt. Um einen Einblick in die breite Vielfalt einer Erschließung der ländlichen Räume mit Mobilitätsangeboten zu geben, wer-den im Folgenden beispielhaft der Dachverband ProBürgerbusse NRW e. V. mit dem Fokus auf das Bürgerbus-Projekt in Kevelaer und die Mitfahrgemeinschaft HÖRI-MIT auf der Halbinsel Höri am Bodensee kurz vorgestellt.

---

[4] Nur beim mobilen Bürger*innenbüro „Ratzuhaus" erfolgte die Initiierung über die Ver-bandsgemeindeverwaltung, um Menschen in entlegenen Regionen die Leistungen eines Bür-ger*innenamts bzw. Rathauses zugutekommen zu lassen.

6.2.1 Das Bürger*innenbus-Angebot in Kevelaer

Die Stadt Kevelaer mit ca. 28 000 Einwohner*innen liegt im Nordwesten Nordrhein-Westfalens nahe der niederländischen Grenze. Neben der zentralen Gemeinde gibt es vier weitere Ortschaften, die zwischen drei und fünf Kilometern voneinander entfernt sind und über keine oder nur marginale Einkaufsmöglichkeiten verfügen. Diese Ortschaften wurden bereits vor mehr als dreißig Jahren vom öffentlichen Nahverkehr abgebunden, da es aus Sicht des Betreibers eine zu geringe Nutzung gab. Hieraus entwickelte sich ein Engagement der betroffenen Bürger*innen, die in Zusammenarbeit mit dem Dachverband ProBürgerbusse NRW e. V. und kommunaler Unterstützung 1994 den ersten Bürger*innenbusverein gründeten, aus dem sich bis heute vier unabhängige Vereine entwickelt haben.

Der Bürger*innenbus ist ein Kleinbus mit acht Sitzplätzen, der nach einem vorgegebenen Fahrplan eine bestimmte Linie mit festgelegten Haltepunkten in den Ortschaften für ein kleines Entgelt anfährt. Die Betreiber*innen sind die jeweiligen Vereine, deren ehrenamtliche Mitarbeitende, meist Menschen im fortgeschrittenen Alter bzw. in der Rente, den Bus fahren und die dazu gehörige Organisation übernehmen. Die Kund*innen des Bürger*innenbusses setzen sich aus unterschiedlichen Bevölkerungsgruppen zusammen:

> „Die Fahrgäste selber gehören auch weitgehend zu den älteren Bevölkerungsschichten. Wir haben natürlich auch Kinder. Und wir haben die Erziehenden, die kein zweites Auto haben, wenn der Berufstätige mit dem Auto unterwegs ist und das nutzen. Das macht aber nicht die Mehrheit aus. Die deutliche Mehrheit sind Senioren, teilweise auch mobilitätseingeschränkte Personen." (MobiLäRe 1; Z. 297–302)

Die in den Ortsteilen lebenden Anwohner*innen schätzen das Angebot des Bürger*innenbusses, da es ein verlässliches, kostengünstiges Mobilitätsmittel darstellt und für einige Menschen das einzige Verkehrsangebot neben der Nutzung hochpreisiger Taxen darstellt. Auch bringen die ehrenamtlichen Fahrer*innen eine sehr persönliche, familiäre Note hinein, die von den vielen Fahrgästen, die das Angebot regelmäßig nutzen, sehr geschätzt wird.

> „Da gibt es eigentlich ganz viele Geschichten aus dem Bürgerbus, die sehr nett sind. Wir bekommen das von den Fahrerinnen und Fahrern immer wieder gesagt: ‚Das ist eine tolle Sache, das macht uns einfach Spaß. Wir spüren, dass wir etwas Sinnvolles machen. Wir spüren die Dankbarkeit von den Fahrgästen und den persönlichen Kontakt.' Das ist vielen sehr wichtig" (Z. 328–332).

Mit dem engen und teils vertrauten Nebeneinander geht jedoch auch eine soziale Kontrolle einher, bei der Änderungen von Kund*innen-Routinen von den Fahrer*innen unmittelbar wahrgenommen werden:

> „Wenn dann Fahrgäste mal nicht da sind, da fährt jemand jeden Mittwochmorgen zum Einkaufen. Und in der nächsten Woche oder in dieser Woche steht er da nicht. Was ist los? Was ist mit dem? Dann erkundigt man sich. Ist irgendetwas passiert? Geht es dem nicht gut? Krank geworden oder wie auch immer?" (Z. 222–225).

Die Möglichkeit, mit dem Bürger*innenbus mobil zu sein, in einem bekannten, geschützten Rahmen an sein Ziel zu kommen und dabei vielfältige soziale Interaktionen zu erleben, macht das Projekt bis heute erfolgreich. Für die zukünftige Gestaltung wird seitens der Vereine überlegt, ob man auch flexiblere Rufangebote bei Bedarf anbieten kann, damit die Kund*innen über den starren Fahrplan hinaus weitere Möglichkeiten zur Nutzung erhalten.

6.2.2 Die Mitfahrgemeinschaft auf der Höri am Bodensee

Die Höri ist eine Halbinsel im Untersee mit ca. 10 000 Bewohner*innen, der wie der Obersee zum Bodensee gehört. Sie erstreckt sich zwischen Radolfzell und Stein am Rhein. Zu ihr gehören elf Dörfer, die in drei Gemeinden zusammengefasst sind. Das besondere an der Halbinsel ist, dass es mit der L 192 und der L 193 lediglich zwei Straßen gibt, die alle Ortschaften miteinander verbinden. Bildlich gedacht befinden sich die Dörfer aufgereiht wie an einer Perlenschnur. Dieser besondere Verlauf bildete die Grundlage für ein Mobilitätsprojekt das mit dem Ziel gestartet ist, den vorhandenen Verkehr besser zu nutzen und die ohnehin verkehrenden Fahrzeuge besser auszulasten:

> „Also das Projekt ist ein Mobilitätsprojekt und es war die Idee, diese ganzen Autos, die mit einem Fahrer, manchmal auch zu zweit, aber viele Autos sind ja mit einer Person besetzt, praktisch leer rumfahren, etwas besser zu füllen. Und den Leuten, wenn dieses Projekt richtig gut funktioniert hätte, hätte es soweit kommen können, dass wir vielleicht nicht alle zwei Autos vor der Garage stehen haben, sondern nur eins. Weil man hätte mit dem Nachbarn mitfahren können" (MobiLäRe 6; Z. 78–83).

Ein kleines Team aus Ehrenamtlichen mit bis zu fünfzehn Aktiven organisierte den Aufbau des Mobilitätsprojekts. Mit einer Vorabregistrierung aller Fahrer*innen, einem Aufkleber auf der Windschutzscheibe als Legitimierung und der Kennzeichnung von Halte- bzw. Mitnahmepunkten an den gut sichtbaren Straßenverläufen durch das „HÖRI-MIT"-Schild für die Mitzunehmenden konnte das Projekt 2011 in der Praxis umgesetzt werden. Die ursprüngliche Idee, die „Eltern-Taxis" auf der HÖRI zu entlasten und Jugendlichen schnelle und unkomplizierte Mitfahrgelegenheiten anzubieten, erwies sich als nicht zielführend. Stattdessen nutzten ältere Mitbürger*innen die Möglichkeit eines *Ridesharing*, also einer kostenfreien Mitnahme in privaten Pkw. Es zeigte sich, dass bestehende Bekanntschaften und das Vertrauen untereinander die Grundlage für das Mobilitätsprojekt bildeten:

> „Also es war ein Nachbarschaftsprojekt, es ist auch nicht so sehr, ein Mobilitätsprojekt, sondern soziales Projekt. Das merkt man dann, wenn man sich damit beschäftigt. Weil man muss ja das Auto aufmachen, man muss den anderen einladen, mitzufahren. Man muss sich trauen sich an den Straßenrand zu stellen, auf sich aufmerksam machen und so signalisieren, dass man mitgenommen werden möchte." (MobiLäRe 6; Z. 83–88)

Für die Etablierung des Mitnahmeangebots wurde eine intensive Öffentlichkeitsarbeit umgesetzt. Nicht nur die lokalen politischen Entscheidenden konnten dabei in den Prozess der Umsetzung eingebunden werden. Auch überregionale Medien und wissenschaftliche Forschungseinrichtungen interessierten sich für das Konzept auf der HÖRI.

Trotz der zunächst positiven Resonanz zum Mobilitätskonzept gestalteten sich der Ausbau und die Akzeptanz in den folgenden Jahren schwierig. Zeigte sich bei den potenziellen Fahrtanbieter*innen mit fast 600 Personen zunächst eine große Bereitschaft, andere Menschen mitzunehmen, bildete es für viele eine deutliche Hürde, sich an die Straße zu stellen, um mitgenommen zu werden. Aufgrund des in der Region ausgeprägten Wohlstands bedeutete dies für viele Menschen eine Art „Outen", dass man sich kein Auto leisten könne oder sozial bedürftig sei. Dieses real vorhandene oder auch nur fiktiv mögliche „Stigma" führte dazu, dass sich die private Mitnahme auf der HÖRI nicht oder nur in Teilen erfolgreich etablierte:

> „Das Problem ist, die Leute dazu zu bringen, das zu nutzen […] es nicht so schwer, den Leuten beizubringen: ‚Nimm doch jemanden mit, wenn er am Straßenrand steht'. Die kriegen sie eher. Aber dass sich jemand hinstellt und mitnehmen lässt, das ist schwieriger." (MobiLäRe 6; Z. 142–145)

Im Zuge der Etablierung des ehrenamtlichen Mobilitätsprojekts „HÖRI-Mit" zeigte sich im Gegensatz zu allen anderen untersuchten Projekten ein interessantes Phänomen: der öffentliche Nahverkehr verbesserte sich zunehmend und trug somit dazu bei, dass die Nachfrage nach einer privaten Mitnahme zusehends geringer wurde und der besondere Reiz des Bürger*innen-Vorhabens verloren ging.

6.2.3 Aspekte für die Umsetzung von Mobilitätsprojekten im ländlichen Raum

Wie an den beiden dargestellten Mobilitätsprojekten bereits deutlich wird, gibt es eine Reihe von Faktoren und Kriterien, die für ein Gelingen oder auch ein Scheitern ehrenamtlich initiierter Vorhaben verantwortlich sind. Diese können grob nach strukturellen, sozialen und kommunikativen Aspekten unterteilt werden.

Zunächst bedarf es, wie bereits zu Beginn dargestellt, eines grundlegenden strukturellen Versorgungsdefizits des ÖPNV in ländlichen Regionen. Dieses zeichnet sich unter anderem dadurch aus, dass ein öffentlicher Nahverkehr

- nur selten oder mit einem sehr geringen Takt am Tag bzw. noch reduzierterem Angebot am Wochenende verkehrt,
- eine Hauptfahrstrecke bedient und dabei bestimmte Ortsteile nicht ansteuert,
- für Menschen mit einer Mobilitätseinschränkung aufgrund der örtlichen Begebenheiten (hügeliger Straßenverlauf, nur schwierig zugängliche Haltestelle) nicht oder mit erheblichen Anstrengungen zu erreichen ist.

Aufgrund der fehlenden und zu wenig passgenauen Konzepte von Nahverkehrsangeboten wurden von den Bürger*innen in den Ortschaften oder Ortsteilen alternative Konzepte geschaffen, die sich wesentlich direkter und unmittelbarer an den Bedarfen und Wünschen der Menschen in ihrem alltäglichen Umfeld orientieren. Der Bürger*innenbus ist hierbei ein gutes Beispiel für eine gelungene Kompensation eines nicht abgedeckten Bedarfs durch öffentliche Fahrangebote.

Doch weit mehr als nur die Überwindung struktureller Defizite und bestehender Teilhabebarrieren erzeugt die Initiierung eigener Ideen eine neue Form des sozialen Miteinanders, indem durch aktive Austausch- und Kommunikationsprozesse die örtlichen Strukturen gestärkt werden, wie es beispielsweise bei der Etablierung von Mitfahrerbänkchen in Oberried zu sehen ist:

„Das waren dann eben ein Querschnitt durch die ganze Bevölkerung, ein, zwei Jugendliche, eine Lehrerin, Mütter, die Vereinsvertreter, aus dem Gemeinderat war jemand und ein Busfahrer war auch dabei. Also es war einfach, der Versuch war einfach diese Projektgruppe so zu stricken, dass möglichst alle Bereiche der Bevölkerung damit abgedeckt sind, damit wir auch damit ein Sprachrohr in die Bevölkerung haben […]." (MobiLäRe 5; Z. 66–72)

Aber nicht nur die Mixtur der Unterstützenden im Mobilitätsprojekt steht für eine breit aufgestellte Mitwirkung der ortsansässigen Bevölkerung. Auch die Integration bereits bestehender sozialer Maßnahmen stärkt die Bürger*innenvorhaben:

„Und die Bänkchen wurden dann eben auch von der Projektgruppe in Rücksprache mit den Einwohnern aus Schuttertal überlegt, an welchen Stellen so ein Mitfahrbänkchen sinnvoll ist. Die wurden dann gemeinsam mit geflüchteten Menschen und Bürger*innen aus Schuttertal sowie einheimischen Bürger*innen aus Schuttertal gemeinsam gestrichen […]." (MobiLäRe 5; Z. 177–181)

Wie an einem weiteren Beispiel, dem Bürger*innenbus-Projekt im saarländischen Püttlingen, deutlich wird, ist es manchmal auch schon ausreichend, ein Projekt nur anzukündigen, dieses in der Gemeinde vor Ort aktiv zu bewerben und sich darüber mit den Interessierten austauschen. So gab es bereits vor dem eigentlich Start derart viel positive Resonanz und Nachfragen in der Bevölkerung, dass die Initiator*innen selbst überrascht waren, wie ausgeprägt der Wunsch nach Teilhabe und einem sozialen Miteinander in ihrer Ortschaft tatsächlich ist:

„Es rufen im zunehmenden Maße Leute an und fragen: ‚Wann geht es denn los? Ich würde es gerne nutzen‘ oder ‚Meine Mutter würde es gerne nutzen‘ oder ‚Das wäre für uns optimal‘. Und das stärkt uns natürlich auch darin, dass wir da durchaus auf dem richtigen Weg sind und wir so ein gewisses Nischen-Fenster, was noch nicht besetzt ist, besetzen können […]." (MobiLäRe 8, Z. 197–202)

Die Initiative zu ergreifen und eine Idee für ein gemeinsames Mobilitätsprojekt zu entwickeln, wurde in Püttlingen bereits seit geraumer Zeit verfolgt, da viele der älteren Menschen über Schwierigkeiten klagten, die Dinge des alltäglichen Bedarfs zu besorgen oder zu den entfernt liegenden fachärztlichen Zentren zu gelangen. Die ausgedehnte Stadtfläche mit geringer Infrastrukturdichte und einem hügeligen Landschaftsverlauf sowie einem sehr reduzierten Angebot öffentlichen Nahverkehrs stellen teils erhebliche Barrieren der Partizipation am gesellschaftlichen Leben bei den Menschen im fortgeschrittenen Lebensalter dar.

Somit war für die ehrenamtlich Mitwirkenden des Bürger*innen-Projekts das aktive Voranbringen und Steuern der Prozesse, die den Rahmen für ein unabhängiges und selbstkoordiniertes Angebot zur Verbesserung der örtlichen Teilhabe von älteren Menschen und Personen mit Mobilitätseinschränkungen schuf, von Beginn an ein wichtiges Anliegen:

> „Da zu warten, dass die öffentliche Hand das macht, das dauert viel zu lange, das ist alles viel zu schwierig. Da müssen wir auch als Bürger auch mal sagen: ‚Nein, das können wir auch selber. Vielleicht sogar besser' […]." (MobiLäRe 8, Z. 178–180)

Sich miteinander abzustimmen, aufeinander einzugehen und auf ein gemeinsames Ziel hinzuarbeiten, erzeugt eine neue Vernetzung in den Gemeinden. Die erforderliche Gremien- und Überzeugungsarbeit bei den politischen Entscheidungsträger*innen bzw. Finanzverantwortlichen in Vereinen und Ortsverbänden, bei Ortsvorsteher*innen oder Bürgermeister*innen; Landrät*innen oder gar Landesregierungen erfordert eine hohe Kommunikationsbereitschaft und einen ausgeprägten Durchhaltewillen, da es immer bürokratische, rechtliche oder finanzielle Hürden zu überwinden gibt. Doch für ein Gelingen ehrenamtlicher Mobilitätsprojekte sind auch die überregionale Kommunikation in Form der Bekanntmachung in sozialen Medien, landes- oder bundesweiten Printmedien oder auch der Einbezug wissenschaftlicher Forschungseinrichtungen wichtige Bestandteile. Denn mit entsprechender Aufmerksamkeit in unterschiedlichen Medien oder bei unabhängigen Fördernden ist es leichter oder oftmals sogar dadurch überhaupt erst möglich, ein Vorhaben mit dem nötigen „Rückenwind" und der nötigen Grundfinanzierung auf ein solides Fundament zu stellen.

6.2.4 Perspektiven alternativer Mobilitätskonzepte?

Die Umsetzung von Mobilitätsprojekten durch bürgerliches, ehrenamtliches Engagement ist für manche ländlichen und abseits gelegenen Regionen von hoher Bedeutung, wie anhand dieser Erhebung bei unterschiedlichen Konzepten gezeigt werden konnte. Aus der Notwendigkeit heraus, zum Einkaufen zu gelangen, Arztbesuche zu unternehmen oder Freundschaften zu pflegen, gibt es trotz steigender individueller Mobilität durch eigene Autos gerade bei älteren Menschen, Menschen mit einer Behinderung, Eltern mit Kinderwägen oder auch Familien mit geringem finanziellen Spielraum den Bedarf, auf gemeinschaftliche Fahr-Angebote zurückzugreifen. Wo der klassische öffentliche Nahverkehr nicht oder nur unzureichend Angebote macht, entstehen zunehmend soziale Projekte, die mit viel Ehrgeiz, hohem Engagement und viel Gespür für die Bedürfnisse der Mitmenschen neue Perspektiven im gemeinsamen Füreinander schaffen.

Aber nicht immer sind innovative und interessante Mobilitätsprojekte von Erfolg gekrönt, wie das Beispiel „HÖRI-Mit" zeigte. So ist eine Reihe von

Faktoren zu nennen, die *Ridesharing* oder ehrenamtliche Mobilitätsvorhaben erschweren oder zum Scheitern bringen können:

- die Bequemlichkeit der Menschen, eher auf das eigene Fahrzeug zurückzugreifen, als sich von anderen Personen abhängig zu machen,
- dass „Outen" bei der Inanspruchnahme von *Ridesharing,* möglicherweise als „bedürftig" oder „schwach" zu gelten (oder sich kein Auto leisten zu können),
- der mögliche Verlust von Flexibilität und die Entscheidungsgebundenheit bei der Fahrtroute, wenn man als Fahrer*in eine oder mehrere Personen mitnimmt,
- die Schwierigkeiten, genügend ehrenamtliche Mitarbeiter*innen für die Fortführung bzw. die Koordinierung der Mobilitätsprojekte zu aktivieren,
- ausgeprägter finanzieller Wohlstand der Bevölkerung in Kombination mit dem Besitz eines oder mehrerer Pkw pro Familie und damit einhergehend generationsübergreifende Familien- und Wohnstrukturen, die eine Mitnahme ermöglichen.

In diesem Dilemma befinden sich fast alle der ausgewählten Mobilitätsprojekte: Einerseits möchte man möglichst niedrigschwellige Angebote für ältere Menschen oder Menschen mit Behinderungen zur Verfügung stellen, andererseits gilt es, dem sozioökonomischen Wohlstand der breiten Bevölkerung Rechnung zu tragen und genau die Nische zu finden, in der es Bedarfe gibt und eine Unterstützung wirklich notwendig ist. Dieser Spagat ist nicht leicht zu vollziehen, gelingt aber oftmals im Hinblick auf die untersuchten Mobilitätsprojekte gerade in abgelegenen ländlichen Räumen fernab der Metropolen.

Ein gänzlich anderes Konzept – und damit auch die einzige Ausnahme bei der Erhebung der acht Mobilitätsprojekte – stellt das Bürger*innenmobil und „Ratzuhaus" in Bad Breisig dar. Hier wurde ein Serviceangebot einmal anders herum gedacht, um sich einer Verbesserung der Teilhabe von Menschen mit gesundheitlichen Problemen oder älteren Menschen anzunähern: Nicht die Bürger*innen müssen sich auf den Weg in das Rathaus der Verbandsgemeinde machen, sondern dieses kommt zu ihnen bzw. in ihren Ortsteil, um vor Ort die Leistungen anzubieten:

> „Und wir fahren ja zweigleisig, also wir haben ja einmal das mobile Bürger*innenbüro, aber wir haben natürlich auch noch dieses ‚Ratzuhause'. Das heißt für die Menschen, die wirklich gar keine Möglichkeit haben mehr aus dem Haus zu kommen, weil sie pflegebedürftig sind, ob sie im Altenheim sind, im betreuten Wohnen, haben wir hier immer noch die Möglichkeiten mit unserem Koffer auch dann ins Seniorenheim zu fahren oder zu den Menschen nach Hause [...]." (MobiLäRe 3; Z. 210–216)

Das Angebot der Verwaltung in Bad Breisig ist fraglos ambitioniert und überzeugt mit einem ernstgemeinten Abbau praktischer und kommunikativer Hürden und Barrieren. Die begrenzte Reichweite dieses Mobilitätsangebots ergibt sich jedoch aus dem überschaubaren Aufgabenspektrum einer Verwaltung, die eben nicht dafür gedacht ist, Menschen auch in ihren sozialen und kulturellen Bedürfnissen zu fördern und daher viele wichtige Bereiche des alltäglichen Lebens ausklammert.

Letzten Endes wird bei der durchgeführten Studie deutlich, dass die Einwohner*innen in vielen ländlich strukturierten Regionen in Deutschland den Wunsch hegen, mehr und regelmäßig am gesellschaftlichen Leben zu partizipieren. Für einige der älteren, mobilitätseingeschränkten Menschen oder Menschen mit Behinderungen, die selbst kein eigenes Fahrzeug besitzen oder es nicht bedienen können, sind Besuche bei Ärzt*innen und in Behörden oder Mobilität im Zuge der Aus- und Fortbildung zwingend erforderlich und müssen daher auf die eine oder andere Weise bewältigt werden. Um diese Not wissend setzen engagierte Bürger*innen aus den betroffenen Regionen zukunftsträchtige, sozial orientierte Mobilitätsprojekte wie Bürger*innenbusse, Mitfahrangebote oder Dienstleistungen im heimischen Umfeld um und überwinden damit bestehende Teilhabebarrieren. Doch die Kreativität und das ausgeprägte Engagement in den Ortschaften sollte nicht davon ablenken, dass es nicht ausreicht, kleine „Satelliten-Projekte" zu initiieren, sondern es eine gesamtgesellschaftliche Aufgabe ist, langfristig mit weitreichenden Mobilitätsangeboten eine möglichst umfassende Teilhabe zu erreichen. Hier sind bundesstaatliche Institutionen, Landesverantwortliche, Kommunaltätige wie auch die einzelnen Bürger*innen gefragt, zusammen in einem regelmäßigen Dialog für neue und kreative Wege im gemeinsamen Miteinander Lösungen für die Mobilität aller zu finden.

Literatur

Kagermeier, A. (2004). Verkehrssystem- und Mobilitätsmanagement unter den Bedingungen des ländlichen Raumes. In: A. Kagermeier (Hrsg.), *Verkehrssystem- und Mobilitätsmanagement im ländlichen Raum. Studien zur Mobilitäts- und Verkehrsforschung* (Band 10, S. 17–24). Mannheim: Verlag MetaGIS Infosysteme.

Schwedes, O. (2014). *Öffentliche Mobilität. Perspektiven für eine nachhaltige Verkehrsentwicklung.* 2., aktual. und erw. Aufl. Wiesbaden: Springer VS.

Die Wirkungen von Begleitdiensten im ÖPNV – mobisaar in der Praxis

7

Jana Rößler

Begleitdienste sollen durch ihre Mobilitätsdienstleistungen Barrieren im öffentlichen Personennahverkehr (ÖPNV) abbauen und zum Bestandteil einer barrierefreien Mobilitätsinfrastruktur werden. Ältere und mobilitätseingeschränkte Menschen können sich im ÖPNV durch Lots*innen unterstützen lassen, wenn sie diesen Bedarf haben. Das Angebot führt so zu mehr Selbstbestimmung von Menschen mit Behinderungen oder Mobilitätseinschränkungen. Daneben geht es auch um Teilhabewirkungen für Menschen in Langzeitarbeitslosigkeit, die über ihre Tätigkeit bei Begleitdiensten als Lots*innen Anerkennung und Wertschätzung erfahren (siehe Beitrag 1.1).

Inwieweit diese Wirkungen bei dem Lots*innenservice mobisaar erreicht werden konnten, soll im Folgenden dargestellt werden.

7.1 mobisaar in Zahlen

Seit Februar 2016 wird im Saarland der mobisaar-Service angeboten. Seither wurde er auf vier von sechs Landkreisen ausgeweitet. Die Zahl der Kund*innen stieg zum 31.12.2020 auf 629, davon sind 71 % Frauen. Seit Beginn des Projekts unterstützten ca. 150 Lots*innen – derzeit (Stand: Mai 2021) sind es 62 – die mobisaar-Kund*innen mehr als 18 000 Mal auf ihren Fahrten im ÖPNV.

Von 458 Kund*innen ist das Alter bekannt. Der Anteil der über 65-Jährigen beträgt fast 64 %. Bei der Betrachtung von 10-Jahres-Alterskohorten bilden die

J. Rößler (✉)
Institut für Sozialforschung und Sozialwirtschaft, Saarbrücken, Deutschland
E-Mail: roessler@iso-institut.de

© Der/die Autor(en), exklusiv lizenziert durch Springer Fachmedien
Wiesbaden GmbH, ein Teil von Springer Nature 2022
J. Alexandersson et al. (Hrsg.), *Mobilität und Teilhabe – Begleitdienste
im öffentlichen Personennahverkehr,*
https://doi.org/10.1007/978-3-658-35781-8_7

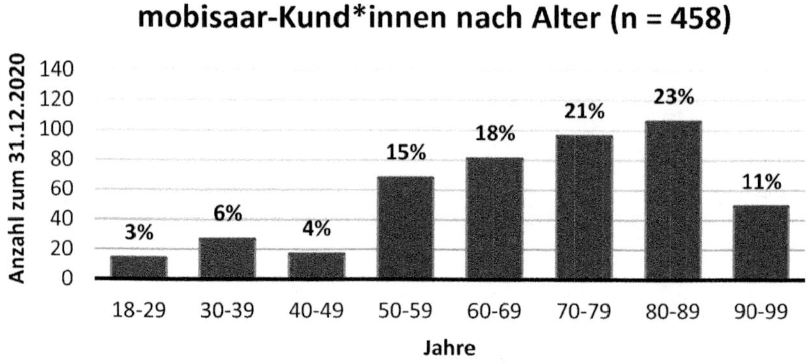

mobisaar-Kund*innen nach Alter (n = 458)

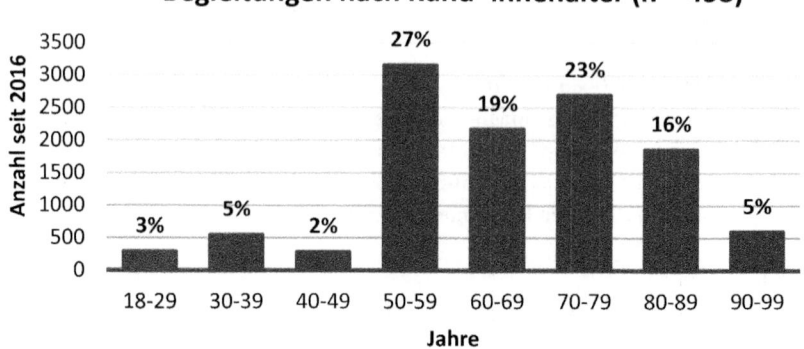

Abb. 7.1 Alter der mobisaar-Kund*innen

80- bis 89-Jährigen mit einem Anteil von 23 % die größte Kund*innengruppe (Abb. 7.1).

Allerdings handelt es sich nicht um die aktivste Gruppe. Mit 27 % entfallen die meisten Lots*innenbegleitungen auf die Gruppe der 50- bis 59-Jährigen. Dagegen finden nur 5 % der Unterstützungen in der Gruppe der über 90-Jährigen statt (Abb. 7.2).

Wie zu erwarten spielen Gehbeeinträchtigungen bei den Kund*innen die größte Rolle. Insgesamt geben knapp 68 % an, mindestens ein Hilfsmittel wegen

Begleitungen nach Kund*innenalter (n = 458)

Abb. 7.2 Begleitungen nach Alterskohorten

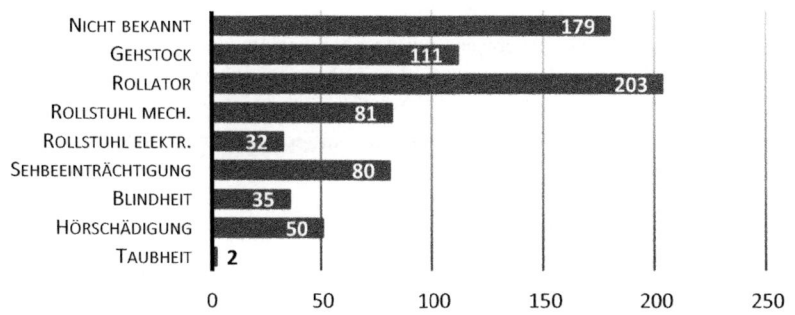

Kund*innen mit Einschränkungen (n = 629)

Anzahl der Personen (Mehrfachnennungen möglich)

Abb. 7.3 Hilfsmittel und Einschränkungen der Kund*innen

einer Gehbeeinträchtigung zu nutzen (Abb. 7.3). Bei 18 % der Kund*innen liegt eine Sehbeeinträchtigung vor, davon sind über 30 % erblindet.[1] Außerdem haben 19 % der mobisaar-Kund*innen mehrere Einschränkungen. Dazu gehört auch, dass einige Kund*innen angeben, Rollator und Rollstuhl zu nutzen, je nach Situation. Gut 28 % haben keine Einschränkung bzw. kein Hilfsmittel angegeben. Dabei ist zu berücksichtigen, dass sich diese Auswertung auf Angaben der Kund*innen bezieht, die für die Begleitung notwendig sind und daher für den Service erfasst werden. Trotzdem ist bei den Kund*innen ohne bekannte Einschränkung davon auszugehen, dass keine größere Beeinträchtigung vorliegt. Sie haben eventuell Gehprobleme, sind vielleicht langsamer, als es der ÖPNV erfordert, ein Hilfsmittel wird aber nicht benutzt oder benötigt. Bei dieser doch sehr großen Kund*innengruppe ist zu vermuten, dass die Begleitung vor allem Sicherheit geben soll.

---

[1] In Abb. 7.3 sind allerdings Menschen mit Blindheit nicht bei den Menschen mit Sehbeeinträchtigung mitgezählt. Gleiches gilt für die Menschen mit Taubheit und Hörbeeinträchtigung.

7.2   Anforderungen der Kund*innen an einen Begleitdienst

Im Rahmen des Projekts mobisaar wurde über verschiedene Formate der Kontakt zu Kund*innen gesucht, um so deren Bedürfnisse bei der Ausgestaltung des Services zu berücksichtigen. Ein wichtiger Baustein waren die „Kundenstammtische", bei denen die Kund*innen bei Kaffee und Kuchen Feedback geben konnten. Sie berichteten hier von ihren konkreten Erfahrungen und bewerteten über Kurzfragebögen den Service.

Mit Abschluss der Projektphase wurden die Kund*innen außerdem über Telefoninterviews mit vorgegebenen, zum Teil auch offenen Fragen um Rückmeldungen gebeten. Die Interviews fanden im Januar und Februar 2021 statt, wobei versucht wurde, alle 629 Kund*innen zu kontaktieren. Von ihnen konnten letztlich 140 erreicht und interviewt werden.

7.2.1 Servicezeiten

Eine Frage an die Kund*innen betraf die Zufriedenheit mit den Servicezeiten von mobisaar.

Im Idealfall sollte im ÖPNV zu jeder Tageszeit und an jedem Tag, also dann, wenn Busse und Bahnen fahren, ein Begleitdienst zur Verfügung stehen. Nur dann kann er dem Anspruch gerecht werden, selbstbestimmte Mobilität zu unterstützen. Ansonsten können die Kund*innen, die auf persönliche Unterstützung angewiesen sind, den ÖPNV nur zu den Servicezeiten des Lots*innendiensts nutzen und werden dadurch in ihrer Mobilität eingeschränkt. In der Praxis müssen aber Arbeitskräfte zur Verfügung stehen und finanziert werden, sodass hier ein Kompromiss gefunden werden muss, vor allem indem das Angebot an den Hauptbedürfnissen der Kund*innen ausgerichtet wird.

Bei mobisaar sind die garantierten Servicezeiten Montag bis Freitag von 8 Uhr bis 18 Uhr. Damit zeigten sich fast alle in Kund*innen (98 % bei n = 125) in der telefonischen Befragung zufrieden oder sehr zufrieden.

Die Auswertung der zeitlichen Schwerpunkte der Begleitungen zeigt einen Grund für die hohe Zufriedenheit. Dafür wurden die unterstützten Fahrten von ihrem Start- bis zum Endzeitpunkt auf einer Stundenskala abgetragen und für jede Stunde addiert. Die Abbildung liefert dadurch einen Eindruck über die Menge der Begleitungen im Tagesverlauf (Abb 7.4).

Ein Schwerpunkt liegt in den Vormittagsstunden. Allerdings gibt es auch morgens außerhalb der Servicezeiten Unterstützungen. Auch wenn Begleitungen erst

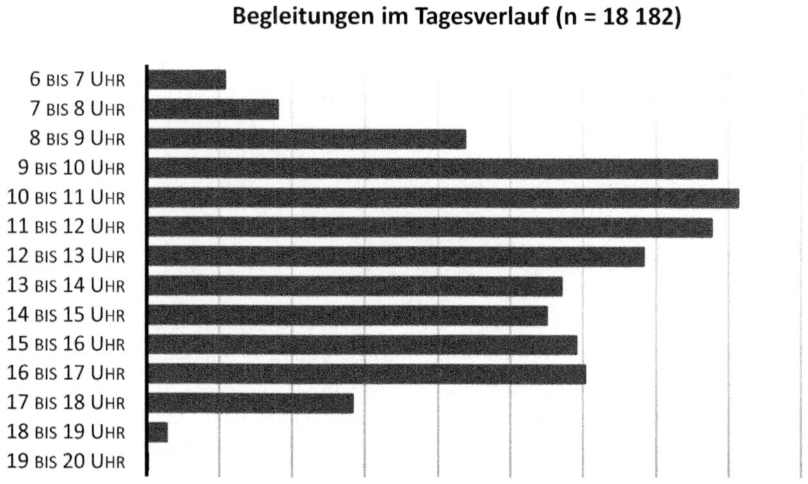

Begleitungen im Tagesverlauf (n = 18 182)

6 BIS 7 UHR	
7 BIS 8 UHR	
8 BIS 9 UHR	
9 BIS 10 UHR	
10 BIS 11 UHR	
11 BIS 12 UHR	
12 BIS 13 UHR	
13 BIS 14 UHR	
14 BIS 15 UHR	
15 BIS 16 UHR	
16 BIS 17 UHR	
17 BIS 18 UHR	
18 BIS 19 UHR	
19 BIS 20 UHR	

Abb. 7.4 Begleitungen im Tagesverlauf

ab 8 Uhr garantiert werden, können sie zum Teil schon früher stattfinden. Falls Kund*innen den Wunsch nach Unterstützung vor 8 Uhr äußern, wird versucht, dies zu ermöglichen. Dies kommt insbesondere berufstätigen Kund*innen entgegen. Allerdings kann diese Unterstützung nicht garantiert werden und wird daher auch nicht beworben. Ein garantierter früherer Servicebeginn dürfte daher berufstätige Kund*innen bis 65 Jahre noch deutlicher ansprechen.

Zu berücksichtigen ist bei der positiven Bewertung der angebotenen Servicezeiten außerdem, dass Personen, die diese nicht ausreichend finden, seltener als Kund*in angemeldet sind. Zudem dürften durch die telefonische Befragung berufstätige Kund*innen in der Tendenz eher nicht erreicht worden sein. Bei ihnen kann aber davon ausgegangen werden, dass ein früherer Beginn des Services in deren besonderem Interesse liegt und daher bei dieser Gruppe die tatsächlich angebotenen Servicezeiten kritischer bewertet werden. In der Tendenz zeigte sich dies auch bei der telefonischen Umfrage. So waren 94 % der Befragten ab 66 Jahre (n = 71) mit den Servicezeiten sehr zufrieden, bei den Kund*innen bis 65 Jahre waren es dagegen nur 79 % (n = 28).

Über die sonstigen Rückmeldungen der Kund*innen wird außerdem deutlich, dass sie sich den Bedingungen des Services anpassen. Sie nutzen ihn für Termine, die tagsüber liegen, zum Beispiel beim Arzt, und sind für diese Unterstützung dankbar. Einige wünschen sich aber auch Servicezeiten am Abend und

vor allem am Wochenende – denn Begleitungen in der Freizeit sind momentan
nur eingeschränkt möglich. Aber auch ein früherer Servicebeginn zumindest ab
7 Uhr wird gewünscht. Ziel muss es daher weiterhin sein, die Zeiten auszuweiten.
Damit könnten sicherlich noch mehr Menschen mit eingeschränkter Mobilität, insbesondere auch Jüngere, angesprochen werden und von Begleitungen
profitieren.

7.2.2 Konkreter Unterstützungsbedarf

Die Mobilitätslots*innen können im ÖPNV in unterschiedlichen Bereichen unterstützen. Die Kund*innen wurden daher befragt, welchen Unterstützungsbedarf sie
bei der Anmeldung bei mobisaar gesehen haben.

Die wichtigsten Gründe für die Anmeldung (siehe Abb. 7.5, rechte Spalte)
waren der Unterstützungsbedarf beim Ein- und Ausstieg in Busse und Bahnen,
während der Fahrt und beim Weg zur Haltestelle. Die Unterstützung zur Orientierung im ÖPNV und bei Fragen zu Fahrplänen und Fahrkartenkauf spielte
dagegen kaum eine Rolle als Grund für die Anmeldung bei mobisaar.

Dagegen wurde bei der Mobilitätsbefragung in vierzehn saarländischen
Gemeinden (siehe Beitrag 2.1) von den Befragten gerade bei den letzten drei

	Vermuteter Unterstützungsbedarf	Anmeldegrund mobisaar
Unterstützung während der Fahrt	14,0 %	89,2 %
Begleitung zur Haltestelle und zurück	22,3 %	85,4 %
Hilfe beim Ein- und Ausstieg in Bus und Bahn	35,7 %	92,3 %
Orientierungshilfe an Haltestellen/beim Umsteigen	48,2 %	23,8 %
Fragen zu Fahrplan und Reiseplanung	53,3 %	12,3 %
Hilfe bei Fahrkartenkauf/Bedienung von Fahrkartenautomaten	58,8 %	6,9 %

Abb. 7.5 Prioritäten bei den Unterstützungen

Punkten besonderes Unterstützungspotenzial gesehen. Dabei wurde gefragt, welche Leistungen bei einer möglichen Nutzung des Services am ehesten in Anspruch genommen würden. Dass eine Hilfestellung während der Fahrt nötig sein könnte, konnten sich die wenigsten Befragten vorstellen. Am ehesten schien ihnen eine Unterstützung beim Fahrkartenkauf vorstellbar (siehe Abb. 7.5, mittlere Spalte).

Dies zeigt, dass sich die Prioritäten mit der Entstehung von Mobilitätseinschränkungen verschieben. Probleme bei der Orientierung im ÖPNV spielen eine geringere Rolle bzw. bilden keinen unmittelbaren Anlass, sich bei einem Begleitservice anzumelden. Sie führen wahrscheinlich eher dazu, dass der ÖPNV gar nicht genutzt wird. Erst wenn die Nutzung von Bussen und Bahnen unumgänglich ist, wird nach Unterstützungsmöglichkeiten gesucht. Dies bedeutet aber nicht, dass Einschränkungen vorliegen müssen, die die Nutzung des ÖPNV (objektiv) unmöglich machen, wie auch der hohe Anteil von Kund*innen, die ohne Hilfsmittel unterwegs sind, verdeutlicht. Mehrere Kund*innen in der Zufriedenheitsbefragung gaben schließlich auch an, Lots*innen zu buchen, um sich sicherer zu fühlen.

Die freien Antworten auf die Frage nach den Anmeldegründen bei mobisaar zeigten außerdem, dass sich der Bedarf über die Lebensphasen ändert. Er besteht nach Operationen, während Rehamaßnahmen oder nach einem Unfall und kann dann wieder entfallen. Zum Teil hatte sich der Zustand der Kund*innen auch so verschlechtert, dass sie selbst mit der Unterstützung durch Mobilitätslots*innen keine Möglichkeit der ÖPNV-Nutzung mehr sahen, eventuell zusätzlich bedingt durch die Wohnsituation, beispielsweise durch eine zu große Entfernung bis zur nächsten Haltestelle.

Deutlich wurde außerdem, dass Kund*innen mit Blindheit besonderen Unterstützungsbedarf haben. Von ihnen konnten sieben Personen in die telefonische Befragung einbezogen werden. Sie alle hätten sich eine Nutzung des ÖPNV ohne eine Begleitung durch mobisaar-Lots*innen nicht vorstellen können.

7.2.3 Gründe für die Ablehnung einer Begleitung

Dass der Frauenanteil an den Kund*innen über 70 % beträgt und damit den Anteil an Männern sehr deutlich übertrifft, war ein überraschender Befund im Projekt. Innerhalb der Mobilitätsbefragung in vierzehn saarländischen Gemeinden (siehe Beitrag 2.1) sollte daher auch ermittelt werden, welche Gründe gegen die Nutzung eines Begleitservices sprechen und inwieweit geschlechtsspezifische Unterschiede bestehen. Auf einer vierstufigen Skala von „stimme voll und ganz zu" bis „stimme überhaupt nicht zu" konnten die Befragten verschiedene Aussagen bewerten, die gegen eine mögliche Nutzung von Mobilitätsservices im ÖPNV sprechen.

69 % der Männer stimmten der Aussage zu, selbstständig und unabhängig sein zu wollen, was gegen eine Unterstützung durch einen Begleitdienst spreche, bei den Frauen waren es sechzig Prozent. Eine zu starke Einschränkung der eigenen Flexibilität befürchteten 61 % der Männer und 54 % der Frauen. Die Hilfe durch fremde Personen lehnten 31 % der Männer und 26 % der Frauen eher ab. Insgesamt betonten die Männer ihre Unabhängigkeit und Selbstständigkeit etwas stärker als die Frauen. Der Unterschied in den Antworten war aber nicht sehr groß. Warum weniger als ein Drittel der mobisaar-Kund*innen männlich ist, kann damit also nicht erklärt werden.

Die Ergebnisse zeigen aber, dass Begleitdienste dem Wunsch nach Unabhängigkeit, Selbstbestimmtheit und Flexibilität gerecht werden müssen. Insbesondere die kurzfristige Buchbarkeit des Services ist daher bedeutsam.

7.2.4 Ausblick

Insgesamt sind die mobisaar-Kund*innen sehr zufrieden mit dem Service. Bei gut 92 % haben sich die Erwartungen, die mit der Anmeldung bei mobisaar verbunden wurden, erfüllt. Zum Teil wünschen sich die Kund*innen eine Ausweitung der Servicezeiten, auch die Einbeziehung des gesamten Saarlands wird gefordert. Mit der Verankerung eines Begleitdiensts im saarländischen Verkehrsentwicklungsplan und der Fortsetzung der finanziellen Förderung von mobisaar wurde zumindest eine längerfristige Sicherung des Services im Saarland erreicht. Die zeitliche sowie die räumliche Ausweitung des Angebots wären nächste Schritte, um den Anforderungen mobilitätseingeschränkter Menschen besser gerecht zu werden.

7.3 Wie die Lots*innen von mobisaar profitieren

Seit Einführung des § 16i Sozialgesetzbuch II (SGB II) „Teilhabe am Arbeitsmarkt" Anfang 2019 wurden über dieses Instrument in mobisaar Lots*innen finanziert, über Beschäftigungs- und Qualifizierungsgesellschaften für fünf Jahre eingestellt und tariflich entlohnt. Daneben werden auch Arbeitsgelegenheiten nach § 16d SGB II (AGH) als Beschäftigungsinstrument genutzt. Für AGH werden zusätzliche Beschäftigungen im öffentlichen Interesse geschaffen, deren

Aufwand mit mindestens einem Euro entschädigt wird. Ziel beider Instrumente ist die Verbesserung der Vermittelbarkeit in reguläre Beschäftigungen.

Um die Wirkung der Projektmitarbeit für die Lots*innen zu ermitteln, wurden mit ihnen fünf leitfadengestützte Interviews sowie eine Online-Befragung über einen standardisierten Fragebogen durchgeführt. Von den 62 Lots*innen nahmen 46 teil, davon 15 Prozent Frauen. Das Durchschnittsalter der Befragten betrug 48 Jahre.

7.3.1 Kompetenzaufbau

Die als Lots*innen eingestellten Personen sind aufgrund der Auswahlkriterien für Beschäftigungsinstrumente häufig bereits in einem fortgeschrittenen Lebensalter und zum Teil ohne Berufsabschluss.

Mit der Übernahme der Lots*innentätigkeit sind Schulungen für den Erwerb von Fachwissen zum ÖPNV und zum Kompetenzaufbau im Umgang mit Kund*innen, speziell mit Menschen mit Behinderung, verbunden. Wichtig sind außerdem Hospitationen bei anderen Lots*innen, bevor Kund*innen im ÖPNV begleitet werden. Die Maßnahmen wurden von den Lots*innen überwiegend positiv aufgenommen, mehr als 93 % fühlten sich für ihre Tätigkeit „eher gut" oder „sehr gut" vorbereitet.

Ob die Lots*innen über die Maßnahme hinaus von den Schulungen profitieren können, lässt sich daraus aber nicht ableiten. Auch wenn in den Schulungen soziale Kompetenzen, die auch in regulären Beschäftigungen hilfreich sind, vermittelt werden, kann das „Vermittlungshemmnis" des fehlenden Berufsabschlusses damit nicht beseitigt werden.

7.3.2 Gesellschaftliche Anerkennung

Insgesamt verläuft die Vermittlung in reguläre Beschäftigungsverhältnisse nicht erfolgreicher oder weniger erfolgreich als in anderen Maßnahmen außerhalb von mobisaar. Dennoch sind bedeutsame Teilhabeerfolge zu verzeichnen. So zeigen die Lots*innen eine hohe Zufriedenheit mit ihrer Tätigkeit im Begleitdienst. Die Tätigkeit als solche, das heißt die Begleitung mobilitätseingeschränkter Personen, wird als verantwortungsvoll und unmittelbar nützlich erlebt. Die Lots*innen berichten übereinstimmend, dass sie gesellschaftliche Anerkennung erfahren und ihr Selbstvertrauen gestärkt sei. Bei der Online-Befragung der Lots*innen gaben 93 % (n = 44) an, dass der Begleitdienst für sie persönlich sehr wichtig sei, weil sie Menschen helfen können und dies eine sinnvolle Aufgabe darstelle. Gut 77 % sehen ihre Tätigkeit sogar als wichtigen Beitrag zur Verbesserung der Gesellschaft. Dabei spielt es keine Rolle, über welche Maßnahme die Lots*innen beschäftigt werden. In den Interviews machten die Lots*innen deutlich, anders als viele (andere) Arbeitsgelegenheiten nach § 16d SGB II, die nicht in Konkurrenz zu regulären Beschäftigungen stehen dürfen und daher oft als „Arbeitsbeschaffung" empfunden werden, die Tätigkeit im Begleitdienst als wirklich sinnvoll zu empfinden.

7.3.3 Persönliche Vorteile

Auch der strukturierte Tagesablauf und die regelmäßige körperliche Bewegung werden von den Lots*innen als sehr positiv wahrgenommen. Von den Befragten gab fast die Hälfte an, dass der Begleitdienst für sie persönlich sehr wichtig sei, weil er sich positiv auf das eigene Leben auswirke.

Bei den über § 16i SGB II beschäftigten Lots*innen werden außerdem der „richtige" Arbeitsvertrag und die dadurch größere Unabhängigkeit gegenüber dem Jobcenter positiv wahrgenommen. Auch finanziell stehen die Beschäftigten über die Teilhaberegelungen am Arbeitsmarkt besser als über AGH, beispielsweise durch die Vergütung von Krankheits- und Urlaubstagen. Insgesamt wird die „Teilhabe am Arbeitsmarkt" wie eine reguläre Beschäftigung empfunden, die man nicht aufgeben möchte.

Die insgesamt sehr positive Bewertung von mobisaar durch die Lots*innen führte dazu, dass fast alle von ihnen (98 %) eine dauerhafte Einrichtung des Begleitservices im Saarland wünschten.

7.4   Resümee

Begleitdienste im ÖPNV führen zu unterschiedlichen Teilhabeeffekten für Menschen mit eingeschränkter Mobilität und langzeitarbeitslosen Personen. Dies konnte an den hier ausgeführten Praxiserfahrungen zu mobisaar verdeutlicht werden.

Ein wichtiger Schritt auf dem Weg zu mehr Teilhabe besteht darin, Mobilitätsdienste als essenziellen Bestandteil eines barrierefreien ÖPNV zu verstehen. In der Konsequenz sollte deren Etablierung als staatliche Aufgabe verstanden und nicht allein den Verkehrsunternehmen überlassen werden. Dazu gehört auch eine finanzielle Unterstützung.

Projekt- und Schulungspartner

Institut für Sozialforschung und Sozialwirtschaft e. V. (*iso*), **Saarbrücken:** Das 1969 gegründete iso-Institut ist eine selbstständige und unabhängige sozialwissenschaftliche Forschungseinrichtung, die sich seit mehr als fünfzig Jahren erfolgreich auf dem Markt bewegt. Derzeit arbeiten zehn Wissenschaftler*innen aus den Disziplinen Soziologie, Politikwissenschaft, *Public Health,* Psychologie, Pflege- und Rechtswissenschaften in vier thematischen Schwerpunkten zu Fragestellungen in der grundlagen- wie auch anwendungs- und umsetzungsorientierten Forschung. Auftraggeber des Instituts sind überwiegend Bundes- und Länderministerien, Stiftungen, die Europäische Kommission und Unternehmen der privaten Wirtschaft. Das iso-Institut verfügt über umfangreiche Erfahrungen im Projektmanagement sowie in der wissenschaftlichen Begleitung und Evaluation von Gestaltungs- und Realisierungsprojekten. Wesentliche Forschungsschwerpunkte sind Vorhaben zu altersgerechten Assistenzsystemen, Interaktionsarbeit in der Pflege, Prozesse zur Entwicklungsdynamik im Produktions- und Dienstleistungssektor sowie die sozialwissenschaftliche Technikforschung.

Deutsches Forschungszentrum für Künstliche Intelligenz GmbH, Saarbrücken: Das Deutsche Forschungszentrum für Künstliche Intelligenz (DFKI) GmbH wurde 1988 als gemeinnützige *Public-Private Partnership* (PPP) gegründet. Es unterhält Standorte in Kaiserslautern, Saarbrücken, Bremen, ein Projektbüro in Berlin, ein Labor in Niedersachsen und Außenstellen in Lübeck, St. Wendel und Trier. Das DFKI ist auf dem Gebiet innovativer Softwaretechnologien auf der Basis von Methoden der künstlichen Intelligenz die führende wirtschaftsnahe Forschungseinrichtung Deutschlands. In 24 Forschungsbereichen, neun Kompetenzzentren und acht *Living Labs* werden ausgehend von anwendungsorientierter Grundlagenforschung Produktfunktionen, Prototypen und patentfähige

J. Alexandersson et al. (Hrsg.), *Mobilität und Teilhabe – Begleitdienste im öffentlichen Personennahverkehr,*
https://doi.org/10.1007/978-3-658-35781-8

Lösungen im Bereich der Informations- und Kommunikationstechnologie entwickelt. Die Finanzierung erfolgt über Zuwendungen öffentlicher Fördermittelgeber, wie der Europäischen Union, des Bundesministeriums für Bildung und Forschung (BMBF), des Bundesministerium für Wirtschaft und Energie (BMWi), der Bundesländer und der Deutschen Forschungsgemeinschaft (DFG), sowie durch Entwicklungsaufträge aus der Industrie.

[ui!] urban mobility solutions – B2M Software AG: Die B2M Software AG, mit Sitz in Karlsruhe, ist ein Software-Entwicklungsunternehmen, das sich auf den Bereich *Business to Mobile* spezialisiert hat. Hierunter werden Anwendungen auf mobilen Endgeräten, wie Smartphones oder Tablets, bezeichnet, die ihre Daten aus betriebswirtschaftlichen Systemen erhalten. Dies können Warenwirtschafts- oder ERP-Systeme sein oder auch spezialisierte Systeme, wie ein Fahrgäste-Informationssystem oder eine Tourenplanung. B2M entwickelt sowohl die dem*der Benutzer*in zugewandten Schnittstellen auf mobilen Endgeräten als auch die für die Dienstleistungen erforderlichen Backend-Strukturen und stellt diese zur Verfügung.

Saarländische Nahverkehrs-Service GmbH (SNS), Projektkoordination seit 09/2019: Mit dem Saarländischen Verkehrsverbund (saarVV) wurde 2005 ein gemeinsamer Tarif für alle öffentlichen Nahverkehrsmittel im gesamten Saarland eingeführt. Die vielfältigen Aufgaben des saarländischen Verkehrsverbunds (saarVV) nimmt die SNS GmbH wahr. Hier sind alle saarländischen konzessionierten Verkehrsunternehmen beteiligt. Die SNS GmbH versteht sich als Plattform für die unterschiedlichen Interessen der einzelnen Verbundmitglieder und übernimmt das Management des Verbundtarifs. Sie dient als Schnittstelle zwischen Kund*innen und Verkehrsunternehmen sowie den Landkreisen, Städten und Gemeinden. Die Koordination und ständige Verbesserung der Angebote im saarVV gehören zu den Hauptaufgaben.

NEUE ARBEIT SAAR gGmbH (NAS): Die NAS ist eine der ältesten Qualifizierungs- und Beschäftigungsgesellschaften in Deutschland, die sich in vielen anderen Regionen unseres Lands auch als Pate beim Aufbau derartiger Initiativen zum Abbau der Arbeitslosigkeit engagiert. Sie ist staatlich anerkannter Träger der beruflichen Weiterbildung und nimmt gleichzeitig Einfluss auf die Gestaltung der gesellschaftlichen, wirtschaftlichen und politischen Rahmenbedingungen des Arbeitsmarkts. Basierend auf ihrem Auftrag als kirchlich getragene diakonische Einrichtung bietet die NAS Qualifizierung und Beschäftigung insbesondere für diejenige Zielgruppe des Arbeitsmarkts, die zur Verbesserung ihrer Wettbewerbsfähigkeit einer zusätzlichen Förderung bedarf. Zur Erreichung ihrer Ziele kooperiert die Neue Arbeit Saar mit saarländischen Kommunen und Landkreisen, den Jobcentern, der Agentur für Arbeit, der Landesregierung, verschiedenen Bundesministerien und der Europäischen Union in enger Zusammenarbeit mit anderen diakonischen Einrichtungen.

Die LAG Pro Ehrenamt e. V. ist ein landesweit tätiger Zusammenschluss saarländischer Organisationen (Vereine, Verbände, Initiativen, Selbsthilfegruppen) und Privatpersonen aus allen Bereichen des Ehrenamtes (Soziales, Kultur, Kirche, Sport, Umwelt-, Natur-, Tierschutz). Die LAG vertritt als Dachorganisation die Forderungen der Ehrenamtlichen und Freiwilligen in politischen und gesellschaftlichen Gremien. Sie führt aber auch eigene Projekte durch, wie zum Beispiel „Lernpaten Saar" (ehrenamtliche Begleitung von Kindern und Jugendlichen aus bildungsfernen Schichten) sowie „Ankommen – das Ehrenamtsnetzwerk für Geflüchtete". Durch die breit aufgestellten Strukturen bietet die LAG Pro Ehrenamt positive Bedingungen für die gewinnbringende Beteiligung an mobisaar.

Der VdK Saarland ist mit 52 000 Mitgliedern der größte Sozialverband im Saarland. Neben den Bereichen Sozialrecht und Sozialpolitik baut der VdK bei der Unterstützung seiner Mitglieder auf ein kompetentes Ehrenamt. 1500 Ehrenamtliche im Saarland in 160 Orts- und sechs Kreisverbänden stehen hilfsbedürftigen Menschen mit Rat und Tat zur Seite. Hier liegt ein Ansatzpunkt für ein Engagement des VdK im Projekt mobisaar. Saarlandweit können über diese Ehrenamtsstrukturen – bis in kleine Dörfer hinein – sowohl Kund*innen für das Projekt als auch ehrenamtliche und freiwillige Lots*innen gewonnen werden.

Diakonisches Werk (DW) an der Saar gGmbH: Der Vorläufer des Diakonischen Werks (DW) an der Saar, das „Evangelische Jugend- und Wohlfahrtsamt", entstand im Jahr 1922. Seit dieser Zeit verfolgt das DW im Sinne der christlichen Nächstenliebe den Ansatz, Menschen zu helfen, sie zu unterstützen und zu begleiten. Das DW ist keine zentrale Einrichtung, sondern geht dorthin, wo die Menschen sind. Ein zentraler Ort, an dem das DW schon seit vielen Jahren tätig ist, ist die Bahnhofsmission in Saarbrücken, die sie gemeinsam mit dem Caritasverband für Saarbrücken und Umgebung e. V. betreibt Die ehrenamtlichen Mitarbeiter*innen helfen Reisenden in Notlagen. Mit dem Angebot „Bahnhofsmission mobil" werden hilfsbedürftige Fahrgäste auch in den Zügen von speziell geschulten Ehrenamtler*innen begleitet. Im Leitbild des Werks heißt es: „Wir begleiten und beraten Menschen auf dem Weg in ein selbstbestimmtes Leben. Wir trösten, stärken und fördern sie, pflegen, erziehen sie und bilden sie aus. […] Gemeinsam mit anderen treten wir für eine chancengerechte Gesellschaft und eine konsequente Orientierung am Gemeinwohl ein."

Saarbahn GmbH (Projektkoordination bis 08/2019): Die Saarbahn GmbH hat über viele Jahrzehnte hohe Kompetenz als zentraler Verkehrsdienstleister im

Großraum Saarbrücken erworben. Sie verfügt über eine moderne Infrastruktur (Busse und Bahnen) und ein umfangreiches Know-how in den Bereichen Verkehrsplanung und -steuerung. Die Saarbahn ist das größte öffentliche Verkehrsunternehmen im Saarland. Neben den umfangreichen Verkehrsdienstleistungen im Bus- und Straßenbahnbereich tragen vielfältige Modernisierungsmaßnahmen und Projektbeteiligungen der Saarbahn („Saarland in time", E-Mobility) dazu bei, die Attraktivität des ÖPNV als leistungsfähiger Verkehrsanbieter zu steigern, zumal durch diesen Input die Kohärenz des saarVV erheblich aufgewertet wird.

MLL Miteinander Leben Lernen: Seit Gründung im Jahr 1984 setzt sich Miteinander Leben Lernen (MLL) als tatkräftiger Akteur für eine inklusive Gesellschaft ein. Als gemeinnützige Gesellschaft bietet MLL Assistenz in allen Bereichen des täglichen Lebens an. Mit den frühen Hilfen und der Arbeitsstelle für Integrationspädagogik begleiten wir Kinder, die in ihrer Entwicklung beeinträchtigt sind, und integrieren Kinder, Jugendliche und junge Erwachsene mithilfe der Abteilungen „Schulassistenz" und „Berufsvorbereitung Inklusive" ins Schul- und Berufsleben. Darüber hinaus bietet MLL zwei integrative Wohngemeinschaften, die vom Fachbereich „Wohnen Inklusive" koordiniert und begleitet werden. Der Geschäftsbereich „Freizeit Inklusive" ergänzt das Angebot von Miteinander Leben Lernen durch den Familienunterstützenden Dienst, ganzheitliche inklusive Freizeitangebote für Kinder, Jugendliche und Erwachsene und seine Projekte. Gemeinsamer Auftrag aller Fachbereiche ist die Förderung des Lebens und Lernens von Menschen mit und ohne Behinderung in allen Lebensbereichen. MLL unterstützt durch seine Dienstleistungsangebote Familien und Menschen mit Behinderungen, aber auch Organisationen, Schulen und Einrichtungen, die ihr Verständnis für Inklusion vertiefen und erweitern wollen.

Blinden- und Sehbehindertenverein für das Saarland e. V.: Der Blinden- und Sehbehindertenverein für das Saarland e. V. ist eine gemeinnützige Selbsthilfeorganisation für Menschen mit Beeinträchtigung des Sehvermögens. Sie bietet Hilfe zur Selbsthilfe all denjenigen, die durch Augenerkrankungen jeglicher Art einen Sehverlust erleiden oder erlitten haben, und berät auch deren Angehörige. Außerdem bietet er Hilfe bei der Beschaffung spezieller Hilfsmittel, informieren über Augenerkrankungen, schult und informiert im Umgang mit Hilfsmitteln sowie neuen Technologien und bietet Erfahrungsaustausch mit Betroffen. Als Mitglied des Deutschen Blinden- und Sehbehindertenverbands e. V. (DBSV) ist er eine bedeutsame Vertretung gegenüber Politik, Verwaltung, Kostenträgern und in Rechtsfragen.

Landesfachstelle Demenz Saarland: Die Landesfachstelle Demenz Saarland befindet sich in Trägerschaft des Demenz-Vereins Saarlouis e. V. und wird

durch das Ministerium für Soziales, Gesundheit, Frauen und Familie geför-
dert. Ihren Sitz hat sie im Demenz-Zentrum Saarlouis. Zu den Aufgaben der
Landesfachstelle zählen unter anderem die Koordination der Maßnahmen des
saarländischen Demenzplans, die Öffentlichkeitsarbeit zur Enttabuisierung des
Themenfelds Demenz, die Verbesserung der Versorgungsstrukturen und die
Erhöhung der Versorgungsqualität im Saarland durch institutionelle Beratung
interessierter Träger und Kommunen sowie die Durchführung, Organisation und
Koordination zur Förderung der Vernetzung aller mit dem Thema „Demenz"
beschäftigten Akteur*innen im Land. Außerdem betreibt die Landesfachstelle
Demenz Netzwerkarbeit unter Berücksichtigung regionaler Strukturen sowie
Kontaktvermittlung und kooperiert mit regionalen Hilfsangeboten.

Anhang

Siehe Abb. A.1 und A.2.

Abb. A.1 mobisaar-Flyer Außenseite

Der mobisaar-Lotsenservice
Wir machen Sie mobil!

Der kostenlose mobisaar-Service

mobisaar erleichtert mobilitätseingeschränkten Menschen die Nutzung von Bus und Bahn und leistet einen wichtigen Beitrag dazu, die Teilhabe am gesellschaftlichen Leben im Saarland zu sichern, auch in ländlichen Regionen.

Die Lotsen stehen Älteren bzw. Menschen mit Mobilitätseinschränkungen zur Seite, indem sie Unterstützung oder Orientierungshilfe bei der Fahrt mit Bus und Bahn geben. Auf Wunsch wird der Fahrgast an der Haltestelle oder Wohnungstür abgeholt und an den Zielort begleitet.

Das mobisaar-Service-Angebot:

* Wir bringen Sie z. B. zum Arzt oder zu Behörden und holen Sie auf Wunsch wieder ab.
* Wir helfen Ihnen beim Ein-, Aus- oder Umsteigen in Bus, Saarbahn und Regionalzügen.
* Wir bieten Orientierungshilfe an wichtigen Umstiegshaltestellen.
* Wir unterstützen Sie beim Bedienen der Fahrkartenautomaten.
* Wir beraten Sie gerne bei Fragen zum Fahrplan.

Die mobisaar-Lotsen – für Sie in Bus und Bahn im Einsatz

Unser geschultes Personal steht Ihnen gerne zur Seite und begleitet Sie sicher auf Ihrer Fahrt.

Neben der Unterstützung in Bus und Saarbahn bieten die ehrenamtlichen Lotsen der Bahnhofsmission den mobisaar-Service kreisübergreifend auch in den Regionalzügen an.

Unser Service:

* Von Montag bis Freitag, von 8:00 bis 18:00 Uhr
* Sie benötigen nur eine gültige Fahrkarte.

Unterstützung & Orientierungshilfe

So einfach bestellen Sie den Lotsenservice

Buchen können Sie den kostenlosen Service:

* Telefonisch von Montag bis Freitag unter **06898 500 4000** im saarVV Call- & Abo-Center von 8:00 bis 17:00 Uhr.
* Über die **mobisaar-Fahrgast-App**. Die App ist für Android-Geräte im Google Play Store und für Apple-Geräte im App Store unter „mobisaar" erhältlich.
* Per E-Mail an: **mobisaar@saarvv.de**.
* Online unter: **www.mobisaar.de**.

Der mobisaar-Service wird im Regionalverband Saarbrücken, im Saarpfalz-Kreis, im Landkreis Neunkirchen sowie im Landkreis Saarlouis angeboten und kann sowohl innerhalb von Ortschaften wie auch landkreisübergreifend genutzt werden.

Abb. A.2 mobisaar-Flyer Innenseite

Printed by Printforce, the Netherlands